청년창업과 성공전략

청년창업과 성공전략

지 은 이 | 송이재

초판1쇄 발행 | 2013년 9월 20일
초판3쇄 발행 | 2021년 9월 9일

펴 낸 이 | 송수건
펴 낸 곳 | 경성대학교 출판부
출판등록 | 1985년 1월 28일 제331-1985-000001호
주 소 | 부산광역시 남구 수영로 309(대연동)
전 화 | (051) 663-4195
팩 스 | (051) 663-4199
홈페이지 | press.ks.ac.kr

ISBN 978-89-7314-258-3 (03320)

청년창업
과
성공전략

| 송 이 재 지음 |

경성대학교 출판부

머 리 말

책을 다 쓰고 머리말을 쓸 때는 기분이 좋다. 일단 계획한 대로의 책은 완료 되었으니까. 그러나 저자의 입장에서는 사실 좀 더 내용을 알차게 꾸며야 하는데 하곤 항상 아쉬워하게 된다.

이 책은 세 파트의 사람들을 대상으로 썼다. **첫 번째 독자는** 대학생들이 학교에서 창업 수업을 받는데 알맞은 내용을 썼다. 즉 학생들이 장차 창업을 하든, 안하든 창업관련 공부를 하고 나면, 마인드가 사장 마인드로 바뀐다. 즉 단순히 월급쟁이 마인드에서 언젠가는 창업을 할 수밖에 없는 시대적 조류에서 사업가의 마인드로 바뀐다. 따라서 이 책으로 창업을 공부하는 학생들은 언젠가는 창업을 한다는 전제하에 창업자로서 반드시 지녀야 할 마인드를 지니게 되며, 소규모 창업을 하는 과정에서 필요한 내용들은 모두 알차게 엮었다. 특히 영업을 어떻게 해야 하며, 마케팅을 어떻게 해야 하는지 등의 방법들을 소규모 창업자의 입장에서 상세하게 제시하였다. 또한 대학생들이 앞으로 왜 창업을 하지 않으면 안 되는가에 대한 설명도 곁들였다.

두 번째 독자는 이제 막 창업을 하려고 준비하고 있는 예비 창업자와 창업을 한지 2년 미만으로 청년창업 아카데미 학생들을 대상으로 하였다. 이들에게는 이 책이 아주 많은 도움을 줄 것으로 생각한다. 적어도 창업하여 망하지 않고 5년간은 버텨낼 내공을 쌓을 수 있도록 그야말로 신규 창업자의 생존 전략을 제시하였다. 특히 막 창업을 하여 어떻게 살아남아야 하는지에 대해 심도 있게 연구하였다. 사실 지금까지 나온 자료 중에서 창업자의 생존전략을 이렇게 깊이 있게 다룬 책은 거의 없다.

세 번째 독자는 지금 직장을 다니고 있으나 항상 불안한 상황에 있는 직장인들을 위하여 엮었다. 직장인들이 창업을 하기위해서 어떤 준비를 해야 하고, 어떤 아이템에 관심을 가져야 하는지에 대해 설명하였다. 이 책은 저자가 청년창업CEO들에게 강의하는 협상부분을 포함하였다. 사실 사업의 95%가 협상이거늘, 이를 가르치는 사람은 별로 없다. 따라서 반드시 협상 부분을 깊이 있게 공부해야 할 것이다.

이 책에서는 **1편은** 창업의 이해와 기초로 창업시장의 환경과 동향 등에 대해 설명하고, 청년 창업자가 지녀야 할 기업가 정신에 대해서 설명하였다. 사실 기업가 정신이라기보다는 창업자가 지녀야 할 능력과 정신 상태를 제시하고, 창업에서 살아남기 위해 지녀야 하는 특성을 제시하였다. 이것만으로도 엄청난 도움이 되리라 확신한다. 또한 어떻게 돈 버는 시스템을 만들지에 대해 비즈니스 모델을 제시하였다.

2편에서는 창업의 추진과정에서 나타나는 아이템선정 사업타당성 분석, 사업계획서 작성 등 어느 책에나 존재하는 내용들을 엮었다. 그 중 창업자들이 잘 하지 못하는 판로확보와 마케팅에 대해 상세한 설명을 제시하였다.

3편에서는 1,200명의 신규 창업자들과 3년에 걸쳐 상담하고, 공부하고, 토론하여 추출한 창업자의 실패원인과 성공원인을 파악하여 제시하고, 약자인 창업자가 살아남는 방법과 성공전략을 제시하였다. 이 3편이 이 책의 가장 핵심내용에 해당되며, 가장 중요한 부분이다.

저자가 창업의 분야와 인연을 맺게 된 결정적인 동기가 중소기업진흥공단 부산경남연수원에 청년창업사관학교 교수로 가면서 인연이 이어졌다. 별다른 능력 없는 사람을 여러모로 격려해 주신 김대규 중소기업진흥공단 홍보실장님과 항상 깊은 배려와 도움을 주시는 중소기업진흥공단 부산경남연수원의 이은준, 남상래, 이창돈 부장님 그리고 김선태 지부장님께 지면을 빌어 감사의 인사를 올립니다. 아울러 경성대학교 산학협력단장이신 원희연 교수님과 창업보육센터 최지형 팀장에게도 감사의 인사를 올립니다.

또한 이 책을 쓰기까지 학문의 길로 이끌어 주신 경성대학교 행정학과 은사님들께 고마움을 전하고 싶다. 박사과정 지도교수님이신 황수연 교수님, 나중식 총장님, 송근원 교수님, 배준구 학장님, 정충식 교수님, 문유석 교수님 등 신세를 크게 진 분들이 너무도 많다. 또한 먼 옛날 야간 대학 1년 학생에게 시집와서 어연 30년 세월이 흘러 그간 큰 아들 송정훈을 능력 있는 의사로 작은 아들 송정환을 건실한 청년으로 키워 준 아내 남희덕에게 세삼 고맙다는 말을 전하고 싶다. 못난 남편을 격려해서 KT에서 지사장으로, 박사로, 그리고 대학교수로 까지 되는데 아내의 내조가 얼마나 큰 역할을 했을지는 보지 않아도 알 수 있는 것이다. 또한 일찍 세상을 뜨신 아버님을 대신하여 우리형제들이 열심히 잘 살도록 격려하고 이끌어 주신 형 송성재님과 고마운 내 동생 송순옥, 송인재에게도 감사의 마음을 전합니다. 아울러 사업에 관해 어리석은 질문에도 언제나 현답으로 설명해주시는 남중우, 남대우 형님께도 감사의 말씀을 드리며, 창업에 관한 많은 질문에 도움을 주시는 유명희 이사님께도 감사의 말씀을 드립니다.

사실 신세를 진 사람이 너무 많아 일일이 열거하기도 어렵지만, 같은 연구실을 사용하며 항상 큰 도움을 주시는 회계학과의 김유봉 교수님, 그리고 상과대학의 권창오, 이남형, 이종락 교수님께 감사의 인사를 올리며, 이 책을 만드는데 수고해 주신 출판부의 김미현 선생님에게도 심심한 감사의 말씀을 올립니다.

이 저서는 경성대학교 교내 연구과제로 지원을 받아 저술하게 되었으며, 경성대학교 학교 당국의 지원에 감사드립니다.

2013년 8월 20일 송이재

청년창업과 성공전략 **차 례**

1편 창업의 이해와 기초

2편 창업의 추진과정

3편 창업자의 성공전략

1편 : 창업의 이해와 기초

1장 창업시장 환경의 이해와 기업가 정신

1절 창업시장 환경의 이해

1. 왜 창업을 하려하는가?

창업에 대해서는 많은 사람들이 관심을 가지고 있고, '언젠가는 나도 창업을 해야지'라고 생각하고 있는 사람이 많다. 그러면 왜 사람들은 창업에 대해 관심이 많을까? 이에 대한 대답은 여러 가지가 있겠지만, 결국은 자본주의 국가에서는 돈이 아주 중요하고, 그 돈을 벌기는 결코 만만치 않고, 또 그 돈으로부터 자유롭고 싶은 본능적 바램과 더불어 우리 시대의 모든 사람들이 직면하고 있는 사회적인 문제점에서 그 대답을 찾을 수 있을 것이다.

즉 점차 고령화가 되어가는 사회 환경 속에서 개인의 삶에 대한 불안감이 점차 더 가중 되어가기 때문일 것이다. 즉 50대에 아니 더 나아가 60세 까지 정년이 보장된다 해도 결국 회사를 퇴직하여 살아갈 25년 이상의 세월이 부담으로 다가오는 것이다. 또한 사실 60세 정년까지 회사에서 근무할 수 있다고 장담할 수 있는 사람이 과연 얼마나 되겠는가? 또한 작금의 취업시장을 보면 취업하기가 정말 어렵고 또 자신의 마음에 드는 일자리를 구하기는 더 더욱 어렵다. 그러니 어차피 나이 들어서도 창업을 고려해 봐야할 것 같고, 차라리 젊어서부터 창업을 진지하게 고려해 보자라는 생각을 많이 하게 되는 것이다. 나는 이러한 젊은이들의 생각에 일단 동의한다. 타당하고 합리적인 생각이라고. 그러나 당장 창업을 하기위해 나서라는 말과는 다르다. 일단 대학을 다닐 때, 혹은 다른 기회가 주어져 창업에 대한 공부나 학습을 할 기회가 생기면 반드시 학습해 두라고 권하고 싶다.

2. 우리나라의 소비자 시장과 동향

1) 양극화 현상

우리나라는 소비의 양극화, 시장의 양극화, 창업자의 양극화로 볼 수 있는데, 이는 부익부 빈익빈의 사회적 현상이 점차 심화되어 가고 있는 현실로 볼 수 있다. 창업자들 역시 대기업에서 거대자본으로 창업하는 분야가 있는 반면, 40~50대에 직장에서 명예퇴직을 당해 자신의 일자리 창출을 위해, 억지로 생계를 위해 위험을 무릅쓰고 창업하는 경우가 창업건수의 대부분을 차지하고 있다. 이들은 창업분야도 전문창업이 아닌 일종의 유행에 따라 일단 시장에서 된다는 사업에 관심을 갖고 시장 논리대로 소비자를 좇아가는 창업형태로 이루어지고 있다. 즉 프랜차이즈 창업 등이 활성화 되고 있다.

2) 시장의 미래

세계적 경기불안과 국제경기 하락에 따라 우리나라의 내수경기 또한 침체가 가속화 되고 있다. 실업률은 증가하고 청년실업이 만연해 대다수 국민들의 소득감소로 소비둔화와 소비절약은 계속 이어지고 있다. 이에 창업을 하는 창업자가 살아남기 위한 방법은 좋은 상품을 대중에게 저가로 판매하는 것 이외에는 없다. 그야말로 소비자를 쫓아가는 것이 아니라 소비자의 마음을 사로잡아 소비자가 스스로 접근하게 만들어야 하는 것이다.

3) 한국 자영업 창업 시장 환경 : 시장의 포화 상태

현재 국내에는 270만이 넘는 자영업자가 있다. 인구비례 평균 5가구당 1가구가 자영업에 종사하고 있는 수치가 나온다. 한마디로 시장은 포화상태이다. 계속해서 창업자가 시장 진입 대기 속에 있으며 현재 60만 신규 창업자가 대기수요로 나타나고 있다.

3. 창업의 정의

창업이란 사전적 의미로는 사업(事業)을 처음으로 시작하여 그 기초를 세움으로 정의하고 있고, 또 왕조나 나라를 처음으로 세우는 것을 의미하고 있다. 여기서 중요한 글자는 창(創)업(業)의 진실한 의미일 것이다. 즉 업을 새로 만드는 것을 말한다. 달리 말하면 자신에게 여태까지 없던 업을 스스로가 만들어 나가는 것을 의미한다.

창업이란 어떤 새로운 제품이나 서비스를 생산하거나 판매하는 사업을 시작하기 위하여 이제까지 존재하지 않은 새로운 회사나 기업을 설립하는 행위를 말한다. 이는 새로운 서비스나 제품을 판매할 목적으로 기업 조직을 창설하든지, 혹은 건물과 기계장치, 설비 등을 갖추고 인력을 충원하여 하나의 조직을 만들어 지속적으로 사업을 영위하려고 하는 것을 말한다. 또한 다른 각도에서 보면, 지금까지와는 전혀 다른 새로운 종류의 서비스나 제품을 생산하거나 판매하는 일까지 포함한다고 할 수 있다.

우리나라에서 법적으로 규정하고 있는 내용은 중소기업창업지원법에서 창업을 규정하고 있는데, "창업"이란 중소기업을 새로 설립하는 것을 말한다. 이 경우 창업의 범위는 대통령령으로 정한다[1]고 하고 있다.

여기서 창업의 범위는 ① 「중소기업창업 지원법」(이하 "법"이라 한다) 제2조제1호에 따른 창업은 다음 각 호의 어느 하나에 해당하지 아니하는 것으로서 중소기업을 새로 설립하여 사업을 개시하는 것을 말한다. <개정 2008.2.29, 2013.3.23>

1. 타인으로부터 사업을 승계하여 승계 전의 사업과 같은 종류의 사업을 계속하는 경우. 다만, 사업의 일부를 분리하여 해당 기업의 임직원이나 그 외의 자가 사업을 개시하는 경우로서 산업통상자원부령으로 정하는 요건에 해당하는 경우는 제외한다.

2. 개인사업자인 중소기업자가 법인으로 전환하거나 법인의 조직변경 등 기업형태를 변경하여 변경 전의 사업과 같은 종류의 사업을 계속하는 경우

3. 폐업 후 사업을 개시하여 폐업 전의 사업과 같은 종류의 사업을 계속하는 경우

---

1) 중소기업창업지원법 제2조

②제1항 각 호에 따른 같은 종류의 사업의 범위는 「통계법」 제22조 제1항에 따라 통계청장이 작성 · 고시하는 한국표준산업분류(이하 "한국표준산업분류"라 한다)상의 세 분류를 기준으로 한다. 이 경우 기존 업종에 다른 업종을 추가하여 사업을 하는 경우에는 추가된 업종의 매출액이 총 매출액의 100분의 50 미만인 경우에만 같은 종류의 사업을 계속하는 것으로 본다. <개정 2007.10.23.>

③제2항 후단에 따른 추가된 업종의 매출액 또는 총 매출액은 추가된 날이 속하는 분기의 다음 2분기 동안의 매출액 또는 총 매출액을 말한다.

4. 창업의 본질

그럼 창업을 하려면 기본적으로 무엇이 필요한가? 아무래도 사업을 하자면 첫째 사람, 즉 창업자와 그의 직원 혹은 이해관계가 있는 여러 분야의 사람이 있어야 한다. 둘째 창업을 하려면 나름대로의 어떤 사업에 대한 아이템이나, 아이디어 혹은 추구하고자 하는 서비스 등 만들고자 하는 제품이나 혹은 서비스가 존재해야 한다. 셋째, 창업을 그냥 생각만으로 할 수 있는 게 아닌, 실제적인 실물자산이나 혹은 자본이 있어야 한다. 물론 이 자본에는 재화적 자산, 즉 필요경비 혹은 투자경비가 필요할 것이고 이것이 있어야 창업이 가능한 것이다. 즉 사람, 아이디어, 재화가 필요한 것이다. 이를 좀 더 구체적으로 살펴보면 창업의 본질적 요소에는 창업자, 사업기회, 자본 그리고 시장이 필요한 것이다.

1) 창업자 : 창업자 + 창업을 돕는 사람들

창업자는 창업을 하려는 사람으로 가장 중요한 요소이다. 아무리 아이디어가 좋고 돈이 많다고 하여도 그 사람이 창업에 대한 마인드와 지식, 그리고 사업에 대한 마인드와 경영능력이 확보되지 않으면 창업 성공은 요원 한 일이 될 수밖에 없다. 사실 사업만의 문제가 아니라, 인간 세상에 존재하는 모든 일에는 인간이 가장 중요한 것이다.

만약에 정치를 하든, 전쟁을 하든, 장사를 하든, 판결을 하든, 무엇을 하든 그 일을 담당하고 있는 사람의 역량에 따라 일이 잘 풀릴 수도 있고 혹은 망가질 수도 있는 것이다. 같은 지역에 위치한 먹자골목에 가보라. 약 5~60군데의 식당이 있어도 손님이 복잡하게 와글와글 하는 몇 군데만 장사가 잘 될 뿐 나머지 집은 영 신통찮다. 물론 이게 계절적인 수요나 혹은 당시의 질병(비브리오균에 의한 여름에 횟집 사례 등) 등의 문제가 있는 특별한 경우도 있겠지만, 어디에 가나 장사가 되는 집만 되고, 사업이 잘 되는 집만 되는 것이다. 이건 일단 그 사업(가게)을 운영하는 사람의 역량 문제가 관건인 것이다. 같은 학교에서 같은 교사 밑에서 공부한 학생도 누구는 일류대학에 가고, 누구는 재수 삼수하는 사람도 있지 않는가?

창업을 하려는 창업가는 우선 사업 아이디어 확보, 아이템 모색, 사업성 분석, 사업계획서 수립, 계획의 실행 등을 주도하고 책임지는 주도자를 의미하며 일단 사업을 할 능력이 있어야 하고 특히 경영과 기술로 무장한 출중한 능력을 지녀야 사업의 성공이 가능한 것이다.

창업가는 자기 분야에 대한 전문지식, 기업경영 경험이나 실무경험을 보유하고 사업을 진지하고 적극적으로 끌고 갈 때 성공의 요소가 나타나는 것이다. 따라서 창업에서는 일단 창업을 계획하고 준비하고, 실행하는 창업가가 가장 중요한 것이다. 이는 전쟁 시 군대의 장군과 같다고 볼 수 있다.

"아이디어가 이류급이라 하더라도 사람만큼은 일류급인 기업에 투자해야지, 아이디어는 일류급이지만 인적자원이 이류급인 사업에는 절대 투자하지 말라"

는 말은 창업투자사들이 가장 즐겨하는 말이다. 이는 사업의 본질을 정확히 꿰뚫는 말이라고 할 수 있다. 사실 창업자를 도와 업무를 수행하는 사람들도 가능하면 탁월한 능력의 소유자들로 구성되면 사업이 발전하기가 훨씬 쉽다.

2) 사업기회 : 사업 아이디어(제품, 서비스, 기술)

이는 창업가가 자신의 사업으로 어떤 상품이나 서비스를 개발하여 사업을 할 것인지에 대한 사업기회를 말한다. 다른 말로 사업 아이디어가 무엇이냐는 말이다. 이는 물론 비즈니스 모델과 연계 시켜 설명할 수 있겠지만, 일단 창업가가 어떤 분야의 사업을 할 것인가에 대한 사업의 내용을 말한다. 그런데 이런 창업을 위해서는 기본적으로

- 사업상 매력도가 높아야 하고
- 수익이 지속적으로 창출되어야 하고

- 시의 적절하게 공략할 수 있어야 하고
- 무엇보다 고객에게 새로운 가치를 창출할 수 있는 제품이나 서비스를 제공할 수 있어야 한다.

여기서 사업기회란 곧 사업 아이디어로 이익을 발생 시킬 수 있는 여건이 충족되어야 기업이 설립될 수 있는데, 이렇게 기업이 설립될 수 있는 여건이 충족되는 시점을 사업기회라 할 수 있다.

3) 자본 : 창업자금

어떤 사업이든지 처음에 사업을 시작하는 자금이 필요하다. 물론 이 시작하는 돈은 본인이 구할 수도 있고, 남에게 빌릴 수도 있고, 혹은 투자를 받을 수도 있겠지만, 일단 처음에는 필요한 자본이 있어야 사업을 시작할 수 있는 것이다.

자본으로는 사업 아이디어를 구체적으로 상품화 하는데 필요한 자본, 토지, 기술, 재료나 부품, 기계 및 생산설비, 공장 등을 자본으로 볼 수 있으며, 여기에 업무를 담당하는 인적자원도 역시 자본의 한 부분으로 볼 수 있다.

창업자금은 창업 후 제품을 생산. 판매한 후 현금으로 전환 될 때까지 소요되는 자금으로 이는 처음의 계획보다 창업자금이 더 많이 소요된다. 보통 자신이 처음 계획했던 것 보다 1.5배~2배 등 더 많이 소요 된다.[2)]

---

2) 중소기업진흥공단 청년창업아카데미에서 기 창업자를 대상으로 조사한 내용

4) 시장

기본적으로 어떤 제품을 창안하여 상품화 시켰을 때 이것이 시장에서 매매가 가능하도록 시장이 형성되어 있어야 한다. 만약 북한과 같은 공산주의 체제 하에서는 아무리 좋은 제품이나 서비스를 개인이 개발 혹은 창안하여 출시한다고 하여도 전혀 시장이 형성되어 있지 못하면, 이는 전혀 경제적으로 창업 활동을 할 수 없는 것이다. 일단 창업을 하여 만든 상품이나 서비스가 통용되는 기본적 시장이 존재해야 하며, 이는 생각보다 중요한 문제일 수가 있다.

만약 어떤 특별한 제품을 만들었다 해도 법적으로 허가를 취득해야 되든지 혹은 어떤 기준 이상의 품질이 제시되어야 하는 경우도 있다. 특히 초등학생들이 즐겨 사먹는 불량 식품과 같은 상품은 사실 시장이 형성되면 안 되는 것이다. 그런 불법 혹은 위법한 상품을 통용시키는 시장은 시장 자체가 형성되어서는 안 되는 것이다. 따라서 창업자가 만든 제품이나 서비스에 대한 보편적인 시장이 형성되어 있어야 창업 후 경제활동이 가능하다.

5. 사업 분야별 창업의 종류

창업을 하는데, 어떤 분야의 창업을 선택하느냐에 따라 그 창업을 준비하기 위한 다양한 사항들을 고려해야 한다.

1) 제조업 분야의 창업

제조업 분야의 창업을 고려한다면 일단 그 분야에서 잔뼈가 굵어, 적어도 그 분야의 전문가가 되었을 때 창업을 해야 잘 할 수 있고 창업을 해도 안심할 수 있다. 제조업은 대부분 자신의 기술로 물품을 만드는 공정과 원료, 원자재, 기술 노하우 등에 대한 완벽한 기술과 정보가 있어야 창업을 해도 성공할 가능성이 높다.

가능하면, 그 분야의 기술자 출신이거나, 연구원 출신 등이 제조업 창업에 뛰어드는 것이 성공 확률이 높은 게 사실이다. 또한 기술적인 지식만이 아니라 영업 즉 판매가 가장 중요한 걸림돌이 되는데 이에 대한 별다른 대책 없이 물건만 만들면 잘 팔릴 것이라는 가정 하에 창업을 해서는 거의 백전백패하게 된다.

따라서 가장 중요한 부분인 마케팅에 대한 창업자의 역량이 부족하면, 마케팅 능력이 있는 사람을 확보한 이후에 창업하는 것이 성공확률을 높이는 방법이 될 것이다. 기술자나 연구원들이 창업하는 경우 기술 분야의 제조업이나, 기술 우위의 회사를 창업하나 결국 얼마 못가고 실패하는 대부분의 이유가 영업이 잘 되지 않기 때문에 망하는 것이다. 사실 영업만 잘 된다면 제품은 어디에서든지 구할 수 있는 게 사업의 세계이다.

2) 도·소매업 분야의 창업

제조업을 하려면 제품을 생산하는 공장이 있어야 하고, 아울러 이를 판매하는 영업 조직이 있어야 한다. 그러나 도·소매업은 비교적 단순하게 공장이 아닌, 점포가 있어야 한다는 전제가 따른다. 공장을 설립하려면 여러 가지 조건과 환경 그리고 인·허가 등의 문제가 발생할 수 있으나, 점포를 얻어 도매나 소매업을 하는 것은 그래도 비교적 간단한 일이라고 할 수 있다. 하지만, 도·소매업도 인·허가를 받아야 그 업을 영위할 수 있는 경우에는 사전에 이를 염두에 두고 사업을 구상해야 한다.

대부분의 도·소매업은 특별한 인·허가를 필요로 하지는 않는다. 예를 들어 옷가게를 낸다고 생각해 보자. 이는 공산품을 도매상이나 혹은 공장에서 물건을 사와서 적정한 이윤을 남기고 파는 그야말로 장사를 하는 것이다. 이도 물론 창업을 하기 전에 창업에 필요한 제반 사항들, 예를 들면 사업타당성, 사업계획서 등을 꼼꼼히 세워 창업을 추진해야 할 것이다. 그런데 이런 옷가게를 창업하면서 창업에 대한 공부나 계획을 철저히 세워 추진하는 사람이 얼마나 있을지는 모르지만, 아무래도 창업에 대한 지식과 경험, 그리고 관련된 준비를 철저히 하는 것이 창업후의 성공에 훨씬 기여할 것이다.

3) 서비스업 분야의 창업

서비스 분야의 산업이 급속도로 성장하고 있고, 어느 나라 할 것 없이 가장 많이 창업되고 또 폐업되기도 한다. 서비스 분야의 창업은 건강관련, 외식산업관련 등이 크게 성장하고 있으며, 종류도 헤아릴 수 없을 만큼 많고 다양하다.

서비스 산업은 수요자의 만족 상태에 따라 그에 상응하는 대가나 보상이 주어지는 경우가 많으며, 결국은 빠르고 실제적인 만족을 주면 점점 발전할 것이고, 소비자를 빨리 만족시키지 못한다면 점점 더 어려워 질 것이다. 보통 서비스업은 정보, 지식, 기술 및 경험을 제공하는 인적 서비스와 기계장비, 부동산 등을 제공하는 물적 서비스로 나눌 수 있다.

예를 들어 주식에 관한 정보와 지식, 그리고 기술과 경험을 동원하여 서비스를 제공하는 유사투자자문업의 경우를 보자. 이들은 일단 사업을 수행하기 위해 금융감독원에 신고를 하면 된다. 특별한 자격증이나 건물이나 조건이 필요 없이 오직 자신의 정보와 지식, 그리고 기술과 경험만으로 서비스를 제공하고 수수료를 받는 구조이다. 그러다 보니 우후죽순처럼 마구 난립하고, 아주 자극적인 홍보문구로 광고를 하기도 한다.

아무튼 이런 서비스 산업은 창업을 하기도 쉽고 또 폐업을 하기도 쉽다. 하지만 가장 중요한 것은 서비스의 질이라 할 수 있다. 서비스의 질이 좋고 입소문이 나고, 그러면 상당한 호황을 누리는 것도 사실이다. 이 서비스 창업은 보통 창업자의 능력과 가장 밀접하다. 즉 창업자가 탁월한 역량을 가질 때 사업은 활성화가 된다. 또 서비스업은 종업원의 능력에 따라 사업의 번창 유무가 달려 있다. 이런 사업은 대부분 아이템만 있으면, 쉽게 창업할 수 있고 또 쉽게 폐업 할 수 있어 사업상의 신축성이 아주 좋은 장점이 있다.

서비스업도 공중위생과 관련이 있다든지, 사해행위와 관련이 있는 업종들은 사전에 허가를 받거나 인가를 취득해야 하는 경우가 있어 이에 대한 준비가 필요한 것은 당연하다 하겠다. 아울러 법적인 자격 제한, 즉 한정치산자나 파산자 등이 할 수 없는 업종이 있으니 사전에 검토해 볼 필요가 있다.

4) 프랜차이즈 분야의 창업

프랜차이즈란 말은 불어로 '속박으로 부터의 해방'이라는 의미의 용어인데 이게 법규상의 가맹사업이란 말로 변경되어 보통 사용되고 있으며, "가맹사업"이라 함은 가맹본부가 가맹점사업자로 하여금 자기의 상표 · 서비스 표 · 상호 · 간판 그 밖의 영업표지(이하 "영업표지"라 한다)를 사용하여 일정한 품질기준이나 영업방식에 따라 상품(원재료 및 부재료를 포함한다. 이하 같다) 또는 용역을 판매하도록 함과 아울러 이에 따른 경영 및 영업활동 등에 대한 지원 · 교육과 통제를 하며, 가맹점사업자는 영업표지의 사용과 경영 및 영업활동 등에 대한 지원 · 교육의 대가로 가맹본부에 가맹 금을 지급하는 계속적인 거래관계를 말한다.[3)]

이 가맹사업은 오랫동안 다른 분야의 회사에 근무하였거나, 그 창업 분야의 지식과 경험 및 노하우 없이 사업을 할 경우 많이 활용하는 방법으로 가맹본부와 일정한 계약을 맺고 본사에서 제공하는 서비스를 받아 판매하여 남은 수입을 일정비율로 혹은 일정 계약 조건에 따라 분배하여 이윤을 취득하는 형식의 사업을 말한다. 외국과는 달리 우리나라의 프랜차이즈 사업은 부정적인 인식이 팽배하여 여러 차례 법규

---

3) 가맹사업거래의 공정화에 관한 법률 제 2조

의 제, 개정을 거쳐 현재에 이르렀다.

5) 소상공인의 창업

대부분 신규 창업을 하는 자영업자들은 생활 근거지 주위에 작은 가게를 얻어 창업을 하고 있다. 이들은 대부분 특별한 기술이나 지식이 부족하지만 생활을 위해 창업한 그야말로 생계형 자영업자를 말하며, 이를 소상공인이라 할 수 있다.

여기서 소상공인이라 함은 "업종별 상시 근로자 수등이 대통령령이 정하는 기준에 해당하는 자"라 함은 주된 사업에 종사하는 상시근로자의 수가 다음 각 호의 1에 해당하는 사업자를 말한다. 즉

1. 광업 · 제조업 · 건설업 및 운수업의 경우에는 10인 미만
2. 제1호외의 업종의 경우에는 5인 미만[4]

이 소상공인이 주로 하는 창업의 업종은 세탁소, 미용실, 목욕탕, 게임방 등 개인 서비스업과 여관, 모텔, 음식점, 제과점, 커피전문점 등 숙박 및 음식점 사업, 카센터, 자동차 정비업체 등과 부동산 중개소, 회계사, 세무사, 법무사 등의 업체, 음악학원, 태권도, 체육관 등이 여기에 포함되며 소규모의 자본을 투자해서 경영을 해나가는 업체들이 모두 여기에 포함된다고 볼 수 있다. 정부에서는 소상공인 진흥원과 소상공인 진흥공단[5]을 설립하여 소상공인 창업을 적극적으로 지원하고 있다. 따라서 퇴직을 한 나이든 가장들은 적은 자금으로 창업을 위해

---

4) 소기업 및 소상공인 지원을 위한 특별조치법 시행령 2조
5) 소기업 및 소상공인 지원을 위한 특별조치법 10조의 4

서는 소상공인진흥원등의 기관을 활용하면 창업교육이나 창업 자금 지원 등에 큰 도움을 받을 수 있을 것이다.

6. 소자본으로 시작할 수 있는 유망한 창업은?

사실 소자본으로 시작할 수 있는 유망한 사업은 없다. 왜냐하면, 이는 객관적으로 그 분야가 유망하다는 데이터가 없기 때문이다. 단지 자신의 생각과 판단으로는 그 분야가 유망하지 않겠느냐는 의견에 불과한 것이다. 보통은

- 시대의 흐름에 맞는 업종
- 대기업이 참여하기 곤란한 새로운 분야의 사업
- 기동성 있는 창업아이디어

위와 같은 3가지 조건을 구비하면 그래도 소자본 창업으로 유망하지 않겠느냐는 것이다. 즉 시대의 흐름에 맞는 업종, 이것은 시대의 변화에 따라 그 발생할 수요가 증대하면, 이에 맞추어 나가는 것이 당연하다 할 것이다. 예를 들어 아기들의 출산율이 점점 더 저조해지고 있는데, 산부인과를 지원할 의사의 수가 줄어드는 것과 마찬가지이다. 즉 시대의 흐름에 따라 활성화되고, 수요가 늘어날 분야를 창업하는 것이 당연히 성공 확률이 높을 것이다.

그 다음 아무리 특화된 기술로 특허를 취득하여 창업을 한다고 해도 대기업이 덤벼들만한 분야를 창업해서는 소자본 창업자로서는 헤쳐

나가기가 어렵다. 아무리 특화된 자기만의 노하우나 기술이 있다고 해도 거대 대기업이 나서면 소규모 회사는 대부분 무너질 수밖에 없는 것이다. 따라서 대기업이 뛰어들 수 없는 한정된 시장이거나 혹은 작은 특화된 시장에서 승부를 걸어야 한다.

시대의 변화와 더불어 작지만 파급력이 강한 기술들이 나타난다. 예를 들어 스마트 폰의 공급이 보편화 되면서 앱을 이용한 창업이 활성화되었다. 이처럼 기동성 있는 창업 아이디어를 활용한 창업은 소규모 자본 창업으로 적합하다고 볼 수 있다.

7. 자본규모에 적합한 업종

소규모라는 자금 규모는 정확하게 얼마라고 말할 수는 없지만, 보통 제조업을 창업하려면 5억 이상의 돈이 든다. 이는 일단 공장을 세워서 제품을 생산해야 하는데, 이 공장을 세우고 물건을 만들어 내고, 연구를 하고, 판촉과 영업을 위해 광고와 홍보 그리고 마케팅에도 심혈을 기울여야 한다. 그러자면 5억 이상의 돈이 들어가는 것이다. 그리고 보통 소매업이나 서비스업 등은 약 1억 미만의 돈이 들어간다. 그리고 도매나 소매업 등은 1억에서 5억 정도의 창업자금이 들어가는 것이다. 아무튼 자기자본의 준비가 최소 50% 이상, 적어도 70% 정도가 된 후에 창업을 하는 것이 바람직하다. 그리고 당분간은 수입이 전혀 없을 수도 있기 때문에, 최소 6개월 정도는 가정생활에 전혀 지장이 없을 범위의 저축이 있어야 하고, 또 거주에 불편하지 않는 삶의 보금자리 (아파트, 주택) 등은 준비되어 있어야 할 것이다.

2절 창업의 중요성, 창업 동향, 혁신

1. 창업의 중요성

사람들은 창업을 하는 창업가를 부러워한다. 왜 그럴까? 아마 자신은 창업을 하고 싶은데 용기 부족으로 혹은 자본이나 아이템 부족으로 창업을 못하는데 저 사람은 창업을 해서 큰 부자가 될 거야, 그리고 좋은 차, 좋은 집, 나이 들어서도 좋은 직장의 사장님이 되어 있겠지? 등등……. 하고 생각을 하는 것은 아닐까?

그렇다. 창업을 하면 일단 부를 창출할 수 있다고 생각한다. 따라서 자본주의 세상에서 가장 중요한 부자가 될 수 있다고 보는 것이다. 사실 창업의 가장 근본적인 목적은 아마 경제적인 요소 즉, 부를 창출하기 위해서 일 것이다. 이것은 더 나아가 일자리를 만들기도 하고, 기업체가 점차 커감에 따라 명예와 사회적 영향력도 함께 향유할 수 있는 바탕이 되는 것이다.

1) 부의 창출

창업은 창업자 개인은 물론이고 투자자, 종업원, 거래 관계자 등 제반 이해관계자들에게 부를 창출하게 해준다. 따라서 창업이 성공하여 점차 기업이 커져감에 따라 창업자 개인은 물론, 사회전체 부의 크기의 증가에 공헌하며, 개인은 부자가 되고 사회전체는 풍요로워 진다.

2) 직장의 창출

창업을 하면 누군가는 그 조직에서 일을 하게 되고 일자리가 발생한다. 또한 어떤 일을 하면 그 일과 관계된 다른 일들이 돌아가게 되어 사회는 돌아가는 것이다. 설령 그가 혼자서 하는 일을 한다고 해도 사회적인 관점에서 다른 업무나 혹은 다른 기업 또는 다른 누군가와 관계되는 일을 할 수 밖에 없는 것이다. 그러면서 자연히 조직 속에서의 일은 주변에 일을 주게 되고 또 다른 일자리를 파생시켜 나가는 것이다. 그 일을 개인에게는 생활의 수단을 제공하게 되고, 사회적으로는 경제가 돌아가고, 국가적으로는 경제활동인구 증가로 실업 문제 해결에 도움이 되는 것이다.

3) 자원의 활용

기업이 자원을 활용하여 가치가 좀 더 큰 새로운 재화를 생산하여 세상을 풍요롭게 함에 따라 자원의 효율적인 가치를 창출하고 이는 또 다시 다른 자원을 효율적으로 활용하게 하여 사회의 편익에 이바지 하는 것이 된다. 또한 지금까지 별로 활용하지 않았던 자원을 적재적소에 활용하게 하는 자원의 효율적인 배분을 가져온다.

4) 생활공간의 창조

또한 창업은 창업자 자신과 종업원에게 중요한 삶의 공간을 창출하기도 한다. 이는 공장이나 사업장에서 하루 종일 일을 하는 사람들은 가정보다도 더 공장이나 사업장에서 시간을 많이 보내는 등 생활공간을 창조하는 역할을 하게도 한다.

5) 과학과 기술 및 사회적 서비스의 발전

창업은 새로운 과학기술이나 혹은 서비스를 제공함에 따라 과학기술의 발달을 촉진시키기도 하고 혹은 서비스를 더욱 발전적으로 개발하여 인류의 편익에 이바지 하는 것이다. 또한 점차 새로운 기술의 개발과 활용으로, 더 새로운 기술의 발달이 요구되어 과학발전과 기술발전에 크게 이바지 하게 된다.

6) 환경에 대한 영향

창업으로 인해 발생하는 환경적 영향에는 긍정적인 부분과 부정적인 부분이 있다. 교통이 좋지 않는 오지에 공장단지를 설계하여 공단을 구축하여 수많은 공장들이 입주하게 되면 그 지역의 개발에 박차를 가함은 물론 살기 좋은 고장으로 만드는데 일조를 할 것이다. 그러나 그 공장에서 흘러나오는 폐수나 매연은 자연 생태계적인 환경에는 당연히 부정적인 영향을 미칠 것이다. 따라서 이러한 환경적인 부분들도 심사숙고해서 공단을 유치하든지 혹은 산업단지를 구성하도록 해야 할 것이다.

2. 창업의 유형

창업의 유형에는 여러 가지로 분류할 수 있으나, 어떤 특별한 기준으로 분류 한다거나 혹은 분류 하더라도 사실 분류의 큰 의미는 없다. 다만 여기서는 몇 가지로 나누어 그 장단점이나 혹은 발생 할 수도 있는 문제점들에 대해 간단히 고찰해 보고자 한다.

1) 혁신적 창업과 모방창업

혁신적 창업이란 기술, 경영, 제품 등에 있어서 기존 사업과는 크게 다른 형태의 창업(발명품을 창업화)을 말한다. 보통 연구소 등에 근무하던 연구원이나 대기업에 근무하든 기술자 등이 하나의 아이템을 발전시켜 특허를 취득한 후 창업을 하는 경우 등으로 제조업의 기술적 창업이 많다. 이는 국가에서도 적극적으로 지원하고 있는 바람직한 창업 형태의 한 방법이다.

이에 비해 모방창업이란 기존의 기업과 거의 같거나 매우 유사한 형태의 기업 창업(프랜차이즈 가맹사업을 시작하는 소매점, 서비스 사업체, 음식점 등)을 말하며 주로 작은 서비스업종이 주를 이룬다.

2) 개인중심 창업과 팀 중심 창업

개인중심 창업이란 개인이 창업을 주도하는 것으로 창업자가 자신의 책임과 권한의 소재를 분명히 하고, 의사결정을 신속하게 처리할 수 있으나 자본의 부족과 전문성의 결여 등이 발생 할 수 있다. 예를 들면 음악학원을 개업했는데, 처음에는 피아노를 가르칠 생각으로 음악학원을 열었으나, 점차 기타를 배우고자 하는 학생들이 많아질 때 둘 다 가르칠 능력이 없는 음악교사가 부딪치는 경우와 비슷한 상태라고 할 수 있다.

팀 중심 창업이란 2인 이상이 공동으로 창업을 주도하여 창업한 경우로 이는 서로간의 견해차가 발생할 경우 의사결정이 지연되고, 책임의 소재가 명확하지 않아 애매한 문제가 생기는 경우가 많다. 그러나 이 경우는 어떤 사안에 신중하게 대처할 수 있으며, 각자의 전문성을 살릴 수 있는 전문화(기술과 경영의 분리 등)의 장점이 있다.

3) 무점포 창업

이는 소호등과 같이 공장이 없거나 거주지를 공간으로 활용(저술가, 정보제공업, 번역사업, 소규모 통신판매 사업)하는 사업을 말하며 지금은 아주 보편화되어 가는 추세이다. 특히 인터넷과 스마트 폰의 발달로 얼마든지 사이버 상에서 무점포 창업을 오픈하여 사업에 임할 수 있다. 이는 점포를 구할 자금조달이 어려운 사람들이 고려할 창업형태이다.

또 한 가지는 무점포 창업이라고 하기는 곤란한 점이 있긴 하지만, 길거리나 정류소 혹은 사람들이 많이 모이든 장소의 자판기 등의 사업을 무점포 사업의 일환으로 볼 수도 있다. 이들 역시 사업자 등록을 하고 하는 사업으로 무점포 창업의 일환으로 보아도 무난할 것이다.

4) 연령에 따른 창업

창업을 하는 사람을 연령대로 분류하는 것은 큰 의미는 없으나 인간의 성장 단계에 따라 어떤 분야의 창업이 적합한지 혹은 부적합한지의 문제는 고려의 대상이 될 수도 있다. 따라서 여기서는 각 나이에 따라 적합한 창업의 종류를 생각해 보고자 한다.

20대 창업 : 모험창업으로 실패하더라도 재기가 가능하다. 전공에 크게 관계없이 창업 할 수 있으며, 패기와 자신감, 자신만의 독특한 아이디어를 잘 살리는 것이 중요하다. 인터넷, 앱 창작, 컴퓨터 등 새로운 분야의 사업으로 진출하는 경우가 많으며, 사회적 경험의 부족으로 사업에 대한 준비나 계획이 완전하지 못해 다른 사람에게 속기 쉽다.

30대 창업 : 유망 사업 분야를 선택하는 창업으로 자신이 수년간 기업체 등에서 갈고 닦은 실력을 기반으로 창업하는 기반창업이 많다. 자기적성과 업무와의 상관관계 등을 고려하여 사업 아이템을 발굴하기 때문에 20대 창업에 비해 성공확률이 높고 정부에서도 적극 장려하는 편이다.

40대 창업 : 전문가 형 창업으로 학력을 불문하고 자기의 업무분야에서 최고의 실무 전문가인 점을 활용하여 창업한다. 자기의 전문분야를 최대한 살려서 하는 창업으로 그 동안 직장에서 쌓은 전문성을 살리는 창업이 바람직하다.

50대 창업 : 안정적인 사업 아이템을 정해 안정적인 창업이 바람직하다. 즉 모험성이 없는 창업. 나이가 있기 때문에 생활자금을 남겨두고 창업을 해야 한다. 특히 거품을 빼고, 소자본 다이어트 창업을 해야 한다.

3. 창업과 혁신 그리고 창의력

창업은 대부분 혁신을 동반한다. 무슨 특별한 특허를 받아 창업을 하는 혁신적 창업도 있을 수 있으나, 대부분의 경우는 소소한 혁신에 바탕을 두고 창업을 한다.

예를 들어 자기가 살고 있는 아파트 앞의 어떤 빵가게가 문을 닫는다. 손님이 오지 않아 개업한지 1년 만에 폐업의 수순을 밟고 있는 것이다. 이에 평소에 왜 저렇게 가게를 운영할까? 하고 못 마땅해 하던 길동이 어머니가 그 빵 가게를 인수하기로 한다. 물론 권리금도 별로 부담이 되지 않는다. 그런데 이 가게를 인수한 길동이 어머니의 생각은 어떨까? 아마 전의 주인과는 무언가 다른 혁신적인 그리고 창조적인 아이디어로 그 사업을 운영해 갈 것이다. 저자가 앞에서도 언급한 바 있지만, 모든 것은 그 것을 운용하는 그 사람의 역량에 달려 있는 것이다. 혁신적인 생각으로 손님이 찾아오지 않으면 찾아가는 판매를 하든지 혹은 배달 서비스를 아주 성실하게 한다든지…….

아무튼 창업을 하는 자는 어떤 경우에도 혁신과 창의성으로 중무장하지 않으면 안 된다. 여기서 창의력이란 새롭고 뛰어난 생각을 해내는 능력으로 사전적 의미를 부여할 수 있으며, 사실 새로운 생각을 할 수 있는 능력 또는 새로운 생각을 해 내는 힘이라고 볼 수 있다.

창의력과 혁신을 연결시켜 사업적으로 접근을 해보자. 만약 직물제조 공장에서 나오는 천이 있다고 생각해 보자. 이 천을 두고

- 천 1마를 있는 그대로 팔면 : 3~4천원
- 스카프로 만들어 팔면 : 1만원
- 옷을 만들어 팔면 : 5만원
- 텍스타일 예술 작품으로 제작 판매하면 : 가치는?

이처럼 어떤 원재료에 자신의 기술과 창의력을 결부시켜 더 큰 부가가치를 만들어 파는 것이 곧 창업이고, 혁신이고 창의인 것이다. 이 때 물론 창의력은 훈련으로 개발되고 발전될 수 있으며, 또한 창의력은 통합적 사고와 상상력에서 나온다.

이 때 자기 특유의 새롭고 차별화된 아이디어를 창출할 수 있는 능력에 따라 부가가치는 달라질 것이다. 따라서 창업은 항상 창의력과 혁신을 전제로 바탕에 깔고 사업을 구상한다고 보면 된다. 그러나 이는 꼭 새로운 아이디어나 아주 특별한 아이디어가 필요하다는 말은 아니다. 예를 들어 인근 도시에는 있으나, 아직 이 도시에는 없는 사업인 경우, 같은 아이디어를 지리적으로 옮겨 실행할 뿐이지만 훌륭한 창업이 되는 것이다.

4. 혁신의 정의와 유형

혁신(革新)이란, 혁신(革 : 가죽 혁, 피부)은 그야말로 가죽(피부)을 완전히 새롭게 한다는 의미로 낡은 것을 바꾸거나 고쳐서 아주 새롭게 하거나, 또는 바뀌거나 고쳐져 아주 새롭게 되다 는 의미이다. 사실 이는 어떤 사물의 성질, 기능 혹은 역할 등을 획기적이고 근본적으로 변화시키는 것을 의미한다. 슘페터가 말하는 창조적 파괴로 인한 사회적 제도의 변혁 및 제반 기술과 자연과학 등이 발전해 온 것을 총체적인 혁신으로 볼 수 있다.

우리가 여기서 고려해야 할 것은 대부분의 창조적 파괴는 혁신을 불러오지만, 그 과정에서 수많은 시간과 여러 가지의 고통이 뒤 따르다 보니 사람들은 혁신을 피하고 싶고, 현상유지를 고수하든지, 혹은 현재까지의 추세대로 나아가고 싶은 것이다. 즉 조금 개선해서 점차 나아지면, 조금씩 발전하고 작은 변화를 받아들이며, 그렇게 삶을 영위하고 싶은 것이다.

그러나 소소한 작은 변화를 쫓은 기업들의 대부분은 실패의 쓴맛을 보게 된다. 즉 자신들의 변화보다 더 확실한 혁신을 하는 기업들에 비해 경쟁력을 가질 수 없게 되어 도태되어 온 것이다.

즉 기업은 '년 5%의 성장은 어렵지만 30%의 성장은 가능하다' 는 전 한국전력공사 김쌍수[6] 사장의 말대로 새로운 생각, 새로운 발상, 새로운 시도는 변화가 아닌 혁신으로 가능하다.

여기서 혁신이란 조직이 새로운 아이디어를 창출하고 그것을 개발하여 실용화함으로써 시장이나 사회의 요구를 충족시키는 전 과정을 말한다. 혁신이란 내부적으로 창조된 것이든 혹은 외부로부터 도입된 것이든 간에, 특정 조직에서 최초로 새로운 아이디어를 받아들여 이를 개발하여 실용화하는 측면을 강조하고 있다.

창업을 하기 위한 혁신에는 기술혁신과 조직 관리 혁신으로 생각해 볼 수 있는데 기술혁신은 다시 '공정혁신'과 '제품혁신'으로 구분할 수

---

6) 5%는 불가능해도 30%는 가능하다, 김쌍수, 한스미디어, 2010.12.

있으며, 제품 및 서비스를 생산하는 생산 공정에서 이루어지는 혁신을 공정혁신이라고 한다. 공정혁신은 생산효율성을 높이거나 생산량을 증진시키기 위하여 작업방법, 장비, 작업 흐름 등에 새로운 변화를 시도하는 것을 말한다. 그러나 개인 창업자가 이런 공정혁신을 추구하는 창업이 결코 쉽지는 않다.

제품혁신은 새로운 시장 및 고객을 창출하거나 시장점유율을 높이기 위하여 신제품 혹은 신서비스를 개발하는 것을 말한다. 새로운 제품이나 서비스를 개발하는 것으로 MS의 Windows가 여기에 속한다. 스마트 폰 등도 여기에 해당된다고 할 수 있다.

다음으로, 조직 구조 및 관리방식 등에 있어서 새로운 변화를 도입하고 채택하는 방식으로 '관리혁신'이 있다.

마지막으로는 '인적자원혁신'을 들 수 있다. 이는 종업원들의 직무태도, 업무지식 및 능력, 기업관 등에 있어서 변화를 유발할 수 있도록 새로운 아이디어를 도입하여 실용화하는 것을 말한다.

3절 기업가 정신과 창업

기업가 정신이란 무엇인가?

기업가 정신이란 특별하게 정의된 말은 없다. 그냥 모두가 자신의 관점에서 기업가정신을 정의할 뿐이다. 그러나 물론 그 말 속에 공통적인 부분들이 다수 포함되어 있다. 그런데 왜 기업가 정신이 필요하고, 어떤 경우에 기업가 정신이 필요한지에 대해서도 논의해 봐야 한다.

1. 기업가 정신의 의의

기업가 정신이란, 한 기업가가 자신의 기업을 창업하고 운영하면서 지속적으로 표출된 사업에 대한 지속적인 마인드라고 정의하고자 한다. 이는 어떤 청년 기업가가 젊어서 창업할 때의 정신이 다르고, 기업이 아주 잘 나갈 때의 정신이 다를 수 있고, 기업이 누란의 위기에 처했을 때 기업가의 정신이 또 다를 수 있다. 더 나아가 기업이 파산하여 청산을 할 때의 기업가의 정신이 또 다를 수 있다. 사람이란 항상 상황에 따라 변하는 유기체인 만큼 기업에 임하는 그 기업가의 정신 역시 상황에 따라 바뀌지 않는다고 말 할 수 없다.

그러나 여기서 우리가 이야기 하고자 하는 기업가 정신은 창업가가 기업을 일으켜 세워, 세월이 흘러 정점을 지나 기업의 파산 혹은 청산의 시점까지 일관되게 지속적으로 추구하는 정신을 이야기 하고자 한다. 그러나 이 관점의 문제점은 큰 사업을 일으켜 세워, 어연 50여년 이상의 세월을 지속적으로 성정 발전시켜 나가 창업자가 세상을 떠날 때 까지 그의 사업체가 지속적으로 성장 혹은 발전하든지 혹은 사세가 좀 기울여 졌다 해도 지속가능한 기업으로 살아남아야 그 창업자에 대한 기업가 정신을 이야기 할 수 있다.

그러나 젊어서 창업하여 대단한 세계적인 기업으로 성장 시켰다 해도, 시대의 흐름이나 외부적 혹은 내부적 기업 환경에 적응하지 못해 기업이 망하거나 혹은 아주 사세가 미약하게 되었다면, 그 경영자의 각광 받던 기업가 정신은 사라지고 마는 것이다. 우리나라 기업의 경우를 보면, 지금도 잘 나가고 있는 삼성, 현대, LG, 유한양행과 같은 기업들을 창업한 창업주들의 기업가 정신은 많은 사람들이 연구하고 발전시켜 회자하고 있으나 이미 쇠락한 대기업을 창업한 기업주들의 그 빛나던 기업가 정신은 아무도 연구하지도 않고 계승하지도 않고 대중의 관심에서 멀어지는 것이다.[7] 이는 세상은 승자만 기억하는 진리에 부합되는 것이라고도 볼 수 있다. 따라서 창업에 성공했다는 것이 옛날처럼 하나의 왕조를 창업하는 것이 아닌, 하나의 기업을 창업해서 100년을 수성하기가 얼마나 어려울 것인가? 그런데 적어도 하나의 개인적 기업가 정신이 나오기 위해서는 50년 이상 그 기업이 존속하고, 또 발전하고 지금도 사회적으로 좋은 영향을 미쳐야만 그 창업주의 기업가 정신이 살아남는 것이다.

따라서 여기서 이야기 하고자 하는 기업가 정신은 창업을 하기위해 지녀야 하고, 또 지속적으로 성장해 가는 과정에서 표출되어야 하는 지속적인 창업자의 기업에 대한 마인드로 정의하고자 한다.

2. 기업가 정신의 요소들

성공적인 기업가는, 아니 창업을 하여 지속적으로 기업을 성장 발전시켜온 창업자들은 어떤 마인드를 가졌을까? 이에 대한 포괄적이고 실증가능하며 이해 할 수 있는 내용들은 무엇이 있을까? 특히 창업을 하는 초기 창업자들이 지닌 기업가 정신은 무엇일까?

---

7) 저자는 젊었을 때, 김우중 저 [세상은 넓고 할 일은 많다]는 책을 읽고 대단히 감동을 받은 적이 있다. 이 책은 전 김우중 대우그룹 창업자의 기업가 정신의 일면을 엿볼 수 있는데, 김우중 전 회장이 사업에 실패하고 나니 세인의 관심에서 멀어지는 것 같다.

1) 경제적 이득에 대한 욕망 - 성취욕구

창업을 하는 사람들은 현재의 상황에 대한 불만에서 일단 창업을 생각한다. 현재의 직장이나, 혹은 현재하고 있는 사업에서의 수익이나 경제적 이익이 흡족하지 않기 때문에 이를 만회하기 위해 창업을 생각한다. 또한 지속적인 이윤을 얻기 위해 기업을 경영하면서도 손해 볼 것 같은 판단이 들면, 결코 접근하지 않는, 즉 더 큰 경제적 이윤이나 이득을 성취하기위해 창업을 하는 것이다. 즉 이는 개인의 성취 욕구를 만족시키기 위해 창업을 하는 것이다.

2) 변화를 수긍하고 변혁을 추진하는 정신

기본적으로 기업을 창업하는 창업가들은 현 상황에 대한 변화를 생각하고 지금하고 있는 상황을 좀 더 좋게 혹은 다르게 변화시켜 이를 시스템적인 변혁으로 몰고 가서 창업이나 혹은 조직의 체계를 변화시키는 마인드를 갖고 있다고 할 수 있다. 즉 이는 1)제품의 혁신 2)생산공정의 혁신 3)시장의 혁신 4)생산요소의 혁신 5)조직의 혁신 등 다양한 혁신을 추진하여 좀 더 창조적이고 새로운 무언가를 만들어 더 나은 상태로 나아가고자 하는 변화를 추진하는 마인드가 기본적으로 깔려 있다고 볼 수 있다.

3) 높은 자존심, 자긍심 - 자유 실천의지

창업을 하려는 창업가는 남 밑에서 일을 하지만, 여러 가지 조직상의 애로 사항에 부딪치거나 혹은 자존심을 상하게 되는 일을 경험하는 빈도수가 많아짐에 따라 자신의 자존심이나 자긍심을 세우고 자신도 당당하게 대우 받고 싶은 욕망에서 창업을 하는 경우가 많다. 이는 자신이 기대만큼 대우를 받지 못한다든지 하는 지존심의 상처를 입거나 혹은 자긍심에 상처를 입었을 때 자신의 자유로운 의지로써 실천해보고 싶어 하는 마음에서 창업을 결심하고 그리고 이를 추진해 내는 것이다.

4) 남에게 지지 않으려는 승부사적 기질

창업을 하는 창업가의 마인드 속에는 '나는 하면 남보다 잘 할 수 있다'는 승부사적인 기질이 포함되어 있다. 따라서 결코 남에게 지고 싶지 않으며 하면 악착같이 지속적으로 노력하는 마인드를 갖고 있는 것이다. 기업을 창업하여 성공시키는 창업자를 보면 하루 15~16시간의 업무를 쉽게 생각하고 일에 몰두하는데, 일반 기업에 취직해서 이렇게 열심히 일을 하면 당연히 조직에서도 두각을 나타날 수 있을 것이다.

5) 위험을 감수하려는 모험심과 용기

창업을 하는 기업가들은 일단 창업을 해서 한 번 부딪쳐 보겠다는 모험심과 용기를 가지고 있다. 그러나 머리 좋고, 학교 다닐 때 우등생이 창업을 하는 경우는 별로 많지 않다. 이는 좋은 머리로 전문직이 되거나, 대기업체나 혹은 공공조직에 입사하여 한 평생을 안정적이고 지속적이며 예측 가능한 인생을 살 수 있다는 마음도 있지만, 근본적으로 이들은 모험심과 용기가 부족한 것이다. 사업을 창업하는 기업가들은 상당한 모험심과 용기가 필요한 것이다.

6) 올인 하는 정신

창업을 하는 창업가 들은 하나의 목표에 올인 하는 정신을 가진 사람들이 많다. 즉 이는 이것저것 따지지 않고 하나를 선택했으면 그 일에 올인 하는 성향을 지니고 있다. 또한 사실 그러한 성향을 지닌 사람만이 험난한 사업의 세계에서 살아남고 발전해 가는 것이다. 그러나 많은 사람들은 이것도 하고 싶고, 저것도 하고 싶고 이것이 안 되면 저것을 대신 하겠다는 마인드를 가지고 있다 보니 창업에 뛰어들지 못하는 것이다.

3. 과연 창업가는 어떤 기업가 정신을 가져야 하는가?

1) 도전 정신 - 위험을 무릅쓰고

우선 창업가는 도전정신을 가져야 한다. 이는 한 번도 도전해 보지 않는 분야에 도전하는 정신을 의미한다. 누구도 도전하지 않는 분야에 도전하는 것은 결코 쉽지 않는 일이다. 이는 지역적으로 공간, 시간적으로의 도전도 포함한다. 예를 들어 일본에서 시작하는 노래방이라는 아이템을 아직 우리나라에서 아무도 하지 않는 사업이다. 그런데 이것을 한 번 해보겠다고 시도하는 도전, 이것이 도전 정신이다. 물론 미처 남들이 전혀 생각지도 않은 아이템으로 사업을 하겠다면 주도면밀한 준비가 필요하겠지만, 그래도 상당한 용기와 모험심이 필요하다. 이를 극복하고 일단 한번 도전해 보는 모험을 무릅쓰는 도전 정신이 필요하다.

2) 변혁 정신 - 남과 다르게

대부분의 창업가들은 지금 하고 있는 상황을 좀 더 개선하기 위해 창업을 한다. 지금까지와는 좀 더 다른 기능을 넣든지, 있는 기능을 더 개선하든지, 혹은 지금까지의 판매루트를 전혀 다른 쪽으로 돌리든지. 아무튼 지금까지와 다르게 혹은 더 개선하거나 더 쉬운 방법 등 남과 다르게 사업을 추진한다. 이렇게 변화를 추구하여 변혁된 시스템이나 제품으로 사업을 해야 하기 때문에 창업에 변혁정신은 가장 필요하고 또한 기초적인 마인드이다.

3) 창조 정신 - 새로운 것을 만들어라

전혀 다른 것을 창조하는 정신, 이는 기존의 제품이나 시스템을 개선하는 것이 아닌 그야말로 완전히 이 세상에 없는 제품을 만들어 내는 정신으로 새로운 것을 창조하는 마인드를 가져야 창업에 성공할 수 있고, 기업이 지속적으로 발전해 갈 수 있다. 이런 마인드를 지속적으로 발전시켜 나가야 만이 기업이 경쟁에 뒤떨어지지 않고 발전해 나갈 수 있는 것이다.

4) 올-인 정신(All-in) - 집중하라

이는 속된 말로 몰빵 정신이다. 창업의 초창기엔 한 가지에 집중해서 작은 성공이라도 거두어야 한다. 한 가지에 온 역량을 모두 쏟아 부어 반드시 작은 성공이라도 거두어야 한다. 그러면서 다시 또 집중하여 작은 성공을 만들어 내고, 또 성공하고. 이렇게 선순환 구조가 이루어지면 차츰 기업은 탄탄해지고 회사는 안정을 찾아갈 것이다. 또한 창업자나 직원들은 자신감을 갖게 될 것이고 점차 회사는 성장하게 되는 것이다.

5) 될 때까지 한다 - 백절불굴 정신 - 넘어져도 일어나는 정신

이는 될 때까지 계속하는 백절불굴의 정신을 말한다. 물론 한 번 싸워 졌다고 하여 다시 도전하지 못하는 마인드로는 기업을 창업해서 지속적으로 이끌고 갈 수가 없다. 자전거를 넘어지지 않고 배우는 사람이 어디에 있으랴? 하지만, 이를 잘 알고 있는 사람들도, 자신의 온 재산과 역량을 쏟아 부어 노력을 했지만 사업에 실패를 하였을 때, 자신을 스스로 격려하고 채찍질하여 다시금 일어나 또 다시 도전하는 그래서 지속적으로 도전하는 자만이 살아남을 수 있는 세계이기 때문에 무엇보다 될 때까지 하는 백절불굴의 도전정신이 필요하다.

6) 헝그리 정신 - 배고프고, 돈 고픈 경험이 있는 헝그리 정신

창업을 해서 기업이 성공하기 위해서는 창업자나 경영자의 배고픈 헝그리 정신, 혹은 돈 고픔이 뭔지를 뼈저리게 아는 정신이 필요하다. 신용불량자가 되어 거리를 방황하던 사람에게 다시 한 번 사업의 가회가 왔을 때 결코 쉽게 망하지 않을 것이다. 이 배고픈 정신이 있기 때문에 한, 두 번 실패한 사람들이 세 번째 일어날 때는, 절치부심[切齒腐心]하여 결코 실패하지 않고 성공의 역사를 쓰는 것이다.

7) 자아 긍지의 정신

기업가는 장사꾼과는 다르다. 물론 획일적으로 단정 할 수는 없지만, 기업가는 나름대로의 사회적, 경제적 철학을 가진 사람이다. 즉 기업을 성장시켜 국가 경제에 이바지 하겠다는 철학이나 혹은 사회적 기업을 만들어 큰 수익을 남기지 않지만, 종사원들 일자리를 제공하고 사회적, 경제적 약자를 도우며 보람을 느끼며 살아가겠다는 등의 나름대로의 철학이 있다. 그러자면 창업을 하는 기업가는 나름대로 타인보다 더 높은 자신의 자긍심과 자존심을 갖고 있으며 이것이 곧 기업을 창업하는 철학이 되는 것이다. 요즘 들어 사회적 기업을 창업하여 인류에 도움이 되고자 하는 철학을 펼치는 젊은 사회적 기업가가 점점 많아지고 있다.

4. 청년 창업자가 지녀야 할 기업가 정신

여기서 창업을 한다는 말은 나름대로의 철학을 가지고 웅장한 미래를 설계하는 창업의 마인드를 갖고 사업을 시작해 보고자하는 젊은 창업자를 위한 이야기다. 물론 경우에 따라 다를 수 있지만 창업에 대한 장밋빛 전망만을 늘어놓는 기업가 정신이 아니라, 자신의 힘으로 창업해서 기업을 키워 보겠다는 창업자를 위한 올바른 마인드를 제시하는 것이다. 특히 청년창업자가 창업성공을 위해 지녀야 할 역량과 태도 그리고 지속적으로 추구해야 할 기업가 정신을 제시하고자 한다.[8]

1) 가장 잘하는 일을 하라

만약 자신이 하고 싶은 일과 잘하는 일이 다르기 때문에 한 가지를 선택해서 사업을 한다면 어떤 것을 선택해야 할까? 이는 여러 가지 의견이 있을 수 있으나, 단정적으로 말하자면 이는 자신이 잘하는 일을 해야 한다. 하나의 사업을 하거나, 직업을 선택하는 것은 이건 아마추어의 게임이 아닌 것이다. 달리 말해 그건 프로의 게임인 것이다. 따라서 자신이 가장 잘하는 일을 해야 타인이나 혹은 타 기업과 경쟁이 되는 것이다.

음악을 전공하고 음악을 잘하는 학생이, 대기업의 국제 영업하는 일이 좋아 보여 영업직으로 입사했다고 해 보자. 그가 과연 그 대기업의 국제 영업 분야에서 성공할 확률이 얼마나 높을까? 물론 전혀 불가능

8) 이 부분은 필자의 개인적인 주장이다.

한 일은 아닐 것이다. 하지만, 그가 남보다 탁월하게 잘하는 음악에서의 성공이 더 용이하지 않을까? 우리가 잘 아는 코미디언 이경규씨는 남다른 코믹으로 우리나라의 대표적인 코미디언으로 자리 잡은 지가 거의 30년이다. 그 만큼 오랫동안 코미디 계를 주름잡은 사람도 별로 없을 만큼 그는 코미디 계에서 탁월한 실력을 발휘한다. 하지만, 정작 본인이 하고 싶은 것은 영화라고 했다. 하지만, 그렇게 하고 싶어서 한 영화에서는 두 번인가 큰 실패를 맛보았다고 한다. 이는 자신이 하고 싶은 일보다는 자신이 잘하는 일을 해야 한다는 그야말로 당연한 논리를 잘 보여주는 사례일 것이다. 이 외에도 모 대기업은 아무런 문제없이 잘 발전하고 있었는데, 새로운 젊은 2세 회장이 들어와서는 자신의 관심과 취미기 있는 사업에 발을 들여놓아 막대한 손실을 입고 거대 대기업 그룹의 조직이 뿌리 체 흔들렸다는 기사를 우리는 경제신문에서 간간히 볼 수 있었다. 따라서 우선은 자신이 가장 잘하는 일을 해야 창업을 해도 살아남을 수 있고, 기업이 성장할 수 있는 것이다.

2) 돈 되는 일을 하라 - 이익추구 - 현금이 돌지 않으면 기업도 없다.

사업을 하는 사람의 일차적인 목표는 이익추구다. 이는 두말 할 것도 없다. 모름지기 사람은 자신의 본분에 충실해야 한다. 그러나 어느 수준 이상의 사회적 경제적 성공을 거둔 기업이 너무 이익창출에만 혈안이 되어 있으면 그건 별로 바람직하다고 할 수 없을지는 모르나, 일단 기업의 최고 목표는 이익 축구다. 즉 기업은 돈이 돌지 않으면, 정확하게 현금이 없으면 곧 망하는 것이다.

기업은 당연히 이윤을 추구하라. 그래야 주주나 종업원 및 거래처의 모든 사람들이 안심하고 거래하고 생활 할 수 있다. 또한 적정 이윤 이상을 남겨야 국가에 세금도 내고, 더 많은 투자를 감행하여 일자리를 만들고 사회와 국가 경제의 발전에 일조를 하는 것이다. 기업가가 이윤을 창출하지 못하는 것은 학생이 공부해도 실력을 향상시키지 못하는 것과 같으며, 군인이 나라를 지켜내지 못하는 것과 다름 아니다. 가장이 자신의 가족을 지켜내지 못하는 것과 전혀 다를 바가 없는 것이다. 따라서 어떠한 경우에도 기업은 이윤을 창출하고 그래서 국가에 세금내고, 관련된 이해관계자들과 공존하며 사회에 기여하는 것이 기업의 목적인 것이다. 따라서 반드시 기업에서는 이윤을 창출하고, 이익을 남겨야 하는 것이다. 그러나 기업도 처음에 언급하였지만, 법적 윤리적 관점에서는 전혀 문제가 없는 영업행위로 이윤을 남겨야 하는 것이다. 그렇지 않을 경우 더 많은 그리고 더 큰 여러 가지 문제점들을 노출할 수 있다.

3) 가장 하고 싶은 일을 하라 - 열정

사람은 자신이 하고 싶은 일을 해야 한다. 물론 그 일이 기본적으로 법적으로 위법이거나 혹은 불법이거나, 사회의 윤리 도덕에 어긋나서는 안 된다. 또한 양심에 크게 어긋나서도 안 될 것이다. 그런 이유 이외에는 사람은 자기가 하고 싶은 일을 하면 능률도 오르고, 재미도 있고, 잘 안될 때에는 온갖 궁리를 다해 해결을 하려고 애쓴다. 그러다 보면 시간이 언제 갔는지도 모른다.

사실 자기가 좋아하고 재미있어하는 일을 직업으로 삼는 사람도 많다. 예를 들면 프로 골프나 프로 바둑선수, 프로 댄스, 가수, 배우들……. 아마 이들은 다른 직업에 종사하는 사람들 보다는 자신이 하는 일에 더 열정을 가지고 있으리라. 따라서 이들은 성공하고 돈을 많이 벌어도 여전히 관객이 불러만 준다면 혹은 일할 기회만 주어진다면 언제나 최선을 다해서 혼신의 열정을 불태우는 것이다. 전에 어느 잡지에서 읽은 내용인데. 사람들의 직업 만족도가 가수가 가장 높다는 내용을 읽은 적이 있다. 가수들이 TV등에서 하는 이야기를 가끔 들어보면, 관객이 한명만 들어주어도 자신은 기꺼이 노래를 부른다는 것이다. 물론 프로이기 때문에 그를 수도 있겠지만. 이들은 자신의 일을 그만큼 사랑하고 자신의 일에 열정을 가지고 있다는 말이기도 하다. 물론 학교에서 강의하는 교수들도 아무리 아파도 막상 교단에 서면 아픔은 완전히 어디론가 사라지고 쩌렁쩌렁한 목소리로 열강을 한다. 이게 다 열정이 있기 때문에 가능한 것이다.

따라서 창업을 한다면, 가능하면 자신이 끝없는 열정을 가진 분야를 창업하는 것이 필요하다. 하면 할수록 재미가 있고, 밥을 먹을 때나 운전을 할 때나 오로지 사업 생각 밖에 안하는데 사업이 잘되지 않을 수가 있겠는가? 자신이 가진 열정이 어떤 분야에 있는지는 본인이 가장 잘 아는 법이다. 따라서 자신을 스스로 반추해 보고 어떤 분야에 끊임없는 열정이 치솟는지를 파악하여 그 분야에 창업을 고려할 일이다.

4) 고객이 깜짝 놀랄 상품이나 서비스 제공

사실 기업을 창업하거나 기업을 경영하면서 고객이 깜짝 놀랄 서비스를 제시하는 것은 쉬운 일이 아니다. 2009년 9월 어느 날 저자가 KT 김해법인지사장으로 근무하고 있었는데, KT 본사에서 여직원(과장)이 두 명 방문했다. 온 이유인즉, 그 때 휴대폰 보다 더 큰 휴대폰(애플의 아이폰)을 두 개 끄집어냈다. 그리고는 와서 보고는 평가를 해 달라고 했다. 즉 이 스마트폰으로 사업을 할지 말지를 KT 본사 경영진에서 고민을 하고 있으니, 지사장께서 한번 보시고 의견을 달라고 하는 것이었다. 그러면서 스마트 폰으로 사진을 찍어 저장을 한 후 약 30㎝의 간격으로 스마트 폰 2개를 놓고는 손으로 그 위에서 왔다 갔다를 반복 했다. 뭐하느냐 물으니 1번 전화기에 있는 데이터가 2번 전화기로 옮겨졌다는 마술 같은 이야기였다. 나는 깜작 놀랐고 이건 사업이 된다. 빨리 애플과 연락하여 계약을 채결하라고 재촉했다. 결론적으로 2009년 10월 이후 불과 3년 만에 우리나라는 5,000만대의 스마트폰을 사용하는 국가가 되었다. 이건 무엇을 의미하는가? 다시 말하면 고객이 깜작 놀랄만한 서비스나 혹은 기능이 제공되면 반드시 그 사업은 잘 될 수밖에 없다는 것이다.

사실 깜작 놀랄만한 기능을 부가할 수 있는 제품을 만드는 것은 초창기 창업자에게는 거의 불가능한 일이다. 그러나 특별한 기능을 부가하는 틈새상품이 나올 수도 있고, 새로운 발명으로 깜짝 놀랄 기발한 상품이 나올 수도 있다. 그런 사업은 일단 스타터가 좋다고 보여 지며, 성공할 가능성이 높다. 그러나 대부분의 초창기 청년 창업자의 입장에서는 불가능한 이야기다. 그러나 서비스라면 문제는 다르다. 고객이 깜짝 놀랄만한 서비스를 얼마든지 제공 할 수 있기 때문이다. 고객이 미처 상상조차 할 수 없는 서비스를 제공하면, 자연히 입소문이 날 것이고 설마하면서도 고객들이 모여들 것이 분명하다. 따라서 초창기 창업자들은 서비스에서 만이라도 고객을 깜작 놀라게 해 줄 만큼의 성의와 고객마인드를 가져야 한다.

5) 치열하고 지속적인 학습만이 회사를 살린다

초창기 창업가는 자신이 하는 사업의 분야에서 만큼은 이 세상 어떤 전문가보다도 더 많이 그리고 정확히 알아야 한다. 즉 그는 자신의 사업에 관한한 어떤 누구보다도 많은 정보와 시대의 흐름과 조류, 경쟁사와의 관계와 고객의 취향 등……. 모든 것을 알고 있어야 한다. 미처 몰라서 망한 회사가 어디 한 두 곳이랴? 사업에서나 시험에서나 모르는 것은 죄인 것이다. 아무리 몰랐다고 억울해 해도 누구도 관심 가져주지 않는 모르는 게 죄인 것이다. 모르는 것을 다 알기가 어려우니 컨설팅을 받고 자문을 받고 하는 것이지……. 아무튼 창업자는 모든 것을 다 알아야 한다. 몰라도 된다는 것은 '자신이 손해 볼 각오를 할 수 밖에 없다'는 말과 같다. 따라서 창업자는 정말 온갖 분야의 공부를 해야 한다. 전문가에게 배우고, 신문과 방송에서 듣고 인터넷을 찾고…….

2011년 내가 잘 아는 어느 초기 창업자가 은행에서 융자를 받았다고 자랑을 했다. 즉 땅을 저당 잡히고, 이자율이 싸게 융자를 받았다고 했다. 내가 하도 어이가 없어 중소기업진흥공단 등 국가 기관의 융자 제도를 알고 있느냐고 물으니 그는 전혀 그런 사실을 몰랐다며 억울해 했다. 아마 매 월 이자로 족히 수 십 만원은 더 나갈 것이었다. 창업을 하려는 사람들은 여러 가지로 공부해야 한다. 물론 한꺼번에 다 배울 수 는 없겠지만, 그래도 그렇게 그렇게 배워서 나아가는 것이다. 한 번 실패하면, 그 만큼 더 배운다고 하지만, 꼭 그렇지만도 않다. 주식투자를 창업한 사람들을 보면 이번에 실패한 이유가 다음에 또 똑같은 실패를 하는 악순환이 되는 경우도 많다. 이는 말만 학습할 뿐이지, 지속적인 그리고 사무치는 학습을 하지 않기 때문에 생기는 것이다. 따라서 창업자는 매 순간 악착같이 배우고 가슴에 새겨 가며 기업을 경영해야 하는 것이다.

6) 정보화 시대의 속도 - 선점이 최고의 방법이다

마케팅 불변의 법칙이란 책에서 나오는 이야기인데, 고객의 인식에 선점하는 것이 가장 탁월한 마케팅 방법이란 내용이 나온다. 이는 거의 옳은 내용이다. 사람들은 먼저 자신의 기억에 먼저 인식된 것에 의미를 둔다. 사랑도 첫사랑의 기억이 오래가고, 직장도 첫 직장의 추억이 오래가는 것이다. 대부분의 사람들은 가장 처음 한 인식을 가장 중요한 인식으로 착각하는 경향이 있다. 그러나 이는 대부분의 사람들의 인식이 그러하니, 이유는 불문하고 남보다 먼저라는 인식이 중요한 것이다.

물론 첫 인식이 항상 가장 중요한 것은 아닐 것이다. 그러나 우리가 자동차를 처음 살 때 어느 회사의 차를 샀느냐에 따라 그 차의 제조회사에 더 호감을 갖는다. 이에 세탁기나 에어컨 등 대부분의 전자제품도 이전에 쓰던 회사의 제품을 재구매하여 사용하는 것이다. 왜냐하면 그 회사 제품이 이미 먼저 인식되어 있기에…….

가능하면 남보다 빠른 것이 좋다. 이는 비단 택배나 배달 서비스를 의미하는 것이 아니라 광고나 홍보 등도 먼저 인식된 것이 기억에 남아 어떤 선택을 할 때는 그 제품을 선택하는 것이다. 따라서 창업은 가능하면 빠른 게 좋다. 학생들 사이에서도 대학 3학년 때 창업을 했다하면 학생들의 인식이 달라진다. 저 애는 뭔가 우리보다 뛰어 났으니까 창업을 빨리 했을 것이라고…….

7) 차별화가 필요하다.

차별화란 참 의미가 있는 말이다. 이는 똑 같은 상황에서 고객의 선택을 받는 것은 무엇 때문일까? 예를 들어 기말고사 주관식 답안지를 두 학생이 제출했다고 하자. 거의 비슷한 내용을 썼는데 한 학생은 필체가 엉망이고 답안지가 지저분하게 보인다. 다른 학생은 거의 같은 내용이지만, 글씨가 아주 바르고 일목요연하게 작성되어 있다고 하자. 물론 이 때 성적은 똑같이 나가야 할지 모르지만, 과연 그럴까? 나는 틀림없이 글씨를 바르고 잘 쓴 학생의 성적이 0.1점이라도 더 나올 것이라고 믿는다. 왜? 차별화가 되니까? 그 내용이 같다고 하더라도 외양이 차별화가 되니까.

이는 상품의 모양이나 기능이나 성능이 차별화가 되면 좋지만, 대부분의 경우 제품이나 제공하는 서비스는 거의 비슷하다. 그러면 어떻게 해야 할까? 비록 어떤 작은 부분이라도 특징적인 차별화를 만들어서 제공해야 경쟁에서 살아남을 것이다. 그게 비록 아주 작은 차별화 일지 몰라도 고객의 선택의 방향을 바꿀 수 있는 것이다.

차별화하는 방법은 다양하다. 예를 들어 다른 경쟁자와 다르게 하는 것이다. 만약 아들을 만나러 서울 나들이를 해서 서울 강남의 한 모텔에 투숙을 하려고 한다. 이 때 모텔의 입장에서는 평일에는 숙박에 5만원이지만, 주말에는 7만원이라고 가변형 가격을 제시하는 것이다. 그냥 일률적으로 7만원을 제시하는 모텔보다는 이런 모텔을 이용한 사람은 훨씬 경제적이고 다른 모텔을 이용하지 않게 될 것이다. 아니면 모텔의 입장에서는 시간을 정해서 투숙을 받든지 아니면 가격을 변동을 제시해서 선택하게 하는 등의 방법으로 다른 모텔과 차별화가 가능할 것이다.

8) 집중과 몰입

청년 창업가의 입장에서는 집중과 몰입이 아주 필요하다. 사실 젊어서는 무한한 가능성과 시간이 있어 다양한 경험과 다양한 분야의 온갖 것들을 다해보고 싶은 것은 인지상정이다. 물론 그렇게 하면서 자신만의 고유 업무를 찾아 갈 수도 있다. 하지만, 그 옛날 초등학교 시절에 우리가 맑은 날, 태양 아래 쪼그리고 앉아 렌즈로 손바닥 위의 종이를 태운 실험을 하곤 했다. 그런데 같은 태양, 같은 종이, 같은 사람이 같은 일을 하더라도 종이에 초점을 맞추면 거의 2~3분이면 종이는 불에 탄다. 그러나 똑 같은 상황이라도 초점을 맞추지 않으면 그 종이는 3분이 아니라, 30년이 지나도 타지 않는다. 이게 무엇을 의미하는가? 일단 초점을 맞춰 집중적으로 몰입하라는 의미이다.

사실 한 분야에 집중하면 얼마 지나지 않아 나름대로의 전문가가 된다. 창업에서 하나의 아이템을 정했으면 다른 일은 다 제쳐두고라도 그 아이템에 집중해야 한다. 일단 거기서 작은 성공을 일궈내면서 또 다른 작은 성공을 일궈나가야 하는 것이다. 그렇게 점차 커져가는 것이다. 그러나 대부분의 사람들이 이것을 보면 이 아이템이 좋아 보이고, 저 것을 보면 저 아이템도 좋아 보여 혼란스러워 하는 것이다. 이때는 고객의 입장에서 가장 좋아하는 아이템이 뭔지를 고민해 봐야하고 물론 자신이 잘할 수 있고, 좋아하는 일이라야 할 것이다. 그리고 결정한 아이템은 가능한 작은 성공을 이룰 때 까지는 바꾸지 말고 줄기차게 매진해야 성공이 보이는 것이다. 그리고 난 후 아이템을 바꿀 때는 그 다음에 여러모로 진지하게 고민해 보아야 할 것이다.

전에 미국에서 발간된 주식관련 서적에서 본적이 있는데, 어느 미국 대학생 두 명이 워낙 탁월한 수익률을 내기에 기자들이 몰려들었다고 한다. 어떻게 그렇게 지속적으로 타의 추종을 불허할 정도로 수익을 꾸준히 내느냐고? 그 비결을 공개하라고 했다고 한다. 그런데 이 학생들이 하는 주식비결은 아주 간단한 것이었다고 한다. “저희들은 별 능력이 없어 16,000여개가 넘는 종목을 분석할 능력이 없어 미국 대표종목 3종목만 매매 합니다. 그러니 그 3종목에 관한한 저희들이 제법 전문이지요. 다른 사람들이 16,000종목을 연구하고 매매할 때, 저희는 1년 내내 3종목만 쳐다보고 있으니까요. 저희들은 내리면 사고, 올라서 비싸다 싶으면 팔아요. 그것이 저희 방식의 전부입니다.” 어떤가?

우선 자신이 선택한 아이템에서 지속적으로 작은 성공을 거두라. 그 후에 다른 멋진 아이템을 찾아가라.

9) 지피지기 - 세계, 사회, 기술, 환경, 인구, 고객, 경쟁자 그리고 나

청년창업가가 기업을 창업함에 있어 정말 많은 공부를 해야 할 것이다. 우선 SWOT 분석으로 현재의 환경과 나를 철저히 분석해야 할 것이다. 특히 세계적 경기상황, 우리나라의 사회적 변화상황, 반도체와 스마트 폰을 위시한 기술의 발전과 추이, 환경 문제(오염물질, 폐수, 매연), 인구의 이해, 특히 노령 인구의 폭발적 증가와 아이의 감소, 또한 고객의 변화 특히 고객의 연령대의 변화와 사회적 추이에 따른 우리 제품과 관련된 고객의 변화 등. 더 나아가 우리 제품이나 서비스와 경쟁하고 있는 경쟁자의 전략과 상황까지 분석을 해 보아야 할 것이다. 그리고 나에 대한 분석은 더 치밀하게 해보아야 한다.

여기서 세계적 경기상황, 국제적 돌출변수 등도 결코 무시할 수 없는 일들이다. 이런 일들이 갑자기 발생하기도 하지만 대부분은 어느 정도 언론에서 예상이나 상황을 알 수 있기 때문에 거시적으로 다가오는 것들도 항상 관심을 가지고 대처하는 마음의 준비를 하여야 할 것이다.

그 다음에 관심을 가져야 할 것은 우리 사회의 변동으로 남북한 대립관계와 평화무드 등 시시때때로 변하는 우리나라의 지정학적인 요소와 관련 된 변수들. 그 외에 정치적 변수와 기술의 변화 등. 앞에서 이야기 했지만, KT에서 아이폰을 수입 판매한 이후 삼성전자와 LG는 휴대폰으로 사업을 잘 하고 있었지만, 커다란 충격을 받았고 다행히 삼성을 발 빠르게 대처하여 위기를 벗어났지만 LG는 상당한 어려움에 처했으나 다행히 잘 벗어났다. 그러나 2009년 당시 세계 휴대폰 시장의 53%를 점유하던 절대강자인 노키아는 스마트폰을 지양하고 계속 휴대폰 사업을 고수하다 결국은 구글에 이동통신부문이 넘어가는 한마디로 절대 강자가 망하는 결론에 도달한 것이다. 이는 기술의 발전 추이에 따른 고객의 변화를 감지하지 못한, 혹은 경영진의 한 순간의 잘못된 결정이 거대기업의 몰락을 가져온 것이다.

10) 동료와의 비전 공유와 소통

창업자는 항상 기업의 비전을 동료 혹은 부하직원들과 공유해야 한다. 그래야 직원들이 회사의 발전방향과 자신의 이상을 결부시켜 인생을 살아갈 수 있고, 희망을 가지고 용감하게 일을 추진 할 수 있는 것이다. 아울러 항상 직원들과 소통하고 의논하는 문화가 필요하다. 회의를 통해서 문제해결의 방법을 도출하든지 혹은 어떤 결정을 하기에 앞서 가능하면 많은 사람들이 의사결정에 참여할 때, 결정과정은 다소 시간이 걸릴지 모르나 일단 결정된 부분은 일사불란하게 행동하여 조직의 목표를 달성하기가 쉬운 것이다.

비전의 공유는 아주 쉬운 말 같지만 사실 이게 결코 쉬운 게 아니다. 즉 기업이든 개인이든 자신의 비전이 있을 텐데 이를 똑바로 제시하지 못하고, 혹은 제시했다고 하더라도 자신 있게 제시하지 못한다. 그 이유는 달성에 자신이 없는 것이다. 그리고 제시한 비전을 달성해내지 못했다는 비난을 받기 싫은 것이다. 기업의 직원이 아니라, 가정생활도 마찬가지다. 올해의 비전이나 목표 5년 후, 10년 후, 20년 후의 비전과 목표가 제시 될 때 비록 지금은 고달프고 힘들지만, 시간이 갈수록 점점 더 나아지는 상황을 알 수 있으면 직원들은 용기도 나고, 앞날에 대한 긍정적인 마인드와 자신감을 가지는 것이다. 특히 기업이 어렵거나 힘들 때에도 직원들과 똘똘 뭉쳐 앞날을 헤쳐 나가는 데는 리더의 비전 공유와 소통이 무엇보다 중요한 것이다.

11) 고객의 입장에서 아이템을 검토하라

창업을 하고자 하는 아이템을 검토할 때, 공급자의 마인드로 다가설 것이 아니라 반드시 수요자의 입장에서 다가서야 한다. 즉 제품을 만들어 파는 공급의 마인드가 아닌, 수요자가 어떤 제품을 필요로 할지, 즉 수요자의 입장에서 접근해야만 바람직한 아이템의 선정이 가능할 것이다. 결국 제품이나 서비스는 세상을 더 편리하게 하고, 더 나은 세상을 만들기 위한 일환인 것이다. 근본적으로 제약이나 의료서비스처럼, 직접적으로 사람을 구명하는 것 이외에도 결국은 이 세상에 살고 있는 사람들의 생활을 편리하고 풍요롭게 만드는 아이템이 필요한 것이다.

예를 들어 책을 쓰는 저술가가 있다고 하자. 그는 물론 그의 전공분야가 있을 것이다. 하지만, 그 전공 분야의 책을 저술할 수도 있지만, 자신의 전공과는 동 떨어진다 해도, 나름대로 공부하고 수많은 자료를 차곡차곡 준비·정리하여 어느 경지에 오르면 책을 집필할 수 있는 것이다. 물론 이 책은 독자의 수요를 겨냥하고, 그 독자들에게 어떤 지식이나 여가 혹은 이익을 줄 수 있을 지는 사전에 미리 면밀하게 검토되어야 할 것이다. 따라서 자신의 아이템을 선정 할 때는 자신의 입장에서만이 아닌, 수요자 혹은 고객의 입장을 먼저 생각하여 아이템을 특화시켜 결정해야 사업의 실패가 적다.

12) 2등은 필요 없다. 오로지 1등!

기본적으로 사업에서 2등은 필요 없다. 물론 2등도 살아남아 계속 발전하겠지만, 처음부터 2등이나 2류를 생각하는 사업은 별로 발전성이 없다. 따라서 실력이 모자라면 공부를 하여 쌓아야 하고, 항상 최고의 1등을 목표로 사업에 진력해야 2등이라도 하는 것이다. 사업에서 1등은 2등의 3배정도의 시너지 효과를 가진다는 것은 널리 알려진 상식이다. 2등은 결코 살아남기 어렵다. 일단 일등을 추구해야 한다. 일등과 2등의 차이는 천지 차이다. 비록 어느 한 좁은 분야라도 1등을 하려고 애 써야 한다.

이는 세상의 다른 면에서 볼 때도 마찬가지다. 세상은 1등 이외에는 거의 기억하지 않는다. 대통령 선거가 그렇고 국회의원, 시장, 시의원 선거 등 세상에 존재하는 대부분의 선거나 경쟁에서 2등은 거의 필요 없다. 기업도 오로지 1등을 위해 존재하고 1등을 추구해야 한다. 물론 처음은 미약하지만, 반드시 1등을 하겠다는 의욕으로 사업에 임해야 고객이나 수요자에게 어필되고, 나름대로 발전 해 나갈 수 있는 것이다. 출시하는 상품도 일등제품이 되어야 살아남지 일등을 못하는 상품은 시장에서 곧 사리지기 쉽다.

2장 창업의 절차와 SWOT 분석

1절 창업의 절차

1. 창업의 진행과정

여기서는 우선 창업을 하려는 개인이 개인 창업을 하든지 혹은 법인 창업을 하는 그 순서에 대해 체계적으로 살려보고자 한다. 대부분의 창업절차는 아래와 같은 순서로 이어진다. 즉

- 창업 환경 분석
- 창업 아이템 선정
- 창업 아이템 타당성 분석 - 시장성, 수익성, 경쟁성
- 사업계획수립과 추진
- 창업

여기서 각 사항에 대한 구체적인 설명은 다음 창업의 과정 편에서 논하기로 하고 이러한 순서가 완료되었을 때 창업하는 개인 창업과 법인 창업의 순서를 정리해 보고자 한다.

2. 개인기업의 설립절차

신규로 사업을 개시하는 자는(개인사업자) 당해 업종을 관장하는 주무 부처에 필요한 인·허가를 받은 다음, 사업 개시일로 부터 20일 이내에 관할 세무서에 사업자 등록을 신청하여 사업자등록증을 교부 받음으로써 설립된다.

이에 대한 개인기업의 설립 절차순서는 아래와 같다

- 사업 아이템 선정 : 사업타당성 조사
- 사업계획수립 : 사업규모, 기업형태 등 결정
- 인·허가 취득 : 업종의 소관 부처에서 인·허가 취득
- 사업자등록 : 소재지의 관할 세무서에 등록
- 사업개시 : 정상적 영업활동 시작

1) 인·허가 취득 : 인·허가 등록 및 신고를 득해야 사업을 개시할 수 있는 업종은 미리 주무관청 또는 지방자치단체에서 인·허가를 취득한다.

2) 사업자 등록시 구비서류

- 사업자등록 신청서 1부(세무서 민원봉사실 비치)
- 사업 인·허가 사본(법령 규제 업종의 경우)
- 주 사업장 매매계약서 또는 임대계약서 사본 1부
- 주민등록등본 1부
- 관할 지방 세무서는 사업자등록 신청일로부터 7일(또는 14일) 이내에 사업자 등록번호가 기재된 사업자등록증을 교부한다. 요

증은 민원 처리 속도가 빨라 즉시 교부되기도 한다.

3) 사업개시 및 기타신고 사항

- 기타 행정절차를 요하는 경우에는 신고를 하여야 한다.
- 근로자 명부와 임금대장의 작성, 취업규칙 작성, 국민연금, 건강보험, 산업재해보험, 고용보험 등의 신고절차를 밟아야 한다.

3. 법인기업(주식회사)설립절차[9)]

사업을 운영하는데 일반적으로 법인이 개인기업보다 유리한 점이 많기 때문에 최근에는 주식회사를 설립하려는 경향이 높다.

1) 설립절차의 개요

1인 이상의 발기인이 기명날인 또는 서명하면 된다.

주식의 인수와 청약 및 기타 설립요건에 필요한 사항을 법원에 신고함과 동시에 창립총회를 거쳐 설립등기를 마침으로써 설립하게 된다. 자본금의 확보는 주식을 인수하는 방식과 현물 출자하는 방식을 통하여 자본금을 확보하는 방식이 있다.

2) 설립 절차의 내용

(1) 설립형태 : 정관에는 발행예정 주식의 총수와 설립시에 발행하

9) 상법의 주식회사편 참고

는 주식의 총수를 기재하여야 하는데, 발기인 만이 전부 인수하여 회사를 설립하는 경우를 '발기 설립'이라고 하고, 그 일부만을 발기인이 인수하고 그 외의 것은 주주를 모집하여 주식을 인수시키는 것을 '모집 설립'이라고 한다.

(2) 설립절차

① **발기인** - 정관에 발기인으로 기명날인, 1주 이상의 주식소유, 1인 이상

② **정관의 작성** - 정관이란 실질적으로 회사의 조직 활동을 정하는 근본규칙을 말하고 형식적으로는 그 근본규칙을 기재한 서면

- **절대적 기재사항** :
  - 목적
  - 상호
  - 1주의 금액(1주의 금액은 균일하여야 하고, 1주의 금액은 5,000원 이상, 벤처기업은 100원 이상, 200원, 500원, 1,000원 등)
  - 회사 설립시 발행되는 주식의 총수(발행예정주식총수의 이상)
  - 본점의 소재지
  - 회사가 공고하는 방법(관보, 일간신문)
  - 발기인의 성명.
- **상대적 기재사항** : 개재하지 않아도 정관자체의 효력에는 아무런 문제가 없으나, 그 사항을 기재하지 않으면 그 사항이 회사와 주주에 대한 관계에 있어 효력이 발생하지 않음
- **임의적 기재사항** : 기재유무를 회사의 자유의사에 맡김

③ **정관의 인정** - 공증인의 인증을 받아야 함

④ **이사 및 감사의 선임**

⑤ **검사인의 선임 및 조사보고**

⑥ **설립등기** – 최후의 단계 – 창립총회가 종결된 날로부터 2주 이내에 이사의 공동신청에 의하여 법원(본점소재지 관할 등기소)에 설립등기를 하여야 한다.

⑦ **사업자 등록 신청** – 법인설립신고와 병행, 관할 세무서에 사업자등록 → 주로 법무사를 통해서 하는 게 효과적이다

4. 창업 절차 5단계[10)]

이 창업 절차 5단계는 내용은 경성대학교 산학협력단 창업보육센터 홈페이지에서 인용하였음을 밝혀 둔다.

1단계 : 업종선정 및 사업계획수립

2단계 : 회사 설립 및 사업자 등록

3단계 : 공장입지 선정 및 공장설립승인

4단계 : 공장 건축 및 공장 설립

5단계 : 사업개시 및 기타 행정절차

1) 1단계 : 업종선정 및 사업계획수립

창업을 하려면 먼저 업종 및 사업 아이템을 선정한 후, 이에 대한

10) 경성대학교 창업보육센터 홈페이지(http://www.kibic.or.kr/sub5_1.php)의 내용을 인용하였음

타당성 조사를 실시하고 사업규모, 기업형태, 창업멤버와 조직구성 등을 포함한 사업계획을 수립하여야 한다.

공장 설립이 필요한 때에는 먼저 사업계획 수립단계부터 다음사항을 검토하여 자신이 설립하고자 하는 공장의 업종·규모 등에 대한 이해를 충분히 한 후에 관계법령에 맞추어 설립절차를 이행하여야 시행착오를 줄일 수 있다. 사업계획 수립단계에서 다음의 사항을 검토 없이 추진하는 창업자가 공장설립시 애로를 많이 겪는다. 따라서 필수적으로 다음의 사항을 검토하기 바란다. 공장설립이 필요한 경우 사전검토를 위하여 관련 부처, 시·군·구청 또는 중소기업상담회사에 직접 방문, 전화 또는 민원문서를 통하여 상담하기 바란다.

업종 선정		사업계획수립
○ 업종및 사업 item의 결정 - 적성에 맞는 item 결정 ○ 사업타당성 조사 - 객관적인 입장에서 검토	▶	○ 사업규모결정 ○ 기업형태결정 ○ 창업멤버와 조직구성 ○ 기타사업핵심요소 결정

2) 2단계 : 회사 설립 및 사업자 등록

사업계획수립 이후부터는 예비창업자가 직접 사업계획을 실행에 옮기는 단계다. 즉 해당업종을 담당하는 관청에서 사업의 인·허가를 받아야 하고 해당관청에 사업자등록 또는 법인설립등기를 하는 단계다. '개인기업'의 경우에는 사업장을 관할하는 세무서에 사업자등록을 위한 신청서를 제출한 후 사업자등록증을 교부받음으로서 간단히 설립할 수 있으나 '법인'의 경우에는 관할지방법원이나 등기소에 설립등기를 한 후에 관할세무서에 법인설립 신고를 하여야 한다.

<절차흐름도>

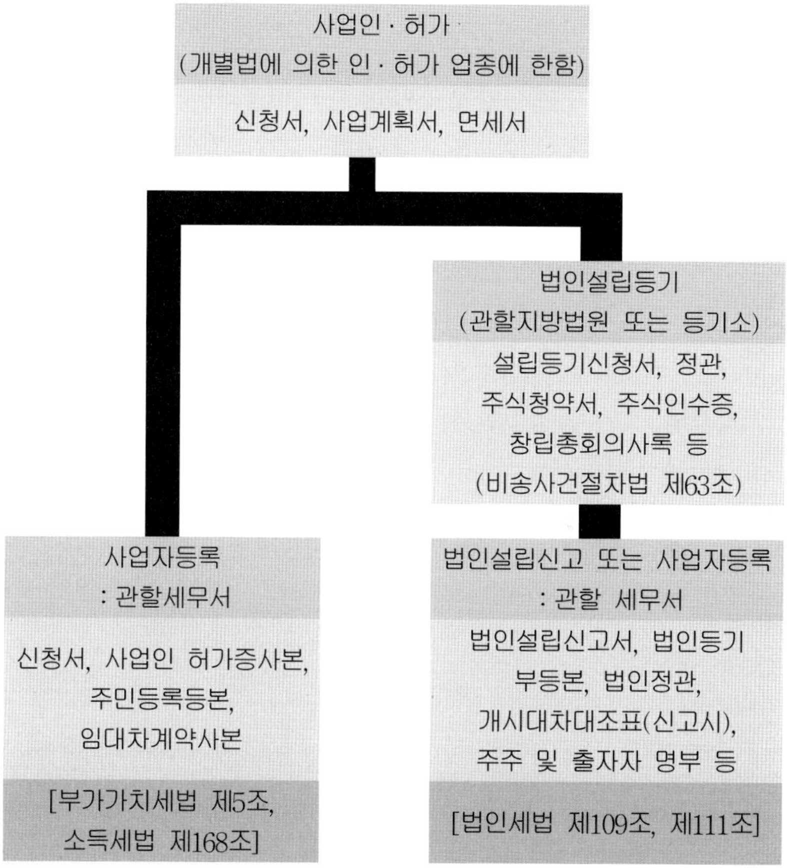

3) 3단계 : 공장입지 선정 및 공장설립승인

(1) 공장입지 선정

공장을 설립할 수 있는 지역은 국가공단, 지방공단, 농공단지와 같이 공장을 건설하기 위해 국가 등에서 조성해 놓은 곳(계획입지)이나 「국토이용관리법」 및 「도시계획법」상으로 세분된 개별적인 용도지역(지구)중 공장설립이 허용되는 지역 (자유입지)이다.

◈ 계획입지는 「산업입지 및 개발에 관한 법률」에서 정한 목적(국가공단은 국가기간 산업 육성분야, 지방공단은 지역개발분야, 농공단지는 농어촌지역개발분야 등)에 부합할 경우 신청하여 입주할 수 있으며

◈ 자유입지는 국토이용관리법 및 도시계획법 등이 허용하는 지역에서 공장설립이 가능하다. 자유입지일 경우 공장설립이 허용되는 지역인지의 여부를 알기 위해서는 해당 군청의 「국토이용 계획 확인원」, 「지적공부」 또는 해당 시청의 「도시계획확인원」의 열람을 신청하여 확인할 수 있다.

<자유입지와 계획입지의 장단점 비교>

구 분	자유입지	계획입지
장 점	○ 적지, 적소 입지선정 가능 ○ 저렴한 토지확보 가능	○ 공장설립절차 간소 ○ 기반시설 공유 및 집적경제 효과 ○ 공장설립시 소요기간 단기
단 점	○ 입지 및 개발절차 복잡 ○ 용도전용의 애로 ○ 주민과의 마찰 가능 (장기간 소요)	○ 적시· 적소 선택불가능 ○ 높은 분양가

(2) 공장설립승인

공장을 설립할 장소를 선정한 후, 관할 시장 군수 구청장에게 공장 설립 승인을 얻어야 한다. 계획 입지 인 공단 지역(국가 공단, 지방 공단, 농공 단지)에 공장을 설립코자 하는 경우에는 「공업배치 및 공장설립에 관한 법률」에 의거 공업 단지 입주 계약을 체결하면, 별도의 공장 설립 승인을 받을 필요가 없다. 그러나 「국토이용관리법」 및 「도시계획법」에서 정한 공장설치가 허용되는 지역 (자유입지)에서 공장 건축 면적 500㎡ 이상의 공장을 설립 하고자 할 때는 공장 설립 승인을 반드시 받아야 한다. 자유 입지에서의 공장 설립 승인은 공업 배치법상 공장 설립 승인과 창업 지원법상 창업 사업 계획 승인이 있는데, 창업 사업 계획 승인을 통하여 공장을 설치하는 경우에는 국토 이용 계획 변경 절차까지도 의제 처리할 수 있어 유리하다. 이때의 공장 건축 면적은 수도권에서는 제조시설 · 사무실 · 창고의 건축 면적이 합산되며 수도권 이외의 지역에서는 제조 시설의 건축 면적만을 의미한다.

공장설립이 필요한 경우 사전 검토
① 당해 사업이 한국표준산업분류상 제조업에 해당되는지 여부와 업종명 · 분류번호
② 설립하고자 하는 공장의 규모 : 공장건축면적 및 공장용지면적
③ 제조시설중 환경관련법에 의한 환경배출시설을 설치하는지 여부
④ 중소기업 창업자에 해당되는지 여부
⑤ 기술도입신고 대상인지 여부
⑥ 세제 · 금융지원을 받을 수 있는지 여부
⑦ 외국인투자에 해당되는지 여부
⑧ 첨단산업에 해당하는지 여부
⑨ 개별법상의 사업 인 · 허가 대상인지 여부

공장설립승인 필요 유무

① 계획입지(공단지역)에서는 공장설립승인 필요 없음
공장용지를 분양받은 기업이 관리기관과 입주계약을 체결하면 시장·군수·구청장에게 별도의 공장설립승인을 받을 필요는 없음(계획입지에서는 창업사업계획승인도 필요 없음)

② 자유입지(국토이용관리법, 도시계획법상 공장설치 허용지역)에서는 공장설립승인 필요

○ 공장설립승인절차(공업배치및공장설립에관한법률)
제조업을 영위하고자 하는 자가 임의적으로 공장입지를 선정하여 적법절차에 따라 공장을 설립하는 절차
{공장설립승인(→건축허가) → 사용승인 → 공장설립완료신고(공장등록)}

○ 창업사업계획승인절차(중소기업창업지원법)
사업개시일로부터 5년 이내인 창업 중소기업이 공장을 설립할 때 적용되는 절차
{창업사업계획승인 → 건축허가 → 사용승인 → 공장설립완료신고(공장등록)}

<공장설립을 위한 준비 절차>

절 차	내 용	준비서류
1. 부지선정	○ 업종의 특성상 유리한 지역선정 ○ 도로, 전기사용이 용이한 지역 ○ 민원발생이 적은 지역, 공장밀집지역	–
2. 입지검토	○ 창업지원법상 창업해당 유무 파악 ○ 공장입지 파악 (국토이용관리법, 농지법, 산림법 등 30개 법률 검토) ○ 업종파악, 환경보전법 파악(공해문제)	○ 토지이용계획확인원 ○ 지적도 ○ 토지대장 ○ 토지등기부등본 ○ 기계시설내역
3. 부지계약	○ 계약금 일부지급으로 토지계약 ○ 부동산사용승락서, 인감증명서발급	–

4. 사업계획서 작성	ㅇ 창업사업계획서 또는 공장설립 사업계획서 작성 ㅇ 인 · 허가사항검토 (30개 법률에 의한 62개 인 · 허가) ㅇ 건물배치도, 구적도 작성 ㅇ 지형도 준비	ㅇ 토지이용계획확인원, 지적도, 토지대장, 공시지가확인원, 토지등기부등본, 사용승락서, 인감증명서, 법인등기부등본 또는 정관(법인에 한함)
5. 사업계획서 승인 신청	ㅇ 시지역 중소기업과, 군지역 지역경제과 1차 검토 ㅇ 민원실 접수, 처리기간 30일 소요	—
6. 사업계획승인	ㅇ 인 · 허가 관련법률에 의한 법률검토 후 승인 (시 · 군 협의부서 : 지역경제과, 환경과, 도시과, 농지과, 산림과, 건축과, 면사무소)	—
7. 대체농지, 입지조성비 및 각종 부담금납부	ㅇ 승인후 각종 부담금 전용부담금 및 대체농지 조성비, 대체조림조성비, 각종 국유지점용료 등 납부 ㅇ 창업사업계획승인업체 전용부담금 50% 감면	—
8. 공장건축	ㅇ 승인에 의한 공장 건축 ㅇ 공장 건축 완료보고	—

4) 4단계 : 공장 건축 및 공장 설립

토지를 매입한 후 공장부지 조성을 위하여 각 개별법에서 정하고 있는 토지 형질 변경 행위를 위한 개발 행위 신고(산림을 훼손하는 작업을 하고자 하는 경우에 작업 착수계를 제출하는 등)등의 절차가 있는 경우 이를 이행하여야 한다. 또한, 부지 조성을 완료한 후, 각 개별법에서 정한 준공 검사등 개발 행위 완료에 따른 행정 절차를 이행하여야 한다.

<공장 건축 단계도>

건축허가 : 시 · 군 · 구 (건축법 제8조) 건축허가신청서 및 허가서, 기타 구비서류	도로점용, 건축물 안의 수도 · 전기 · 소방 시설과 환경배출시설 설치허가등을 동시에 신청 가능
▼	
건축착공신고 : 시 · 군 · 구 (건축법 제16조) 건축물착공신고서 및 기타 구비 서류	
▼	
건축물의 사용승인 : 시 · 군 · 구 (건축법 제18조) 건축물 사용승인신청서 및사용승인서, 공사 감리완료보고서 등	건축공사 완료일로부터 7일 이내에 신고 각종시설 (수도, 전기, 정화조 등)에 대한 준공 검사를 동시에 신청 · 검사 가능
▼	
공장설립완료신고 : 신 · 군 · 구 (공업배치및공장설립에관한법 제15조) 공장설립등의 완료신고서 등	

부지 조성이 완료 되면 공장을 건축하기 위하여 건축 허가를 받아야 하는데 이때 건축 공사를 위한 도로 점용, 건축물 안의 수도 · 전기 · 소방 시설과 환경 배출 시설 설치 허가 등을 동시에 신청하여 건축 허가시 한꺼번에 모든 인 · 허가를 받을 수 있다.

또한, 건축 허가를 받은 후 착공 신고 및 최종 건축 완료시 사용 승인을 신청 하여야 하며 사용 승인 신청시 각종 시설(수도, 전기, 정화조 등)에 대한 준공 검사를 동시에 신청하여 한꺼번에 검사 가능하다.

소기업에 대한 공장등록 특혜
○ 소기업의 개념 - 업종 : 중소기업기본법의 규정에 의한 중소기업중에서 제조업과 대통령령이 정하는 제조업 관련 서비스업 * 제조업관련 서비스업 : 운송업, 보관 및 창고업, 산업용기계장비 임대업, 정보처리기타 컴퓨터운용 관련업, 엔지니어링 서비스업, 기술시험·검사 및 분석업, 산업설비 청소업, 산업설비 청소업, 패션디자인업, 폐기물 수집·처리업, 폐수처리업, 영화제작업, 방송프로그램 제작업 등 - 면적 : 공장의 건축면적 또는 이에 준하는 사업장 면적 500㎡미만 * 건축면적은 수도권은 제조시설+사무실+창고이나 수도권외는 제조시설 - 부가가치세법에 따라 사업자등록증을 교부받은 기업 - 상시종업원 수 : 50인 이하 (제조업관련서비스업은 30인 이하) ○ 공장등록에 대한 특례 - 소기업의 사업자등록증은 공업배치법상의 공장등록증으로 봄

5) 5단계 : 사업개시 및 행정절차

절 차	구비서류	법적근거
부동산등기 관할지방법원 또는 등기소	○ 신청서 ○ 등기원인증빙서류 ○ 주민등록등본 (대리인신청시 권한 증빙서류)	부동산등기법제40조

절차	구비서류	근거법령
	ㅇ 등기의무자의 권리에 관한 등기필증	
▼		
취업규칙신고 노동부지방사무소	ㅇ 신고서 ㅇ 취업규칙 ㅇ 의견서	근로기준법 제96조
▼		
사업장설치계획신고 노동부지방사무소	ㅇ 신고서 ㅇ 건물평면도 ㅇ 기계, 설비배치도면 ㅇ 설비의 표시도면	산업안전보건법 제48조
▼		
산업재해보험관계성립신고 노동부지방사무소	ㅇ 신고서	산업재해보상보험법 제12조
▼		
의료보험조합관련신고 시 · 도	ㅇ 신고서	의료보험법시행령 제19조
▼		
고용보험관계신고 지방노동청(사무소)	ㅇ 신고서	고용보험법 제7조

2절 시장동향 파악과 SWOT 분석

1. 외부환경의 분석

1) 세계 경기 동향 파악

창업을 하려고 하는 경우 여러 가지 사안들을 검토해 보아야 한다.

무엇보다 지금 시장의 여건은 어떤지, 특히 지구촌 동조화가 심화된 오늘 날에는 세계의 경기가 어떤지, 유럽이나 미국의 경제에 먹구름이 끼어 있는 것은 아닌지 등등, 조그만 구멍가게를 오픈 한다 해도 전 세계적인 경기 동향에 먼저 관심을 가져야 한다.

경제란 것이 본래 자국 혼자서 돌아가는 것이 아니다. 특히 국제 무역에 의해 엄청난 파급효과를 받는 우리나라의 경우는 더욱 외국의 경제상황이나 국내의 경제상황을 파악해야 한다. 수출문제, 환율문제, 미국, 중국, 일본, 유럽의 여러 나라, 더 나아가 동남아시아의 여러 나라들 까지 이런 외국의 영향을 받는 것이 작금의 상황이다. 따라서 국제경기를 절대로 무시하지 말고 관심을 가져야 한다.

2) 정치·정책적 환경요인 분석

창업을 하기 전에 창업하려는 분야의 사회. 제도적인 분야에 관심을 가지고 분석을 해봐야 한다. 즉 자신이 창업하려고 하는 분야의 정책노선은 어떠한지, 또한 지원정책은 어떤 것이 있으며, 법적 제도적 규제는 어떤 것이 있으며, 세금이나 특허 관련 그리고 제반 정책이나 정부의 정책방향등도 고려해서 분석해 보아야 한다.

3) 경제·환경적 요인 분석

현재 우리나라의 경제성장률, 이자율, 인플레이션, 환율, 원유가격, 금융시장의 상황, 코스피나 코스닥의 주식가격, 해당 분야 산업의 경쟁상황 등에 대한 구조적 분석을 해봐야 한다. 그리고 해당 산업의 생명주기 분석(산업의 도입기, 성장기, 성숙기, 쇠퇴기)을 해봐야 한다. 특히 창업하려는 분야의 산업 생명주기분석은 아주 중요하다. 이미 쇠퇴하고 있는 산업분야에 진입해서는 성공하기가 대단히 어렵기 때문이다.

4) 사회·문화적 환경요인 분석

창업을 고려할 때에는 사회·문화적 환경요인을 분석해 봐야 한다. 이는 변화하는 사회의 구조적 변동에 관심을 갖고 접근해야 한다. 특히 인구구조의 분석, 교육수준, 라이프스타일, 여성의 사회진출, 1인 가구의 대두, 고령화 사회 등 제반 사회. 문화적 환경요인을 분석하지 않으면 창업후의 성공이 어렵다.

5) 기술 및 지역 환경 요인 분석

이는 창업하려는 분야의 기술이 어떤 방향으로 나아가고 어떤 신기술이 나오며, IT기술과 접목되어 어떤 상황으로 변화하고 있는지에 대한 조사 및 분석이 필요하다. 기술혁신 및 확산, 디지털 인프라에 근거한 인터넷 기반기술 등이 어떻게 변화하며 변해가고 있는지 냉철히 분석할 필요가 있다. 또한 창업하려는 지역의 기반 시설이나 환경 오염 문제 등에 대해서도 차분히 조사해 봐야 한다.

6) 고객니즈의 분석

관련 분야의 고객들의 니즈가 어떻게 변해가는 지는 창업후에 마케팅을 위해 구체적인 분석이 있어야 하겠지만, 창업하기 전에 고객의 니즈가 어떤 트렌드로 변화하고 있는지에 대한 심층 분석이 필요하다. 이는 신제품이라고 만들었는데 이미 고객들은 다른 트렌드로 그 기호나 취향 그리고 욕구가 옮겨가고 있으면, 그 제품이 실패할 것은 자명하다. 따라서 사전에 고객의 니즈가 어떤 방향으로 흘러가는지를 알고 창업을 준비해야 한다.

7) 경쟁상황의 분석

창업하려는 분야의 수요를 파악하고 경쟁상황도 파악하고 있어야 창업 후 실패하지 않을 것이다. 어떤 지역이면 그 지역의 수요와 공급 상황을 분석해 보고, 더 나아가 경쟁회사가 몇 개 있는지, 그리고 시장 점유율은 어떤지, 어떤 부분이 블루오션으로 남아 있는지 등에 대해 연구, 분석해야 한다.

<표 2-1 외부환경 분석>

<table>
<tr><th colspan="2">구분</th><th>세계경기 동향</th><th>정치, 제도, 규제</th><th>경제 환경적 상황</th><th>사회·문화적 환경 상황</th><th>기술 및 지역 환경 상황</th><th>고객니즈 상황</th><th>동업분야 경쟁상황</th></tr>
<tr><td rowspan="2">분석결과</td><td>긍정적</td><td></td><td></td><td></td><td></td><td></td><td></td><td></td></tr>
<tr><td>부정적</td><td></td><td></td><td></td><td></td><td></td><td></td><td></td></tr>
<tr><td colspan="2">기회요인</td><td></td><td></td><td></td><td></td><td></td><td></td><td></td></tr>
<tr><td colspan="2">위협요인</td><td></td><td></td><td></td><td></td><td></td><td></td><td></td></tr>
<tr><td colspan="2">시사점</td><td></td><td></td><td></td><td></td><td></td><td></td><td></td></tr>
</table>

2. 내부역량 분석

이는 창업을 하려는 창업자의 역량을 분석하려는 것이다. 사실 언제 어떤 경우에도 결국은 내부역량, 다시 말해 그 기업이 지닌 역량만큼 회사가 성장하고 발전하는 것이다. 이는 똑 같은 식당을 같은 지역에 나란히 개업하여도 1년 후에 보면, 어떤 가게는 문전성시를 이루는 반면 어떤 가게는 파리만 날리는 가게도 있다. 이는 세상의 모든 상황에 모두 맞아 떨어지는 것으로 결국은 그 기업을 경영하고 또 운용하는 주체인 창업자의 능력에 따라 성장하기도 하고, 쇠퇴하여 폐업의 수순을 밟기도 한다.

다시 말하면 모든 것은 창업자의 역량에 달려 있는 것이다. 이에 본 필자는 창업자의 역량으로 1)리더십 2)판단력 3)제품에 대한 기술력 4)자본력 5)경영능력 6)유연성(적응력) 7)체력으로 나누어 분석해 보고자 한다.

1) 리더십

이는 창업을 하는 자는 물론 혼자서 창업을 할 수도 있겠지만, 회사가 성장 발전함에 따라 조직을 형성 할 수밖에 없다. 여기서 조직이 점점 커질수록 창업자의 리더십이 더 필요해 질 수밖에 없다. 어차피 조직은 사람으로 구성되고 그 구성원들을 잘 이끌고 나가는 리더십이 부족하면 어떤 경우에도 조직이 크게 발전하기 어렵다.

2) 판단력

이는 창업자가 처음 창업을 하고 나서 대부분의 경우에 남의 도움을 크게 받지 못하고 혼자서 기업을 꾸려 나가야 한다. 이때 가장 소요되는 능력이 판단력이다. 예를 들면 시제품을 제작하기 위해 일을 맡겼는데 그 시제품의 제작을 책임지는 회사를 잘 선택한 것인지 혹은 사기를 당하는 것은 아닌지. 이런 사항들이 일단은 창업자의 판단력에 달려 있고 모든 의사결정을 혼자서 할 경우에 결국은 판단력이 가장 중요하다고 할 수 있다.

3) 제품에 대한 기술력

이는 자신이 생산하는 제품에 대한 확고한 기술력이 뛰어날수록 경쟁력이 커진다. 다른 기업과는 좀 더 차별화 된, 혹은 더 편리한 제품을 만들 수 있는 기술력을 가진 회사가 당연히 앞서나갈 수 있다. 그러나 꼭 기술자 출신 창업자만의 문제가 아니라, 영업부 출신의 창업자가 어떤 물건을 판매하는 영업점을 오픈 했다고 해 보자. 이 경우에는 제품에 대한 기술력은 단연 이 창업자의 영업능력이라 할 수 있다. 영업능력에는 당연히 그 제품을 설명하고 고객을 납득시키는 요소들이 포함되는 것이지만, 이 경우에는 영업능력이 창업자의 기술력이라고 할 수 있다.

4) 자본력

당연히 자본은 힘이다. 특히 창업에 있어서는 자본이 없으면 창업을 시도 할 수도 없을 것이다. 물론 자본력이 많으면 더욱 좋겠지만, 설령 소자본이라 해도 자본을 조달할 수 있는 능력, 혹은 투자를 끌어낼 수 있는 능력 또한 자본력인 것이다. 자본력은 크면 클수록 좋지만, 그렇다고 처음 창업을 시작하면서 너무 큰 자본으로 사업을 시작하여서는 곤란하다. 처음에 너무 크게 시작하여 실패하면 다시 재도전하기도, 다시 일어서기도 너무 어렵다. 필자의 지인 중 한명이 처음 사업을 시작할 때 10억 정도의 자금으로 시작하는 것을 보고 한참을 말렸다. 그러나 곧장 고집을 피워 처음에 너무 거창하게 사업을 시작했는데…….
물론 지금은 연락조차 안 된다.

5) 경영능력

창업을 해서 처음부터 탁월한 경영능력을 발휘하기는 쉬운 게 아니다. 어디에나 시행착오도 있고, 멘토를 잘 만나 위험한 순간들을 잘 빠져 나오는 경우도 있다. 다양한 정보에 귀 기울이고, 해당분야의 기술은 물론 영업, 마케팅, 생산, 관리, 공정, 노무, 회계나 세무, 특허, 법률 등 제반 사항들에 대해서도 꾸준히 공부해야 한다. 이런 공부들로 인해 회사를 발전시켜 나가는 능력이 곧 경영능력이다. 이는 처음부터 잘 할 수 없겠지만, 꾸준히 배우고, 공부하고 그리고 많은 다양한 경험을 쌓다 보면 점차 탁월한 경영의 전문가가 되어가는 것이다.

6) 유연성(적응능력)

창업을 처음하면 온갖 다양한 경우를 마주치게 된다. 제품생산, 영업, 결재, 어음, 임금, 은행 융자, 부동산 담보, 세금, 공공기관과의 관계, 직원과의 갈등 등 수많은 어려운 상황에 부딪히게 된다. 여기서 항상 유연성을 가지고 적절한 대응을 할 수 있는 적응력을 갖춰야 한다. 대부분의 창업자들이 이런 경우에 너무 힘들어 하는 경우를 많이 보게 되는데 창업자는 항상 유연하게 상황을 적절하게 대처할 수 있는 역량을 길러야 한다.

7) 체력

창업자는 정말 많은 일을 한다. 그들은 하루 종일 일에 대한 생각을 하거나 혹은 노동을 한다. 그게 제품을 생산하는 일이든, 판매하는 일

<표 2-2 내부역량 분석>

구분		리더십	판단력	제품에 대한 기술력	자본력	경영능력	유연성 (적응력)	건강.체력
분석 결과	긍정적							
	부정적							
강점								
약점								
시사점								

이든, 경영하는 일이든……. 이러한 창업자의 건강과 체력은 창업성공의 아주 중요한 요소가 된다. 하루 16시간 이상의 노동을 안 하는 창업자는 별로 없다. 체력이 국력이기도 하지만, 창업자 그들의 체력은 곧 그 회사의 힘(會社力)이기도 하다.

3. SWOT 분석이란?

SWOT분석이란, 창업하려는 의지를 가지고 있는 경우에 주변을 에워싸고 있는 환경과 자신의 역량 등을 구체적으로 분석하는 방법을 말한다. 이는 강점, 약점, 기회요인과 위협요인으로 분석하는 분석 방법으로 손자병법에서 이야기하는 知彼知己면 百戰不殆라는 말과 일맥상통하다고 할 수 있다. 즉 주어진 환경으로 환경지수와 자신의 잠재력을 감안해 어떤 합리적인 방향을 설정할 수 있다.

<표 2-3 SWOT 분석표>

구분	긍정적	부정적
외부 (시장)	기회	위협
내부 (회사)	강점	약점

1) SWOT분석이란?

SWOT 분석은 경영분석 등의 방법으로 보편적으로 사용되는 분석툴로서 많이 활용된다. 이는 외부환경과 자신의 역량을 기준으로 강점과 약점 등을 비교 분석해 보는 방법이다. 즉

S (Strength) ; 장점
W (Weakness) ; 단점
O (Opportunity) ; 기회요인
T (Threat) ; 위협요인

(1) 기회요인이란 - 지금의 환경 변화가 창업을 할 때 어떤 점에서 유리할지를 찾아내는 것이다.
(2) 위협요인이란 - 환경변화 중에서 창업자들에게 불리하게 작용할 변수들을 말한다.
(3) 강점 - 내가 지닌 어떤 점이 창업하려는 분야에서 강점으로 작용할 것인가? 이를 어떻게 발전 시켜야 창업에서 유리하게 작용하게 할 수 있는지를 고민해야 한다.
(4) 약점 - 우리가 갖지 못한 무엇이 우리의 성공을 방해하는 요인으로 작용할 것인가? 그 요인을 보완하기 위해서는 무엇을 어떻게 조치해야 하는가?

현재와 미래에 대한 전문적이고 현실적인 상황 파악을 하지 않는 사람은 기회를 잃어버릴 뿐만 아니라, 창업이 실패로 끝나기 쉽다. 물론 SWOT 분석이 완벽한 분석은 아니라 할지라도 적어도 처음 창업하려

는 창업자들은 진지하고 꼼꼼하게 가감 없이 분석해서 보완책을 마련해야 할 것이다.

2) SWOT 분석의 적용

여기서 도출된 분석 내용들을 아래와 같이 적용한다.

(1) 기회 - 강점 : 나의 강점을 가지고 시장의 기회를 최대한 활용하려면 어떻게 해야 할까? → 공격전략

이는 시장 기회에 선점전략을 하거나 시장 및 제품의 다각화 전략 등으로 이용할 수 있다.

(2) 기회 - 약점 : 시장이 주는 기회에도 불구하고 하기 힘든 것, 하지 말아야 할 것은? → 포기전략

이런 분야는 핵심역량이 부족하면 적극 강화전략을 펼쳐야 하며, 단시일 내로 힘이 들면, 전략적 제휴 등의 방법으로 탈출구를 모색해야 한다.

(3) 위협- 강점 : 나의 강점을 가지고 시장의 위협을 어떻게 최소화시켜야 하는가? → 리스크 헷지 전략

이는 나의 강점으로 시장 침투전략이나 제품 확충 전략 등으로 대처할 수 있다.

(4) 위협 - 약점 : 위협요소가 나에게 미치는 영향을 막으려면 무엇을 개선해야 하는가? → 방어전략

이는 위협을 회피하고 약점을 최소화 하기위해서는 철수전략을 구사할 수 있다. 피해야 한다.

3장 비즈니스 모델

1절 비즈니스 모델의 의미

창업자가 창업을 해서 사업을 영위하기 위해서는 어떻게 돈을 벌고, 그리고 재투자를 해서 회사를 발전시켜 나갈 것인가라는 문제가 창업의 기본이자 핵심이다. 즉 '어떻게 해서 돈을 벌 것인가?' 가 창업 비즈니스 모델의 핵심을 의미한다.

내가 담당하는 [창업의 이해]라는 창업 과목의 수강생은 보통 86~89명이다. 80명 까지만 수강생을 받기로 했는데 하도 학생들이 책상을 옆 교실에서 끌고 와서 억지로 듣거나, 서서 수강을 하겠다고 고집을 피워 약 10명 정도의 수강생을 항상 더 받는 편이다.

지난 학기에는 예술대 학생들이 제법 눈에 띈다. 나는 예술대 학생들이 창업을 배워 어떻게 할 것인지 궁금하기도 하고 해서 마침 음악학과 여학생 두 명이 있기에 물어보았다. "자네들은 예술대 음악학과 3학년인데, 창업 수업이 도움이 되나?" 그러자 한 학생이 대답했다. "예 교수님, 저는 음악학과 친구나 선. 후배들과 비교해서 제 스스로가 음악적인 자질이 떨어져서 음악으로 성공하기는 포기 했어요. 그래서 저는 피아노를 전공하고 있는데, 학교 졸업하면 피아노 학원을 열려고요. 그래서 창업 수업이 도움이 될까 하구요."라고 대답했다. "오호! 피아노 학원을 창업 하겠다? 그래, 그것 좋네!"

자신이 가진 음악적 지식과 재능, 그리고 역량을 활용하여 음악학원을 차려 학원을 운영하는 것은 나름대로의 좋은 비즈니스 모델이다. 음악적 재능을 이용하여, 능력 있는 가수가 되거나 유명 성악가나 배우가 되거나, 피아노 연주자가 되거나, 첼로 리스트가 되거나 결국은 자신의 삶을 지속하기 위한 생업의 한 방편으로 비즈니스 모델을 선택하는 것이다. 즉 유명가수가 되거나 배우가 되면, 자신의 재능을 제공하고 수입을 버는 즉 자신의 시간과 능력을 투자하여 보수를 받는 비즈니스 모델이고, 음악 학원을 개업해서 사람들에게 음악을 가르쳐 수익을 얻는 것도 역시 또 다른 비즈니스 모델인 것이다. 이처럼 비즈니스 모델이란 한마디로 돈 버는 방법에 대한 연구이다. 즉 "어떤 모형으로 돈을 벌 것인가?"에 대한 답이 되는 것이다.

이 피아노를 잘 치는 음악학과 학생은 여러 가지 여건 상 자신이 대단한 피아니스트가 되지 못한다는 것을 알고 있다. 그래서 피아노학원을 창업하는 것을 생각해 볼 수 있다. 이때 그는 피아노와, 피아노 치는 법을 가르치는 능력, 피아노를 연습할 수 있는 공간, 학원 등록 혹은 허가 등 제반 준비 사항을 완료하고, 학생을 모집하여 교습한 후, 돈을 받는 방식으로 돈을 버는 것이다. 즉 이것이 피아노 학원의 비즈니스 모델이다.

그러면 창업을 해서 사업가의 길로 나서는 경우와 기업에 취업하여 월급을 받는 두 가지 경우의 비즈니스 모델을 생각해 보자. 창업을 하면, 초창기의 자본과 기술력 영업력이 필요하고, 그리고 무엇보다 위험부담을 많이 안게 된다는 문제가 있다. 잘못하면 초기 자본금을 다 날리는 경우도 있고, 완전히 패가망신하는 경우도 있을 수 있다. 그러나 잘 되어 한 5년 정도만 살아남으면, 결코 쉽게 무너지지 않는다. 이미 기업은 굴러가고 있고, 나름대로 탄력도 붙어 서서히 기업이 커지는 것이다. 따라서 5년 정도만 버티면 일단 살아남아 계속적으로 기업을 영위할 수 있다고 본다. 그래서 약 20~30년이 지나면 적어도 탄탄한 중소기업으로 몇 백억 정도의 매출을 올리는 기업으로 성장할 수 있다.

이에 비해 기업에 취업한 모델을 생각해 보면 일단 투자한 돈이 없다. 오로지 자신의 몸 하나로 노동력을 제공하고 보수를 받는 것이다. 일면 이것도 좋은 모델인 것은 틀림없다. 투자금을 날릴 염려도 없고, 착실하게 근무만 하면 되니까. 그러나 함정은 시간인 것이다. 중소기업을 하는 창업자는 시간의 구애를 별로 받지 않고 자신이 오너인 만큼 나이 들어도 근무할 수 있고 당연히 수입도 발생한다. 그러나 취업을 선택한 경우는 정년퇴직 까지 근무한다 해도 그 후의 삶이 문제가 될 수 있다. 즉 직업적인 할 일이 없어지고 수입은 더 이상 창출되지 않는다. 그간의 연금이나 퇴직금, 혹은 보험금 등으로 생활을 영위하게 된다. 약 30년의 세월을. 위의 두 가지 모델은 이 세상에 생존하는 모든 사람들이 한 번쯤은 고민해보는 문제일 것이다. 그러나 정답은 없다. 선택은 본인이 하고 책임도 본인이 지면 되는 것이다.

2절 이상적인 창업 비즈니스 모형

물론 창업을 하는 많은 사람들은 자기 나름대로의 수많은 창업방법에 대해 생각하고 고민하고 그리고 계획하고, 컨설팅도 받아보고, 아는 친구나 친척, 지인들에게 혹은 창업 전문가들에게 자문을 구하기도 할 것이다. 그러나 실상 본인이 직접 창업에 뛰어들기는 여간 결심하기 어려운 일이 아니다. 이는 창업에는 지금까지의 저금을 사용하든지, 혹은 돈을 빌리든지, 혹은 융자를 활용해서 돈을 조달하든지. 어느 것이나 모험이고, 보장 되지 않는 위험에 노출되기 때문에 걱정이 앞설 수 밖에 없다. 또한 창업해서 성공했단 이야기는 들려오지 않고, 언론이나 다른 보고서에서나, 혹은 지인들의 이야기 속에서도 누가 창업해서 몇 년 만에 망했다는 이야기가 들리지, 창업해서 대박이 나거나 큰 부자가 되었다는 소식은 가뭄에 콩 나듯이 거의 들리지 않는 작금의 현실이다. 그리고 이게 사실이기도 하다.

그러나 정부나 정치권에서는 국가 경제를 위하여 창업을 장려하고, 그래서 경제를 활성화시키는 동력의 일환으로 창업을 적극 권장하고 있고, 지원금 혹은 장려금을 싼 이자로 장기 임대해 빌려주고 있다. 또한 관련 교육도 무상으로 실시하고 있어 사실 창업을 하기에는 옛날에 비해 지금이 아주 조건이 좋은 것은 틀림없는 사실이다.

그러나 정부에서 정책자금 등을 지원한다고 해서 창업이 성공하고, 그래서 소기업, 중소기업, 중견기업, 대기업으로 상장한다는 이야기와는 전혀 별개의 문제다. 그러면 어떻게 하면 창업을 해서 성공하여 소기업, 중소기업, 중견기업, 더 나아가 대기업으로 까지 성장할 수 있을까? 물론 이에는 수많은 요인과 변수들이 있을 것이다. 그러나 필자가 생각 컨데 창업 전에 철저한 준비와 회사 운영에 관한 지식 등을 확실하게 쌓아두면 적어도 망하지는 않고 견뎌낼 것이라 보고 있다. 그래서 5년 정도를 견뎌내면 소기업, 중소기업으로 점차 발전해 갈 것이다.

여기서는 자금까지의 창업과 경영 관련 수백 권의 책을 읽고, 11명의 창업자를 매 주 만나 2년간을 코치해 온 경험과 1,200여명의 창년 창업 CEO들을 교육하고 상담하며 터득한 결코 실패하지 않는, 반드시 성공할 수 있는 바람직한 창업 모형을 제시해 보고자 한다.

1. 송이재 교수의 성공하는 창업 모델[11)]

ⅰ. 어떤 중간정도의 지방 대학교에 중간정도의 학과 학생이 대학을 다닐 때 창업에 관심을 가진다. 그는 언제가는 창업을 할 생각을 가지고 있다.

ⅱ. 자신이 잘 하고, 재미있어 하는 전문분야를 정한다. 식당사업이든 편의점 사업이든, 유통업이든, 제조업이든, 화학분야든, 의료분야든, 교육 분야든, 어느 분야든 상관이 없다. 그러나 분야는 분명히 정하는 게 좋다.

ⅲ. 학교에서 전공공부를 하는 외에, 앞으로 창업을 한 후에 사업을 키워갈 때 도움이 되는 과목들을 공부한다. 예를 들면, 민법(채권), 상법(상행위. 주식회사), 경영학 회계원리, 협상론, 인간관계론, 조직론, 영어회화, 중국어 회화 등의 과목을 수강하여 상식 이상의 상당한 지식을 보유한다. 또한 창업 강좌나 창업관련 과목 등을 학교에서 수강하고, 가능하다면 정부와 기업 등의 과목을 공부하여 공정거래법 등에 대한 지식도 보유하면 더욱 좋다.

11) 이 부분은 창업한지 5년 이상이 된 나름대로 성공한 주위 사람들의 공통점을 관찰하여 모델로 제시하는 것으로 우리나라에서 가장 성공확률이 높은 창업 모델이라 판단 함

iv. 자신이 관심 있는 분야를 정해 방학 때 아르바이트 등을 그 쪽 분야의 기업이나 관련 된 업무의 일을 한다. 이게 상당히 중요하다. 아르바이트를 동일분야의 일을 4년간 방학 때마다 하면 이미 상당한 노하우를 터득하게 된다.

v. 관심 있는 분야의 전문가를 찾거나 관련 분야의 업무를 하는 기업체에 입사한다. 이때 그 분야에서 탁월한 실적을 올리는 개인 전문가의 제자로 들어가도 좋다. 기업은 그 분야에서 가장 실력 있는 기업이 좋고, 전문가라면 가장 큰 조직을 운영하는 전문가 기업이 좋다(예, 변호사 김&장, 회계사 삼일회계법인, 의사 삼성병원 등). 그렇다고 대기업이 꼭 좋다는 것은 아니다. 차라리 하나의 전문분야를 배우면서 다른 업무도 골고루 배울 수 있는 중소기업이 좋다. 그러나 그 중소기업이 그 분야에서는 최고의 기술력과 영업능력을 가진 일류회사가 좋다.

vi. 그리고 그 밑에서 지속적으로 노력해서 일을 완벽하게 배운다. 혹은 관련 기업에 들어가 아침7시부터 밤10시까지 남보다 3배 이상의 노력을 한다. 관심 분야의 업무를 추진하면서 일을 배우고, 주변의 관련된 거래처나 인맥, 혹은 스승의 인맥들과 연계하면서 일의 능력을 향상시키고 관련된 인맥들을 형성해 나간다.

vii. 이때 일의 노하우를 배우는 것은 물론 공부하고, 주변을 관리한다. 특히 업계의 사람들과 돈독한 유대관계를 맺는다.

viii. 관련 업계의 장래성, 미래, 기술의 발달 추이, 거래처, 경쟁자와의 관계 등 제반 사정을 꾸준히 공부하고, 정보를 파악 수집한다.

ix. 몇 년이 지나면 어느덧 전문가의 수준에 오른다. 그리고 업계에서 자신의 평판을 항상 관리한다.

x. 이젠 독립하여 아주 작은 창업을 한다. 이 때 법적인 문제가 없는지, 회계와 세무, 법률문제(특허 관련 포함) 등은 가능한 전문가를 활용한다. 창업교육을 받고 멘토를 잘 활용한다. 이때 조심해야 할 것은 절대로 자신이 몸담았던 조직의 내용을 빼앗거나 가로채거나 해서는 안 된다. 가능하면 멀리 떨어져 완전히 홀로서기를 시도한다.

xi. 점차 기업(가게)을 발전시킨다. 이젠 자신의 사업장이고 자기 혼자 사업을 한다면 남보다 당연히 엄청난 양의 일을 해낸다. 주로 낮에는 영업을 하고 제품이나 서비스의 개발은 밤에 해낸다. 영업 : 제품생산은 70 : 30의 비율로 해 나간다.

xii. 틈틈이 공부한다. 독서나 CD, 혹은 강의, 세미나, 포럼, 학회 등 관련분야에서 배울 수 있는 것은 꾸준히 다 배운다. 특히 협상, 리더십, 인간관계 등도 배우는 게 좋다

xiii. 기업이 점차 확산되고, 지속적으로 잘 운영되면 확장해 나간다.

3절 비즈니스 모델의 유형

비즈니스 모델의 가장 중요한 부분은 수익모델이다. 여기서 수익을 내려면 제반 비용을 제하고 이윤이 남아야 하는 구조이다. 즉 수입-비용 = 이윤인 것이다. 그런데 여기서 어떻게 수익을 창출할 것인가에 대한 모형이 비즈니스 모델이다. 이에 대해서는 이홍규.김성철 저, 뉴미디어시대의 비즈니스 모델을 중심으로 알아보고자 한다.[12] 이 비즈

12) 뉴미디어시대의 비즈니스 모델, 이홍규.김성철, 한울아카데미, 2011, PP.188-

니스 모델을 잘 연구해보면 어떤 방식으로 사업을 해서 돈을 버는지에 대한 답을 구할 수 있다.

1) 1유형 : 고객의 문제 해결을 통한 수입 확보

이는 고객의 문제를 해결하는 솔루션을 제공하여 문제를 해결해주고 보상을 받는 형태를 말하며, 주로 맞춤형 솔루션 제공을 원칙으로 한다.

이 모델은 기본적으로 고객의 사업을 이해하고, 고객의 환경에 맞도록 자신들의 제품을 맞추어 제공한다. 혹은 자신의 제품을 고객의 사업 속에 끼워 넣도록 하여, 지속적인 거래의 관계 강화에 힘쓴다. 즉 A/S나 사후 관리 등을 하면서 지속적으로 수익을 발생시키기도 한다. 예를 들어 금융정보를 제공하는 금융정보제공회사나 컨설팅 회사 등이 여기에 해당한다.

이런 회사는 초기투자가 많이 드는 경우가 있어 초기 손실이 클 수 있으나, 개발 후 유지비용 낮고, A/S나 혹은 부가가치적인 서비스를 지속적으로 제공하여 지속성을 확보하여 큰 이윤을 창출한다.(컨설팅 회사, 금융정보제공 회사 등)

2) 2유형 : 제품 피라미드 구축을 통한 수입 확보

이 유형은 고객을 세분화하여 고가부터 저가 제품사이에 자신이 확

194

보할 수 있는 부분을 집중 공략하는 유형이다. 즉 이는 소득이나 선호의 차이로 고객이 분화되어 다양한 제품을 확보한 대기업과 특정 선호 제품만을 공략하는 부분으로 나눌 수 있다. 이는 낮은 가격으로 매출이 큰 제품에서 진입장벽 구축하고, 고가의 제품은 매출이 적게 구성되나 이윤이 높게 창출되게 만드는 대기업들의 전략이 이에 속한다.

3) 3유형 : 생산 / 판매시스템의 복수 부문 활용으로 수입 창출

이는 주로 생산과 판매시스템을 복수로 활용하여 수입을 확보하는 전략이다. 즉 수익성이 낮은 부분에서 고객을 확보하고, 그 고객들에게 인지된 브랜드 파워를 활용해 수익이 높은 제품을 판매하고, 경쟁에서도 수입을 창출하는 방법이다. 이는 주로 인지도 높은 브랜드를 활용한다.

예를 들어 해운대에 있는 유명 호텔은 사실 호텔 객실 영업만으로는 현상 유지도 쉽지 않다. 그러나 유명 브랜드를 이용한 호텔의 뷔페 영업이나 회의실 임대 그리고, 결혼식장 등에서 큰 이윤을 창출하는 것이다.

4) 4유형 : 판매자와 구매자의 중개를 통한 가치창출로 수입 확보

이는 소위 거간이라 불리며 예부터 중개 업무를 하는 중간상인들이 이었지만, 이들이 진화하여 복수의 판매자와 구매자의 의사소통을 연결시킴으로써 가치 창출을 도모하여 수익을 창출하는 구조로 [공인중개사]로 대표할 수 있다. 또한 지금 인터넷 상에서 아주 활성화되고 있는 [옥션]이나 주식거래를 하는 증권회사의 HTS(HTS : Home Trading System) 혹은 MTS(Mobile Trading System) 등이 이에 해당한다. 또한 인터넷 상에서 활용되고 있는 사이버 중고차 매매시장 등이 이에 해당된다고 볼 수 있다.

5) 5유형 : 진입의 시차에 따른 차별화로 수입 확보

이는 어떤 차별화된 제품을 남보다 빠르게 출시하여 판매함으로써 초기 이윤을 많이 확보하고, 경쟁업체가 뒤따라 올 시간적 여유를 두지 않고 지속적으로 앞서 개발해 나감으로 인해 진입의 시차에 따른 수입을 확보하는 전략이다. 이는 지속적인 비교우위를 위해 재빠른 혁신을 계속해야 하는 부담이 있으나, 마진이나 이윤폭이 크다. 예를 들면 스마트 폰의 지속적인 개발 및 발전으로 애플이 한 참 앞서가고, 삼성이 뒤좇아 가면서 두 개의 기업은 엎치락뒤치락 잘 나갔지만, 그때까지 전 세계 휴대폰 시장에서 절대강자이며, 선진 주자이든 노키아는 혁신을 소홀히 한 대가로 스마트폰 시장에서 퇴출될 수밖에 없었다. (삼성전자, 애플 → 핀란드기업 노키아 몰락)

6) 6유형 : 블록버스터 제작을 통한 수입 확보

이는 몇 개의 소수의 제품에서 시장 지배권을 확보하여 규모의 경제를 통한 초과 이익을 확보하는 경우이다. 주로 제약업체 같은 경우, 초기 투자는 엄청난 비용과 시간이 들지만, 그 약효가 인정되고, 특허의 효력이 지속되는 동안은 엄청난 부가가치를 창출할 수 있다.(화이자의 비아그라 등) 이는 초기비용이 많이 들어가나 시장 점유율이 커져 그 이윤율이 기하급수적으로 커져가는 특징이 있다. 주로 출판업체, 음악기획사, 영화 제작사 등이 그 예라 할 수 있다. 콘텐츠 사업 등이 여기에 해당하는 경우로 TV 연속극 등을 한편 잘 찍은 경우 별도의 부가투자비 없이 막대한 이윤을 창출하는 경우가 있다(겨울연가, 대장금 등).

7) 7유형 : 제품 캐릭터나 서비스에서 반복적으로 수입 확보

이는 특정 제품 캐릭터나 서비스가 기업의 핵심 자산으로, 그것으로부터 반복적인 이윤 창출이 가능한 경우이다. 즉 하나의 특정한 캐릭터를 반복 재생산 할 뿐만 아니라, 캐릭터 관련 분야의 서적, 마스코트, 시계, 의류 등 관련 제품을 생산하여 수익 창출이 가능한 경우이다. 이는 그 캐릭터에 대한 브랜드의 강력한 지원이 중요하다. 예를 들면 영화, 테마 공원, 서적, 의류, 시계 등에 동일 캐릭터를 활용하는 디즈니가 좋은 사례이다.[13]

8) 8유형 : 기업조직을 분할시켜 기업가 정신을 고취함으로써 수입 확보

이는 기존의 회사 조직을 여러 개의 조직으로 분할하여 경영하는 경

13) 뉴미디어시대의 비즈니스 모델, 이홍규·김성철, 한울아카데미, 2011, P.192

우로 회사를 분할하여 자회사를 만드는 등의 구조이다. 즉 자화사로 분할함으로써 직원들의 소속감과 위기감을 고조시켜 기업 활동에 더욱 박차를 가할 수가 있으며, 고객들에게는 더 나은 서비스와 더 좋은 품질의 제품을 제공할 수 있다. 아울러 자회사의 직접적인 고객접촉과 비용절감 노력을 극대화하여 경영의 효율화를 기할 수도 있다. 또한 직원들과 경영진의 주식 소유로 동기부여를 촉진하고, 밀접한 고객관계와 이윤에 대한 책임 등을 강화 시켜 별도 회사의 수익구조를 탄탄하게 할 수 있다.

9) 9유형 : 전문성을 통한 수입 확보

이는 기업이 처음에는 어느 한 분야의 특화를 추구하여 전문화 함으로써 브랜드의 인지도를 높이고, 고품질, 높은 평판 등을 받아 고 수익을 창출한다. 그러다 좀 더 넓은 분야로 확대하여 그 분야에서도 나름대로의 전문성을 확보해 나감으로 더욱 발전적인 조직이 되고, 수입의 범위가 확대되는 것이다. 예를 들어 K&S라는 로펌이 있다고 하자. 이 로펌은 처음에는 민사소송과 형사소송을 특화시켜 상당한 브랜드를 구축하고 나서는 점차 세무소송, 특허소송 등으로 혹은 이혼 소송 등으로 그, 전문영역을 확대해 나감에 따라 훨씬 쉽게 규모도 커지고, 수익 창출이 가능해지는 수익모델을 구축할 수 있다. 이는 병원도 마찬가지로 처음에는 작은 내과로 시작한 병원이 종국에는 대학병원으로 까지 범위를 넓혀가며 확대해 가는 것이다. 이는 전문성을 통한 성장을 추구하는 모델로 저비용, 고품질, 높은 평판, 고객 이해도 등 특정

요소에서 전문성을 확보해 이윤을 창출해 나가는 경우이다.

10) 10유형 : 사용자 기반을 통한 수입 확보

이 유형은 초기 제품의 판매나 이윤은 크지 않지만 후속 제품에서 커다란 이윤을 확보하는 모델로 이는 주로 복사기 또는 프린트와 복사. 인쇄용지, 면도기와 면도날 등에서 볼 수 있듯이 초기 제품은 비교적 저렴한 가격에 판매한 후에 그 제품을 활용하기 위해 꼭 필요한 제품을 주로 일회용 소비재로 만들어 이 제품에서 수입을 확충하는 것이다. 즉 복사기나 프린트기는 상대적으로 싼 가격에 제공하고, 항상 소요되는 복사지나 잉크 등에서 수익을 창출하는 모형이다.

11) 11유형 : 사실상의 표준을 통한 수입확보

이는 주로 정보통신 분야에서 많이 나타나는 경우로 어떤 특정 가술이 나타나 그 기술이 표준으로 제정 되었을 경우 그 특정 표준에 수많은 시장 참여자가 종속되는 경우로서, 네트워크 효과에 의한 사용자의 기반이 사실상 증가하는 수확체증의 법칙이 작용한다. 만약 M/S 사의 운영소프트웨어에 포함된 엑셀이나 파워포인트 등을 수수료를 내고 사용하게 한다면 어쩔 수 없이 대부분의 소비자는 수수료를 내고 사용할 수밖에 없을 것이다.

4장 창업과 협상전략

1절 창업과 협상의 중요성

1. 창업과 협상

창업을 한다는 것은 세상에는 없던 기업을 세워 이 세상에서 나름대로의 경제활동을 해나가면서 종사원들의 생계를 확보하고, 더 나아가 일자리를 창출하며, 경제를 활성화시켜 사회와 국가에도 기여를 하고자 하는 활동이다. 그러면 자연히 기업과 기업 혹은 기업과 개인 더 나아가 기업과 정부나 지방자치단체 등 여러 가지로 사회활동을 적극적으로 하게 되는데, 이때 가장 기본적으로 하는 행위가 어떤 거래를 하는 것이다. 이 거래를 하는 데는 혼자 하는 게 아니라 상대방이 있고, 상대방과는 항상 신의성실의 원칙이 거래의 바탕에 흐르고 있는 것이다.

이런 신의성실의 바탕위에 모든 거래와 계약 등이 이루어지고 각자는 각자의 위치에서 경제행위를 하는 것이다. 이러한 경제행위를 하는 과정에서 가장 빈번하게 부딪치게 되고 또한 누구나가 맞닥뜨리게 되는 것이 상대방과의 협상문제인 것이다.

그러나 창업을 하려는 사람의 입장에서는 정작 협상이 중요하다는 생각이 들지만, 막상 어느 누구도 가르쳐 주지도 또 협상이 중요하다고 이야기를 해 주지도 않는 게 현실이다. 이러다보니 초기 창업을 계획하고 여러 군데 거래처와 거래 관련 계약 등을 할 때면 이들은 아주 초보 사업가이다 보니 상당한 손해 혹은 손실을 보는 경우가 많다. 특히 이들이 초기 사업자라는 사실을 알고 있는 노련한 상대방은 스스로 체득한 협상의 테크닉 등을 활용하여 소위 바가지를 씌우기도 하고, 또 터무니없는 가격이나 조건 혹은 계약을 맺기도 한다. 그러나 사업을 막 시작하는 초보 창업자의 입장에서는 모르고도 당하고, 알고도 어쩌다 보니 당하는 경우를 많이 목격하게 된다.

이런 경우를 많이 알고 있는 필자의 경우, 제자들이나 자문을 구하는 창업자들에게 꼭 협상에 관한 기본적인 지식이나 실력을 쌓아야 한다고 강조한다. 사실 협상은 세상살이의 어떤 경우에도 필요하고 한번 배워두면 지속적으로 요긴하게 활용할 수 있는 엄청난 기술이라고 할 수 있다.

2. 협상의 기본

그러면 여기서 협상의 기본에 대해 알아보고자 한다.

첫째, 협상에 임하면서 기본적으로 가져야 할 인식은 내가 바보가 아닌 것처럼 상대 역시 바보가 아니라는 점이다. 또한 나 역시 부당한 손해를 보기 싫듯이 상대 역시 부당한 손해를 보기 싫어한다는 것이다. 그리고 나 역시 가능하면 협상을 성공시키고 싶듯이 상대방 역시 협상을 성공시키고 싶어 한다고 생각하자.

둘째, 항상 협상을 하기 전에 사전에 많은 준비를 하는 게 좋다. 이는 어쩌면 너무나 뻔한 이야기 같지만 사실 협상을 하든지 혹은 하는 과정을 보면, 대부분 너무 준비 없이 협상장에 앉아서는 빨리 결정을 내려하거나 혹은 즉흥적으로 결정을 내리는 경우를 많이 본다. 그러면 당연히 이익보다는 손해 보는 경우가 많다.

보통 생각해 볼 때는 협상이 별것 아닌 것 같이 대수롭지 않게 생각하는데, 그 계약기간이 길어지고, 혹은 가격의 비율이나 첨부되는 소소한 것들이 결코 적은 내용이 아님을 알게 된다. 예를 들어 1개당 10,000원 하는 제품을 협상을 통해서 500원 깎아서 9,500원에 납품을 받기로 했다고 해보자. 이게 돈은 500원에 불과하지만, 비율로 따지면 5%에 해당하는 금액이다. 잘 알려져 있는바와 같이 제조업에서는 이윤이 거의 5%를 넘지 않는 경우가 대부분이다. 그 5%나 되는 금액을 말 몇 마디로, 혹은 주변의 경쟁 분위기에 휩쓸려서, 또는 시간이 급해서 덜컥 계약을 하고나면 심각한 후유증을 유발하게 되는 것이다.

셋째, 전략적으로 항상 상대방의 생각을 해보자. 협상은 상대가 있는 게임이다. 이는 자본주의 사회에서 가장 중요한 거래의 현장에서 돈이 왔다 갔다 하는 치열한 전쟁터인 것이다. 내가 이렇게 나가면 상대는 어떻게 나올 것인가? 상대가 저렇게 나오면 나는 어떻게 어떤 논리로 대처해야 할 것인가? 이런 식으로 항상 상대방의 요구, 욕구, 생각, 논리, 선택, 전략 혹은 전술 등을 면밀히 연구해서 준비가 된 후에 협상에 임해야 하는 것이다. 그렇게 하려면 자연스럽게 상대방에 대한 가능하면 많은 그리고 정확한 정보를 습득해서 알고 있어야 하는 것이다. 따라서 창업을 하려는 창업자는 무엇보다 협상에 대한 이론과 지식, 그리고 실제적 경험을 갖추어야 한다. 그렇지 않으면 그냥 남에게

당하기 꼭 알맞다고 보면 된다.

2절 마케팅 방법론과 협상

창업을 하여 새로운 제품이나 혹은 서비스를 만들었다. 이제 이것을 판매하여 수입이 들어와야 돈이 돌고 회사가 돌아간다. 이때 가장 중요하고도 어려운 것이 사실 판매, 즉 영업이고 마케팅이라고 할 수 있다. 사실 제품이나 서비스는 자신이 창업한 기업에서 만들지 않아도 상관없다. 영업능력이 탁월하여 판매만 잘 할 수 있다면, 구태여 제품을 만들거나 서비스를 만들지 않아도 얼마든지 창업한 회사를 운영해 나갈 수 있다. 예를 들러 전자제품의 대리점이나 혹은 생명보험회사의 영업대리점들을 생각해 보라. 그들은 자신들이 만들지 않는 제품이나 서비스를 판매만 함으로써 회사를 잘 경영해 가는 것이다. 그러한 대리점이나 판매회사가 얼마나 많은가!

그러나 여기서는 일단 자가 제품을 만들거나 자신만의 독특한 서비스를 제공하는 회사에서 독특한 제품을 만들었다고 하자. 그러면 만든 제품을 어떻게 이를 판매하여 수입이 들어오고, 그 돈으로 다시 제품을 만들어 다시 팔아서 이윤을 남기는 시스템을 지속적으로 운영할 것인가?

여기에 제품을 만드는 창업자나 혹은 이공계 출신 기술자나 연구원 출신 창업가들의 고민은 쌓여간다.

일단 기업가는 언제나 현재의 고객과 미래의 고객에 초점을 맞추어야 한다.[14] 이 고객들이 곧 시장이며 이들의 요구와 취향에 제품이나 서비스를 맞춰가야 하는 것이다. 즉 고객들이 요구하는 것을 만들어 만족시켜 팔고, 그리고 그들이 사고 싶어 하게 하는 것이 마케팅이다.

마케팅에 대하서는 수많은 학자나 전문가들의 견해가 있지만, 가장 근본적인 것은 우리 제품을 산 고객이 그 제품이나 서비스로 인해 자기가 요구하는 어떤 혜택이나 용도에 적합했는지가 중요한 것이다. 그래서 그들이 어떤 혜택을 받을 수 있다는 것을 전제로 판매 전략이나 광고 등도 계획해야 할 것이다. 사실 대부분의 사업이 망하는 이유는 결국은 판매부진이 가장 많다. 판매만 잘 된다면 비록 이윤이 적게 남아도 박리다매로 나름대로의 수익을 창출하여 기업을 경영해 나가는 데는 별 문제가 없을 것이다.

1. 마케팅에서의 협상력

물건을 어떻게 판매할 것인가? 이에 대한 정답은 없다. 각자의 제품의 특성이나 용도에 따라 다를 것이고, 그리고 판매하고자 하는 사람의 취향이나 방법에 따라 다를 것이다. 예를 들어 화장품을 개발해서 판매를 한다고 해보자. 이 때 고객에게 물건을 직접 들고 가서 일일이 방문하는 방문판매도 있을 것이고, 우편 또는 통신판매도 있고, 카탈로그를 통한 판매, 점포에서 직접 판매, 집에서 인터넷으로 하는 사이버판매 등 다양한 방법이 있는 것이다. 그런데 사실 어떤 가게나 혹은 기

14) 창업경영 MBA 20 20, 스티브 매리오티, 신은종 외 2인 편역, 도서출판 Y&P, P148

업을 설립하여 업무를 한다고 해도 결국은 그 회사 제품의 품질, 가격, 서비스에 사업의 성패 유무가 달려 있다는 것은 조금만 생각해 보면 누구나 알 수 있는 상식이다. 그런데 이 때 항상 문제가 되는 게 판매자와 구매자간의 의견이 일치하지 않는 것이다. 즉 가격이나, 다른 여러 가지 조건 등에서. 하지만 이런 이해관계의 문제점을 해결하기 위해서는 결국 협상능력이 아주 필요하게 된다.

1) 가격

일단 제공되는 상품의 품질이나 서비스가 똑 같다면 당연히 가격이 싼 제품이 더 잘 팔릴 것이다. 박리다매(薄利多賣)라고, 적은 이윤을 붙여 많이 판다면 그것도 하나의 사업 전략이 되는 것이다. 다른 업소보다 오로지 더 싸게 파는 것 이것이 아주 좋은 비즈니스 모델이 된다. 얼마 전 내가 사는 동네의 홈플러스에 가 보니 '이마트 보다 비싸게 구입한 고객에 대해서는 어떤 제품이든 쿠폰으로 돌려드립니다.' 라는 현수막을 부쳐 놓은 것을 보았다. 그건 홈플러스에서 가격 경쟁을 하고 있다는 것이다. 즉 이마트보다 결코 비싸게 팔지 않겠다는 저가 공세 전략인 것이다. 이 경우에 사람들은 "음, 가격이 제일 싸다는 말이지......" 라고 생각할 것이다. 또 어떤 가게에는 '여기보다 싼 집이 있으면, 그 가격만큼 현금으로 돌려 드립니다.' 라는 벽보를 붙인 것을 여럿 보았다. 결국 이들은 모두 가격으로 승부하는 것이다. 사람들은 똑 같은 제품이라면, 가격이 싼 것을 좋아하니까. 하지만, 이렇게 가격을 싸게 판매한다고 제시를 해도 고객은 더 싸게 사려고 협상을 시도할 것이다. 따라서 과연 최저가격을 제시하는 것이 협상의 관점으로 봤을 때 과연 타당한 방법인지는 좀 더 생각해볼 필요가 있다.

2) 제품의 품질

제품의 품질을 타 회사와 차별화한 후 고객유치를 하여 사업의 발전과 수익을 창출하고자 하는 시스템이다. 이는 주로 초 일류기업이나 기술력이 탁월한 대기업, 혹은 작은 기업이라도 탁월한 기술력과 제품 개발력이 있는 회사에서 할 수 있는 전략으로, 제품의 품질을 향상시켜 시장 지배력을 강화하는 전략이다.

간단한 예로 스마트 폰을 생각하면 될 것이다. 핀란드의 노키아와 우리나라의 삼성전자, LG전자에서 휴대폰으로 승승장구 하고 있을 때, 애플이 만든 아이폰은 그야말로 휴대폰의 혁명이었다. 그 제품 이래로 애플은 승승장구하였고, 삼성전자는 따라잡기 전략을 일찍 가동하여 애플을 따라잡고 일면 스마트 폰 시장에서 애플을 뛰어넘는 기업으로 발전하고 있다. 초콜릿 휴대폰의 단맛에 취해 있던 LG전자는 한 참 후에야 스마트 폰 시장에 뛰어들었으니, 상당한 시간이 경과한 후에야 겨우 따라 잡는 양상이 되었다. 그리고 2009년 당시 세계 휴대폰 시장을 53% 지배하던 노키아는 스마트 폰 시장에 적극적으로 진출하지 않음으로 인해 2012년 구글에 이동통신 부문이 매각되는 그야말로 회사가 거의 망하는 것에 준하는 결과를 가져왔다. 이렇게 제품의 품질이 탁월하면 고객이 아주 쉽게 선택을 하게 되고, 기존의 제품들은 갈 곳이 없어지게 되는 것이다. 그런데 협상의 관점에서 혁신적인 제품을 만들어내는 기업이 앞서나갈 때, 후발주자는 어떤 방식으로 고객이나 경쟁자와 협상하여 살아남을 것인가를 고민해 봐야한다. 항상 기술이 뒤떨어지는 후발주자는 경쟁력이 없는 것인가? 협상의 관점에서는 분명 별도의 살아남을 방법들을 모색하면 방법을 찾을 수도 있을 것이다.

3) 서비스

어떤 가게에서 파는 상품이 동일 제품이거나 품질이나 가격이 비슷한 제품일 경우에 고객들은 서비스가 좋은 가게를 이용한다. 즉 제품의 품질이나 가격이 같거나 비슷할 때는, 서비스가 좋은 업체를 활용한다는 것이다. 고객들이 비슷한 설렁탕을 파는 식당에 들어갈 때에도 종업원의 친절이나 주인의 배려, 주차의 용이성 등을 따져서 서비스가 좋은 곳으로 들어가는 것이다.

우리 아파트 단지에서 조금 떨어진 곳에 대형 마트가 두 군데, 하나는 조금 작은 중형 마트가 있다. 집에서 거리가 비슷하기 때문에 어디를 가도 별 문제가 없다. 동일제품에 대해서는 가격도 비슷하고 모두가 친절하다. 그러나 아내는 가능하면 나와 같이 장을 보러 가면 규모가 조금 작은 중형 C 마트에 가자고 한다. 알고 보니 이유는 C 마트는 구매가격이 일정 가격 이상이 되고, 구매자가 요구할 시 집에까지 배달을 해준다는 것이다. 그러니 무거운 짐을 들고 내리기가 싫은 주부인 아내가 선호 할 수밖에. 이처럼 똑 같은 상황이라면 서비스가 좋은 업체를 활용하는 것은 당연하다고 하겠다. 따라서 마케팅을 잘하기 위해서는 일단 가격이 싸든지, 혹은 제품의 품질이 좋든지, 아니면 서비스가 좋으면 고객들이 저절로 선택을 하게 될 것이다. 이게 가장 보편적이고 널리 알려진 마케팅 방법이 아닌가 한다. 그런데 이러한 서비스의 제공유무나 서비스의 제공방법 등도 협상의 관점에서 충분한 거래의 소재가 될 수 있다. 만약 대형 A마트의 지배인에게 C마트는 일정 금액 이상을 구매하면, 배달이 가능한데 왜 A마트는 배달이 안 되는지 따져 본다. 아마 얼마안가 A마트도 배달을 하게 될 것이다.

3절 창업과 협상전략

창업을 하기 전부터 창업을 하는 과정은 물론 창업을 하고 나면 수많은 거래와 협상을 하게 된다. 여기서는 협상에 관한 가장 기본적이며 핵심적인 테크닉을 서술하고자 한다.

이 내용은 본 저자가 2010년 3월부터 2013년 6월말 까지 인제대학교와 창원대학교 평생교육원과 중소기업진흥공단 부산경남연수원의 청년창업아카데미에서 강의한 내용들과 경성대학교에서 밀착학습으로 [비즈니스 협상전략전문가 양성반]에 수업한 내용들을 간략하게 간추려서 핵심만 제시하고자 한다.

1. 창업자의 협상 전략

창업자가 협상을 시작할 때는 대부분의 경우가 물품의 구매나, 시제품의 제작, 혹은 부동산 계약 또는 제품의 납품 등으로 주로 개인과 기업 또는 기업과 기업 간의 거래가 많다. 여기서는 주로 초기 창업자가 협상 시에 고려해야 할 점이나 혹은 준비해야 할 사항 그리고 그 전략과 전술, 테크닉에 대해 알아보고자 한다.

1) 협상을 준비하라.

준비라는 말은 언제 어디서나 그리고 어떠한 경우에도 유용하다고 할 수 있다. 거래를 하든지, 연설을 하든지, 공부를 하든지, 운동을 하든지……. 무엇을 하던 준비를 철저하게 하는 것이 좋다. 예를 들어 내일 거래처 사람과 만나 계약에 대한 이야기를 할 예정이라고 하자. 그럼, 오늘 나는 무엇을 준비해야 할 것인가? 일단 그 거래에 대한 내용을 최대한 상세하고 그리고 정확하게 파악해야 할 것이다. 즉

- 나의 목표는 무엇인가?
- 상대방의 목표는 무엇인가?
- 우리의 가격 요구는?
- 상대방의 예상 요구치는?
- 우리의 계약 허용 한계치는?
- 상대방의 예상 허용 한계치는?
- 상대방에서 협상장에 나오는 사람은 누구인가? 그에 대한 파악은 되어 있는가?
- 나와 같이 나갈 우리의 동행자는 누구인가? 아니면 혼자 나가는가?

- 상대방의 욕구는 무엇인가?
- 혹시 우리가 간과하고 있으나, 상대에게 아주 가치 있는 것은 없는가?
- 상대방이 따르는 표준은 무엇인가?
- 상대방에 대한 정보는 충분한가?
- 상대방의 의사결정권자는 누구인가?
- 만약 협상이 타결되지 않을 경우, 우리의 다른 대안은 무엇인가?
- 그 다른 대안은 별도로 접근하고 있는가?
- 상대의 정보를 얻기 위해 어떤 질문을 어떻게 던질 것인가?
- 우리가 양보할 수준은 얼마인가? 혹은 어디 까지 인가?
- 상대방의 양보수준은 어디까지라고 예상하는가?
- 우리가 제시할 합리적 근거나, 설득의 논리나 주장은 무엇인가?
- 예상 할 수 있는 숨겨진 걸림돌은 무엇이 있는가?
- 예상 할 수 있는 상대방의 합리적 논거는 무엇인가? 그에 대한 대비는 되어 있는가?
- 자신이 상대방의 입장이 되고, 회사 동료가 우리 회사의 대표가 되어 서로의 주장으로 협상을 직접해보는 것이 중요하다. 이 때 가능하면 둘 다 최악의 경우를 상정하여 치열하게 자신의 입장에서 주장이나 논쟁을 해 보는 게 도움이 된다.

2. 협상의 테크닉

협상에는 수많은 경우와 각기 다른 여건이 다르게 존재한다. 그 과정에서 나타난 협상의 테크닉에 대해 알아본다.

1) 상대의 정보를 가능한 한 많이 파악하라.

협상은 상대방이 있다. 따라서 상대방과의 거래에서 상대방의 정보를 가능하면 많이 파악. 습득하는 것이 좋다. 만약 부동산을 거래하는데, 아파트를 팔겠다고 내어놓은 매도인이 급매물로 내어 놓았다고 하자. 이때 진짜 급매물인지? 급하게 팔려는 사유가 무엇인지? 아파트 자체에 대한 하자는 없는지? 주인은 맞는지? 이러한 상대방에 대한 정보는 가능하면 많으면 많을수록, 그리고 정확할수록 좋다.

만약 거대 기업의 인수. 합병에서도 마찬가지다. 인수당하는 회사의 어떤 문제점 때문에 인수를 당하게 되었는지, 상대방 회사에 대한 상세하고 정확한 정보를 파악해야 협상에서 유리한 고지를 점할 수 있다. 그리고 가능하면 나의 정보는 상대방이 모르게, 새어나가는 것을 막는 게 좋다. 우리의 정보를 상대방이 알게 되면 여러모로 우리 쪽이 불리할 수밖에 없다. 협상이란 결국은 대부분의 경우에 어떤 파이를 놓고 서로 간에 더 많이 갖겠다는 경쟁이거나 다툼이라고 볼 수 있다. 당연히 자신의 정보는 공개하지 않는 것이 좋고, 쉽게 정보를 누설해서는 안 된다.

그러면 상대의 정보를 어떻게 하면 파악할 수 있을까? 일단은 그 업계에서의 기본적인 여러 정보들을 파악해야 한다. 아파트를 사려는데, 매도인이 급매물로 32평 아파트를 3억2천에 내어 놓았다고 하자. 매수인의 입장에서는 여러 가지 조사를 해봐야 한다. 정말 평당 1,000만원인가? 그러나 사실 조사를 해보는 사람은 별로 없다. 인근 부동산이나, 등기소 등을 찾아 지난1년 동안 몇 건의 매매가 있었는지, 그리고 가격이 얼마에 매매가 성사되었는지 등을 파악해 보면 대부분의 경우 1,000만원이 아닌 980만원 혹은 그 이하에서의 거래가 형성되었을 수도 있다. 그렇다. 이렇게 조사를 해보면 정보가 나오는 것이다. 또는 정말 매도인이 내어 놓은 물건이 급매물이 맞는지도 부동산 중개사나, 그가 살고 있는 아파트의 주위 사람들에게 물어보면 사실 여부를 알 수도 있다. 이런 식으로 상대방에 대한 정보를 가능한 많이 가진 측이 훨씬 협상을 유리하게 이끌어 갈 수가 있는 것이다.

그리고 정보를 파악하는 한 방법으로 협상중이거나 혹은 협상을 시작하기 전에 찬찬히 질문을 해보는 것이 좋다. 왜 평당 1,000만원이라 생각하시나요? 지금의 아파트 상태는 어떤가요? 왜 급하게 팔려고 하는가요? 몇 년도에 이사 오셨나요? 그때는 얼마에 구입하셨나요? 언제 이사를 가실 계획인가요? 혹은 새로운 집은 계약은 하셨나요? 계약을 하셨다면 잔금 날짜는 언제인가요? 등. 이러한 평이한 질문 속에 우리가 알고 싶은 대부분의 정보가 들어 있고, 그런 정보를 바탕으로 전략을 짜거나 혹은 거래의 조건들을 생각해 볼 수 있다.

2) 가치가 다른 대상을 교환하라.

사람마다 사물에 대한 가치의 기준이 다르다. 예를 들어 스마트 폰을 하나 주웠다 치자. 그것을 잃어버린 사람은 심각한 문제에 직면 할 수도 있다. 우선 저장된 전화번호를 찾을 길이 없고, 다른 중요한 데이터나 일정 계획 등이 빼곡히 적혀 있을 수도 있다. 그러나 그것을 취득한 사람에게는 별로 필요하지 않는, 혹은 조금은 성가신 물품일 수 있다. 이를 돈으로 따져도 일. 이십 만원의 가치밖에 더 하겠는가? 그러나 그것을 잃어버린 사람은 수 백 만원을 주고서라도 되찾고 싶은 물건일 수도 있다. 협상에서도 이와 비슷한 경우도 많이 발생한다. 가장 공평하다고 생각되는 돈의 가치 역시 사람에 따라 체감하는 부분이 다를 수밖에 없다. 대학교수가 가진 10만원의 돈 가치와 대학1 학년생이 가진 10만원의 돈 가치가 똑 같다고 하기는 곤란하다고 할 수 있다. 같은 돈이라도 돈에 대해 느끼는 체감이 다른 것이다.

협상에서도 이와 마찬가지로 상대에게는 상대가 진정으로 원하는 것을 줄 필요가 있고, 나는 내가 원하는 것을 받으면 되는 것이다. 이는 소위 윈-윈 전략으로 각자는 자신이 욕구하는 것을 취득하면 되는 것이다. 따라서 가능하면, 상대방이 원하는 것을 주라. 그리고 나도 내가 원하는 것을 확보하라. 이게 협상을 잘 하는 방법이다. 물론 대부분의 거래에서는 똑같이 돈을 두고 밀고 당기기를 지속할 것이다. 이 경우에도 돈의 액수가 합의되면 그 돈을 결재하는 방법 등을 가지고도 충분히 바람직한 협상을 하여, 자신에게 유리한 협상을 할 수도 있는 것이다.

협상에서는 상대에게는 원하는 것을 주고, 나는 내가 원하는 것을 받을 수 있는 방법, 즉 가치교환을 잘 해야 한다.

3) 협상에서 합당한 합리적 논거를 준비하라.

이는 협상 시에 누구나 자신의 주장을 강력하게 어필하고, 상대를 설득시키기 위해서는 합리적인 논거나 객관적 기준 등이 필요하다. 이 합리적 논거에는 법, 제도, 판례, 규칙, 관례 등도 해당이 되지만, 전문가의 의견 혹은 객관적 데이터, 시험성적 등도 활용할 수 있다. 이는 즉 그 사안에 맞는 합리적 논거를 주장함으로서 상대방의 설득을 얻어 내는 것을 의미한다. 예를 들어 아파트의 매도 가격이 1,000만원이라고 주장하는 매도인에게는 매수인이 주장하길, 지난해에 이 지역에서 매매된 아파트의 건수가 9건이고, 그 평균가격이 985만원 이었다는 정확한 통계를 제시하면 일단 상대가 수긍할 수밖에 없는 것이다. 이렇듯 협상에는 상대를 설득시킬 수 있는 객관적인 데이터, 자료, 시험성적서 등을 제시하며 자신의 주장을 입증할 수 있다.

4) 창의적 대안을 만들어 제사하라.

이는 특정 사안을 두고 갈등하는 양 쪽을 모두 만족시킬 수 있는 방안을 마련해 내는 것이다. 이는 주로 통합적 협상의 한 방법으로 지속적인 거래관계를 이어져 오고 있다든지, 혹은 한 번의 협상 이 후 앞으로 지속적인 관계가 형성될 것으로 판단되는 협상에서는 서로가 윈-윈 하기위해 서로 간에 깊은 정보를 공유하고 협조할 필요가 있다. 이럴 경우에는 서로의 속내를 털어놓고 합리적으로 서로가 만족할만한 묘안을 창출해 내는 것이다. 그렇게 함으로써 서로간의 필요성을 충족시킬 수 있는 협상을 타결할 수 있는 것이다. 이런 방법은 서로의 이해관계가 첨예하게 대립되고, 단 한 번의 거래로 끝나는 경우가 아닌, 지속적인 사업상의 파트너인 경우 서로간의 양보와 협조로 협상을 원만

하게 타결할 수 있는 것이다.

5) 좋은 인간관계를 유지하라.

협상에서 가장 중요한 것이 아마 원만한 인간관계일 것이다. 협상을 하다보면, 서로간의 주장 때문에 얼굴을 붉힐 수도 있고, 혹은 언성을 높일 수도 있다. 그러나 기본적으로 쌍방 간에 좋은 인간관계를 지속해 왔다면 이는 곧 해결 될 것이다. 서로는 자신의 위치와 주어진 역할과 기능에 충실 할 뿐, 상대에 대한 감정이나 미움이 있어 언성을 높이는 것이 아님을 잘 알고 있기 때문이다. 평소의 원만한 인간관계는 여간 어려운 협상의 문제에서도 결국에는 속내를 드러내 놓고 합리적으로 타결되기 쉽다. 창업을 한 후 창업가들이 협상을 함에 힘들어 하는 것은 전혀 거래관계나 인간관계가 이어져 오지 않는 첫 거래에서 더욱 힘들 수밖에 없는 것이다. 아무튼 창업후에 기업경영상 협상은 한번만 하고 마는 경우는 아주 드물다. 관련분야의 업종에 일을 계속하다 보면, 앞으로도 지속적으로 거래관계를 형성하게 되고 또한 지속적인 협상을 하게 될 수도 있다. 따라서 원만한 인간관계는 협상에서 무엇보다 중요한 자산이 되는 것이다.

3. 협상의 전략들

1) 상대방의 머릿속을 그려라

여기서 이야기하는 협상전략의 핵심적인 내용들은 약 30여권의 국내 외 협상관련 저서들을 참고로 하였지만, 그 중에서도 [어떻게 원하는 것을 얻는가? 스튜어트 다이아몬드, 김태훈 역, S.o, 2011]의 내용을 중심으로 요약하면 아래와 같다.

<협상의 전략들[15)]>

- 목표에 집중하라
- 상대의 머릿속 그림을 그려라
- 감정에 신경 써라. 즉 상대방의 감정을 보살펴라
- 모든 상황은 제각기 다르다는 것을 인식하라
- 점진적으로 접근하라
- 가치가 다른 대상을 교환하라
- 상대방이 따르는 표준을 활용하라
- 절대 거짓말을 하지 마라
- 의사소통에 만전을 기하라
- 숨겨진 걸림돌을 찾아라.
- 차이를 인정하라
- 협상에 필요한 모든 것을 목록으로 만들어라.

여기서는 특히 '상대방 머릿속 그림을 그려라'는 부분이 인상 깊게 다가오는데, 이는 항상 협상을 할 때는 상대방이 어떤 기분으로, 어떤 조건에서, 어떤 전략으로 나올지를 생각해서 응대하라는 것이다. 그러면 협상을 아주 원만하게 원하는 대로 이끌어 갈 수 있다는 것이다.

15) 어떻게 원하는 것을 얻는가? 스튜어트 다이아몬드, 김태훈 역, S.o, 2011

2) 객관적 기준을 제시하라

협상의 전술적인 측면에서는 주로 [협상의 10계명, 전성철. 최철규 저, 웅진윙스, 2009]를 참고하였는데, 이 저서에 있는 주요 내용은 아래와 같다.

<협상의 전술들[16)]>

- 요구가 아닌 욕구를 파악하라
- 창조적 대안을 제시하라
- 상대방의 숨겨진 욕구를 자극하라
- 윈 -윈 협상이 되게 하라
- 객관적 기준을 제시하라
- 합리적 논거를 활용하라
- BATNA(대안)를 활용하라
- 좋은 인간관계는 기본이다
- 질문으로 상대방의 정보를 파악해라
- NPT(협상준비서식지) 작성하여 꼼꼼히 준비하라

여기서는 주로 전술적인 관점으로 요구가 아닌 욕구를 파악하는 것을 상당히 중요하게 다루고 있으며, 필자 또한 동의하는 바이다. 즉, 요구는 그냥 표현된 마음에 불과하지만, 마음 깊은 곳에 있는 근본적인 욕구를 정확하게 파악하여 협상에서 대처할 때 성공적인 협상을 타결

16) 협상의 10계명, 전성철. 최철규 저, 웅진윙스, 2009

할 수 있다고 보고 있다. 또한 객관적 근거나 데이터의 제시를 중요한 핵심으로 보고 있으며, 이 역시 타당한 주장이다.

3) 첫 요구는 20% 이상 강하게 불러라.

아래 내용은 주로 저자가 37년간 국가공무원, 공기업 간부, 대기업 간부(경영자), 공단(전문위원), 대학교(교수) 등의 직업을 37년간 거치며 수많은 민원인 또는 조직 외부와 내부의 인사들과 실제로 협상을 하고, 또 협상을 공부하고, 연구하고, 가르치고 한 내용들을 정리한 것이다. 협상의 실전에 가장 많이 활용되는 기본적 테크닉은 다음과 같다.

<협상의 실전 테크닉[17]>

- 첫 요구는 크게, 기본보다 20%이상 더 강하게 불러라.
- 급하면 진다.
- 협상내용을 하나하나 메모에 적어라. 그리고 계약서는 내가 작성한다.
- 경청으로 정보를 파악하라.
- 양보는 갈수록 점점 더 작게 하고, 요구는 크게 하라.
- 숫자나 조건은 구체적으로 제시하라.
- 상대의 데드라인을 파악하라.
- 라포형성(우호적 분위기 조성)하고 협상을 시작하라.

---

17) 이 20가지 테크닉은 본 저자가 인제대학교와 경성대학교, 그리고 창원대학교, 중소기업진흥공단 청년 CEO 과정에서 5년간 강의와 실습의 과정에서 나온 노하우의 일부분이다.

- 힘들면 권한이 없다고 하든지, 연기하라.
- 돈으로 환산해서 설명하라.
- 야금야금 갉아먹기
- 이슈에는 강하게, 사람에겐 부드럽게
- 당근과 채찍을 활용하라.
- 미끼전술 활용
- 바기닝 믹스 활용 - 서로의 교환 가치 있는 것을 활용
- 논리적 근거, 데이터, 객관적 기준을 제시하라.
- 동료의 힘을 활용하라
- 협상 장소는 내 구역이 유리하다
- 유리한 시간과 장소를 활용하라.
- No는 No가 아니다. 그건 협상을 시작하자는 인사다.

2편 : 창업의 추진과정

5장 사업 아이템 선정

6장 사업타당성 분석

7장 사업계획서 작성

8장 자금 확보와 정부지원제도

9장 제품개발과 판로 확보

앞의 1편은 창업자에게 꼭 필요한 사업의 기초 부분으로, 1장에서는 창업시장 환경의 이해와, 창업의 중요성, 창업 동향과 혁신 그리고 간과하기 쉬운 기업가 정신에 대해서 살펴보았다. 이어서

2장에서는 창업의 기본적 절차를 알아보고, 이어 현 시대의 시장동향과 자신의 강·약점, 그리고 환경적인 위협요인과 기회요인에 대해 어떻게 접근할 것인가에 대한 분석해 보는 방법을 살펴보았다.

3장에서는 어떻게 하면 수익을 창출할 수 있을지에 대한 수익모델을 구축하는 비즈니스 모델에 대해 알아보았다.

4장에서는 창업가는 물론 모든 기업가에게 꼭 필요한 마케팅방법론과 창업서적에서는 누구도 취급하지 않는 창업자의 협상전략에 대해 알아보았다.

다음 2편에서는 사업 아이템을 선정해서 구체적으로 창업하는 과정을 평이하게 기술하려고 한다. 2편의 내용은 창업을 하고자 하는 일반인이나 학생들이 누구나 알 수 있는 내용이고, 또한 다른 저서에서도 거의 어디서나 찾아볼 수 있는 내용들이다. 이 부분은 특히 경성대학교 산학협력단 창업보육센터의 자료와 중소기업청, 그리고 중소기업진흥공단의 자료를 활용하여 젊은 창업인 들에게 직접적인 도움을 주고자 하였다.

5장 사업 아이템 선정

창업자는 우선 아래와 같은 개략적인 창업 순서를 염두에 두고, 창업을 진행시켜 나가야 한다.

1) 창업자 여건파악

창업자 자신의 여건을 면밀히 검토해 보아야 한다. 즉 창업의 성공 여부는 개인의 기질과 밀접한 관계가 있다. 즉 본인의 전문지식이나 능력, 근무 경험, 흥미, 성격, 적성 등을 객관적으로 파악해 볼 필요가 있다. 또한 자기 가족 등 주변의 환경 분석을 통해 적정한 창업 전략을 탐색한다.

2) 사업 아이템 선정

경기변동에 따른 업종 변화를 고려하여 성장률과 안정성이 높은 업종에 관심을 두고, 그 업종에서도 자신만이 특화할 수 있는 아이템을 모색한다.

3) 정보 수집 및 비교 분석

상품, 고객선호도, 가격 등에 대한 내부 정보와 경쟁업소, 주변의 배

후지 정보 등의 외부 정보를 확실하게 조사, 검토, 확인한다. 이 사전조사가 확실해야 성공가능성이 높다. 시간이 걸리더라도 주변 환경, 유동인구, 수요자, 경쟁관계 등을 철저히 조사 분석해야한다.

4) 창업 자금 및 사업성 분석

선정하고자 하는 사업 아이템에 적합한 초기 창업 자금은 확보할 수 있는 방안을 강구하고, 과연 사업이 될 만한지, 사업성 분석을 철저히 한다.

5) 사업 계획 수립

일단 선정한 사업 아이템의 정확한 정보 수집, 업종 사이클 상의 단계에 맞는 사업계획을 수립한다. 사업 아이템을 선정하였다 하여도 사업계획을 수립하는 과정에서 도저히 자신의 능력 밖의 변수가 있거나, 문제가 발생할 소지가 있을 경우에는 일단 창업을 보류하고 다시 처음부터 면밀히 검토해 본다.

6) 사업장 결정

입지의 중요성을 인식하여 최적의 위치를 선정한다. 특히 서비스업이나 소매점의 창업의 경우 사업장의 위치선정이 사업의 승패에 90% 이상의 결정적인 영향을 미칠 수 있다는 사실을 염두에 두고 사업장 선정에 신중해야 한다.

7) 창업 개시

매출액 예상, 수익성 검토 후 개업을 준비한다. 창업은 누구나 할 수 있지만 창업후의 성패는 주변 여건을 고려한 적절한 사업 아이템과 창업자 본인의 끊임없는 노력에 달려 있다.

1절 사업 아이템 선정의 절차

사실 사업을 함에 있어서 가장 중요한 선택이 사업 아이템의 선정이 아닌가 한다. 대부분의 경우에 사업 성패의 50% 정도는 사업 아이템 선정에서 결론이 난다고도 보고 있다.[18] 물론 이는 정확한 통계나 수치라고 할 수는 없지만 그만큼 사업 아이템의 선정이 중요하다는 데는 전문가들의 의견이 일치한다. 보통 사업 아이템을 선정하기 전에 창업자는 여러 가지 고민이 많고, 다양한 의견을 듣고, 또한 자신의 개인적 능력이나 자금조달 등의 제반 환경 여건 등을 감안하여 사업 아이템을 선정하게 된다. 여기서 사업 아이템 선정에 대해 구체적으로 살펴보기로 하자.

1. 창업 아이템 선정 방법

ⅰ. 성격이 아주 급한 사람이 느긋한 일을 하는 것은 맞지 않을 것이

18) 창업경영론, 강정우 외 12인, 도서출판 대명, 2009, P.75

다. 따라서 우선 자신의 성격을 먼저 파악하고 그에 맞는 업종을 고른다. 예를 들어 다혈질의 사람이 초등학생이나 여중학생들을 상대하는 문방구를 운영하는 것은 성격에 맞지 않는 일이다.

ii. 창업자 자신의 직장 경력, 특히 전문지식이나 인맥을 활용할 수 있는 업종이면 무난하다. 자기가 잘 아는 분야를 창업하는 경우가 자신이 잘 모르는 분야를 창업한 경우보다 실패할 확률이 다섯 배 정도 낮다고 한다. 다시 말해 자기가 아주 잘 아는 분야를 창업하는 것이 옳다는 말이다. 즉 피아노 학원을 운영하려면, 자신이 피아노를 잘 치고, 가르칠 능력이 있는 사람이 창업을 하는 것이 유리하다는 것이다.

iii. 자기가 가지고 있는 경영자원이 창업하려는 분야의 자금 및 기술 등에 적정해야 한다. 돈이 없는 사람이 공장을 지어 창업하겠다는 생각은 다시 고려해 보아야 할 것이다. 즉 자신의 경영자원이 자신이 구축하고자 하는 사업과 현실적으로 맞아야 한다.

iv. 자신이 창업하고자 하는 분야가 현 시대의 흐름에 적합한 분야가 좋다. 기술적으로나 사회 환경적으로나 시대의 변화를 반영하되 자기 자신이 적정하게 따라 잡을 수 있는 업종이어야 한다. 특히 급속하게 변화하는 기술 분야 등과 같이 자신이 따라갈 수 없는 분야이면, 아무리 좋은 아이템이라는 생각이 들어도 재고해 보는 게 좋다.

v. 가족의 협력과 지원을 받을 수 있는 업종이 좋다. 창업은 하루이틀하고 마는 취미활동이 아니라 생계를 보장해야 하는 업종이니만큼 가족들이 지속적으로 협조하고 응원할 수 있는 업종이어야 한다.

vi. 사회의 변화에 따라 지속적으로 성장 가능한 아이템이어야 한다. 사양길에 들어가는 분야의 아이템을 선정해서는 시간의 경과에 따라

점점 더 힘들어 지는 경우가 많다. 따라서 앞으로 크게 성장 할 수 있는 분야라면 더 좋다.

2. 창업 아이템의 유형

1) 새로운 시장의 형성

창업 아이템의 유형을 살펴보면 그 첫 번째가 새로운 시장을 형성할 수 있는 분야로, 기존시장에서는 존재하지 않는 제품과 서비스를 새로 공급하는 것을 말한다. 개인 창업자의 관점에서는 좀 더 새로운 시장을 형성하여 그 업종에 진출할 수 있다. 만약 어느 지역의 초등학교 주변에 음악학원이 아직은 없다고 가정해 보자. 그러면 개인 창업자의 입장에서는 그 학교 주변에 자신이 전공한 음악학원, 혹은 미술학원 등을 창업할 수 있을 것이다. 이렇게 하면 지금까지 존재하지 않았던 새로운 시장이 형성되는 경우가 된다.

2) 기존의 시장에 새로운 기술의 대두

새로운 기술의 발달로 새로운 제품과 서비스를 제공하여 공급하는 유형이다. 이는 주로 대기업 등에서 새로운 기술을 활용하여 제공하는 신상품이 이에 해당한다. 예를 들어 2009년 까지는 휴대폰이 거의 대부분의 이동통신 기기였다. 하지만 3년이 지난 지금은 거의 대부분의 사람들이 휴대폰이 아닌 스마트 폰을 사용한다. 전에는 TV를 보는 기능이 없었지만, 지금은 TV, 인터넷, 등은 물론 전에는 전혀 상상하지도 못했던 기능들이 새로이 삽입되어 활용되고 있는 것이다. 이런 경우는 새로운 기술을 활용한 시장의 변화라고 볼 수 있다.

3) 더 보완된 기능이나, 세분화 된 서비스의 제공

이 유형은 기존의 제품이나 서비스에 좀 더 새로운 방식이나 혜택을 제공하는 것으로 수많은 틈새시장이나 리치산업 등이 이에 해당된다. 이는 기존의 시장에 좀 더 세분화되어 나타나는 틈새시장이 주로 이에 해당되며, 부가된 기능이나 혹은 세분화된 서비스 등이 이에 해당된다. 예를 들면 불과 수년 전만해도 '네일 아트'라는 업종이 무엇을 하는 업종인지 잘 알지 못했다. 그건 미용실이나 피부 관리 숍에서 함께 해주던 손톱 소제하는 서비스가 그것만이 분화되어 하나의 산업으로 어엿하게 분리 된 경우이다.

이 처럼 창업 아이템이 점차 세분화, 복잡화 되어가는 것이 현 시대의 추세로 보인다. 앞으로도 더욱 세분화 된 제품이나 서비스가 나타날 것으로 보여 지며, 창업을 한 이후에도 관련 인근분야의 산업이 어떻게 변해 가는지는 꾸준히 그리고 관심 있게 살펴볼 일이다.

3. 창업 아이디어를 얻는 방법

창업 아이디어를 얻는 방법으로는 여러 가지가 있을 수 있다. 그러나 가장 보편적으로는 자기의 관심 분야에서 창업 아이디어를 얻기가 쉽다. 왜냐하면 관심 있는 분야는 아무래도 지속적으로 꾸준히 생각하고, 연구하고, 그리고 자료를 찾기가 쉽기 때문이다.

여기서는 창업아이디어를 얻는 보편적인 장소나 방법 등을 알아보자.

1) 전 직장

사람들은 자기가 전에 근무한 혹은 지금 근무하고 있는 직장에서 사업아이디어를 얻는 경우가 많다. 특히 엔지니어 출신의 기술자들은 자기가 전 직장에서 제안했거나 혹은 제안하려고 한 기술이나, 제품 혹은 개선 방법들에 대한 기술과 노하우를 가지고 있다. 그것으로 독립해서 창업을 하는 경우가 많다. 그 외에도 전에 근무하던 직장에서 체득한 노하우, 예를 들어 영업직원으로 근무하던 사람이 그 회사를 퇴직한 이후에 영업판매회사를 차리는 방식으로, 전 직장에서 배운 기술이나, 경험, 노하우 등을 활용하여 창업하는 경우가 많다.

2) 사업설명회 초청

이는 주로 새로운 아이템에 대한 사업설명회 등에 참석하여 사업 아이템에 대한 지식을 얻고, 그것을 사업화 시키는 경우이다. 주로 프랜차이즈 등의 사업설명회나 어떤 분야의 대리점 모집 등의 방법으로 접근하여 그 사업을 시작하는 계기가 되는 것이다.

3) 권리나 자격의 취득

어떤 분야의 특별한 기술이나 혹은 디자인 등으로 특허나 혹은 실용신안 혹은 의장의 등록을 받아 특허권적인 권리를 취득하였을 경우나 혹은 어떤 사업이 가능한 자격증을 취득하였을 경우, 창업을 생각해 볼 수 있다. 더 간단히 생각해보면, 명예퇴직을 한 직장인인 경우 특별한 기술이나 능력이 없어도 우연히 따 놓은 공인중개사 자격을 활용하여 부동산 중개업을 창업하는 경우를 생각해 볼 수 있다.

4) 우연한 기회

사업을 하는 도중 우연히 다른 분야의 길을 찾아 창업을 하는 경우도 있다. 이는 자영업을 하는 사람이 자신이 지금 하고 있는 사업 이외에 우연히 어떤 아이템을 보고 저 사업이 되겠다 싶어 창업을 하는 경우이다. 또한 주위에서 갑자기 매물로 나온 가게를 인수받아 (예를 들면 문방구를 운영하는 주인이 이웃 서점을 인수 받아 사업을 하는 경우) 창업하는 경우도 있다.

5) 취미생활

바둑을 취미로 하는 명예퇴직자가 처음에는 별로 관심이 없었으나, 막상 명예퇴직을 하고 보니 딱히 할 일도 없어 평소에 좋아하는 바둑이나 실컷 두자는 마음이 있었는데, 조그마한 기원을 오픈하여 사업을 시작하는 경우이다. 취미를 창업으로 연계시키는 경우는 이외에도 등산용품이나, 낚시용품 등을 창업하는 사람들의 상당수가 자신의 취미생활을 창업의 아이템에 연결시키는 것으로 이는 바람직한 결과를 기대하게 한다. 무엇보다 취미생활을 오랫동안 해 오다보니 그 방면에는 아는 지인이 많아 인적 네트워크가 연결되기 쉽고, 또한 취미활동으로 하던 일이라 일을 즐겁게 지속적으로 할 수 있다는 장점이 있다. 자기가 좋아하는 일을 하니 남보다 더 열심히 노력하고, 아는 지인이 많아 인적인 네트워크가 형성되니 소규모 사업하기에는 나름대로 강점을 보유하는 결과를 가진 것이라 볼 수 있다.

6) 인맥과 만남 (금융가, 투자가 등)

이는 처음에는 별로 창업에 관심이 없었으나, 아는 지인의 소개, 또는 같이 근무하는 직원에게로 좋은 기회가 주어지는 경우로, 회사를 정리하려는 사주가 착실하고 평소 공로가 많은 직원에게 회사를 싼 가격으로 넘기는 경우가 있다. 혹은 친척중의 누군가가 자신이 하는 사업을 접고, 더 큰 사업을 하기위해 일을 맡기는 경우가 발생하기도 하고, 빌려준 돈을 회수받기가 곤란해 해당하는 사업체를 인수 받는 경우도 있다. 이런 경우에는 어쩔 수 없이 인수받아 사업을 운영하는 경우이긴 하지만, 이런 경우에도 이미 구축된 사업이기 때문에 잘 운영하여 회사를 살리는 경우도 많다.

7) 계획적 탐색(박람회 등)

창업을 위해 지속적으로 박람회나 혹은 사업설명회 같은 곳을 탐색하여 사업의 아이디어를 얻어 창업을 하는 경우이다. 이는 프랜차이즈 등의 경우도 있으나, 그렇지 않고 평소 관심 있는 분야의 박람회 등에 참석하는 과정에서 아이디어를 얻어 창업하는 경우도 있다.

2절 사업 아이템 선정 전략

창업을 함에 있어 그 핵심요소는 5W 1H로 나타날 수 있다. 즉

- Who : 사업주체, 사업적성 및 경영능력 보유(동업관계, 조직 및 인력 구성)
- What : 내게 맞는 아이템 선정 (평생을 투자해도 아깝지 않을 아이템 찾기, 5~6년에 트렌드 변화)
- When : 창업 시기 결정 (비전을 담은 사업계획서 작성)
- Where : 좋은 점포입지 결정 (위치, 크기, 인테리어, 설비 등을 사전에 파악)
- How : 자금조달 및 최적 사업 규모 결정, 사업형태 결정, 경영 및 사업전략 결정
- Why : 사업목적, 경영철학의 결정으로 나타낼 수 있다.

여기에 사업의 주체나 아이템, 자금, 전략, 기업형태 등 모든 주요

내용이 다 포함되어 있다고 할 수 있다. 여기서는 사업의 핵심 내용인 아이템 선정에 대해 살펴보기로 한다.

1. 사업 아이템 선정 순서

창업하고자 하는 아이템을 선정하는 순서는 아래와 같이 생각해 볼 수 있다. 즉

1) 창업정보의 수집

우선, 창업하고자 하는 업종에 대한 정보를 수집한다. 즉 신문의 광고를 분석해 볼 수도 있고, 창업 일자리 방송 혹은 경제 방송 등에서 창업의 정보를 얻을 수도 있다. 특히 인터넷이나, 창업 사이트, 혹은 창업 강좌 등에서 정보를 얻을 수도 있다. 또한 잡지나 전문서적 등에서도 창업에 관한 정보를 수집할 수도 있다.

2) 관심 있는 업종 선정

관심 있는 업종 중에서 가장 자신의 여건과 합당하고 자기 스스로가 자신이 있다고 판단되는 아이템을 2~3개를 선정한다. 물론 이때는 시장성, 성장 가능성, 자신의 자금력, 기술력, 경영능력, 마케팅 능력 등을 고려해서 평가를 해야 할 것이다. 능력도 되지 않는 사람이 지나친 욕심으로 좋은 것만 찾다가는 힘든 경우를 만날 수도 있는 것이다. 그

리고는 그 분야의 창업을 하고 있는 기존기업의 창업자나, 혹은 체험자 또는 그 분야를 그만둔 경영자, 또는 현재 그 분야에 종사하고 있는 종사자들을 만나 정확한 자료들과 현 업계의 이야기를 들어 보아야 한다. 특히 그 분야의 사업을 그만둔 창업자나 퇴직한 종사원의 의견도 들어보는 것이 좋다.

3) 사업 아이템에 대한 구체적 정보 수집 및 정밀분석

2~3개의 사업 아이템에 대해 구체적인 정보를 수집하고 정밀하게 분석해야 한다. 아이템은 한번 결정하고 나면 거의 변경하기가 불가능에 가까우니 만큼 결혼을 위해 배우자를 선택한다는 마음으로 분석을 해봐야 한다. 또한 이 때 창업전문가에게 의뢰해 2~3개의 아이템에 대해 전문가의 의견과 판단을 받아보는 것도 중요하다. 창업을 컨설팅하는 사람들은 전문적으로, 그라고 직업적으로 그 일을 계속해 왔기 때문에 아무래도 생각하는 범위나 보는 폭이 훨씬 다채로울 수 있다. 이 때 물론 적정한 비용을 지불하는 것이 훨씬 신뢰성을 제고할 수 있다. 대부분의 예비 창업자들은 정작 중요한 컨설팅 비용은 말 몇 마디 해주는 것으로 생각하고 점심 한 끼로 때우려는 사람들이 많으나, 이건 자신의 사업을 위해서도 결코 바람직하지 않다. 만약 다음에 정말 중요한 결정이나 위기에 처했을 때 정작 손을 내밀기가 힘들어 진다.

4) 사업 타당성 분석

사업 타당성 분석에 대해서는 다음 5장에서 별도로 심도 있게 살펴

볼 것이다.

2. 최적 아이템 선정 전략

이젠 마침내 최종적으로 단 하나의 아이템을 가지고 사업을 하겠다는 결정을 해야 한다. 이것도 하고 싶고, 저것도 하고 싶은 마음은 다 있겠지만, 하나를 선택했다면 다른 것은 포기하는 것이 좋다. 이건 결혼과 비슷한 경우라고 할 수 있다. 그럼 최적의 사업 아이템을 선정하는 보편적인 원칙을 살펴보자. 여기서 이야기하는 내용은 보편적으로 이렇다는 것이지 반드시 이 기준을 지켜야 한다는 식의 내용은 아니다.

1) 사업 아이템 선정 원칙과 기준

여기서는 그 아이템의 상품성, 시장성, 수익성, 안정성 등을 기본적으로 상세히 살펴볼 필요가 있다. 즉

i. 앞으로의 직속적인 성장가능성이 있는가?

ii. 창업자의 전문지식이나 직장 경험, 혹은 특징을 잘 활용할 수 있는 분야인가?

iii. 적은 비용으로 투자해도 실패의 위험은 적은가?

iv. 별도로 공장을 설립해야 하는가 아니면 아웃소싱이 가능한가?

v. 중소기업만이 할 수 있는 아이템으로 대기업이 참여하기 곤란한가?

vi. 창업자의 자기자본(소자본) 규모에 적당한가?

vii. 현 상황에서 시장의 수요와 시장성이 충분한가? 혹은 1~2년 내에 수요가 형성될 수 있는가?

viii. 투입비용에 비해 수익성은 높은가?

ix. 일시적인 유행에 그치는 분야는 아닌가?

x. 별도의 인·허가를 받아야 하는 업종이 아닌가? 만약 인·허가를 받아야 한다면 그 구비 요건은 어떠한가?

xi. 창업자의 성격이나 적성에 맞는 업종인가?

xii. 최대한 빠른 시일 내로 흑자 경영이 가능한가? 늦어도 2~3년 내에 흑자실현이 가능한가?

<표 5-1 사업 아이템의 검토사항[19]>

주요 항목	평가요소	세부검토사항
상품성	상품의 적합성	1)창업자가 잘 아는 제품인가?
		2)상품이 비필수품이거나 사치품은 아닌가?
	상품의 독점성	3)창업 중소기업의 참여를 배제하는 사실상의 독점은 없는가?
		4)정부의 인·허가에 의해 실제 창업이 제한되어 있지 않은가?
시장성	시장의 규모	5)예상되는 고객의 수는 어느 정도인가?
		6)국내 및 해외시장의 규모는 금액으로 어느 정도인가?
	경쟁성	7)경쟁자의 세력 및 지역별 분포는 어느 정도인가?
		8)경쟁제품과 비교했을 때 품질과 가격관계는 유리한가?
		9)판매 유통이 용이하며, 물류비용이 저렴한가?
	시장의 장래성	10)잠재고객수의 증가는 있는가?
		11)새로운 창업기업의 침투 가능성은 있는가?

19) 창업실무, 김진영 외 7인, 한국창업컨설팅협회, 2009, P.103

		12)소비자 성향이 안정적이고, 필요성이 증가하는가?
수익성	제품생산	13)적정 비용으로 제품을 생산할 수 없는 요인이 있는가?
	비용의 효익성	14)생산 공정이 복잡하지 않고, 효율성은 있는가?
	적정이윤 보장성	15)원자재 조달이 용이하고 값은 안정적인가?
		16)필요한 노동력 공급은 용이하고 저렴한가?
		17)제조원가, 관리비, 인건비 등 공제 후 적정비용은 보장되는가?
안정성	위험수준	18)경제순환과정에서 불황 적응력은 어느 정도인가?
		19)기술적 진보수준은 어느 정도이며, 기술적 변환에 쉽게 대처할 수 있는가?
	자금투입의 적정성	20)초기 투자액은 어느 정도이며, 자금 조달은 가능한 범위인가?
	재고수준	21)이익이 실현되는데 필요한 기한은 어느 정도이며, 그동안 자금력은 충분한가?
		22)원자재 조달, 유통과정상 평균제고 수준은 어느 정도이며, 재고상품의 회전기간은 어느 정도인가? 23)수요의 계절성은 없는가?

<표 5-2 사업 아이템 선정기준[20]>

구분	선정기준
적성·능력의 적합 여부	1) 적성 및 성격에 맞는가?
	2) 건강유지 능력은 있는가?
	3) 해당업종의 경험 또는 사업수행 능력·지식·유무?
	4) 해당업종의 창업자금 조달 능력은 양호한가?
시장성, 입지성 전망	5) 해당지역에서의 시장분석 상 입지가 해당 업종에 적합 한가?
	6) 사업발전 단계상 도입기, 성장기 업종인가?
	7) 해당업종의 시장 규모가 커지고 있는가?
	8) 시장의 경쟁현황과 전망은 양호한가?

20) 창업실무, 김진영 외 7인, 한국창업컨설팅협회, 2009, P.114

수익성 양호 여부	9) 투자비용에 비해 수익전망은 양호한가?
	10) 손익분기점은 얼마이며, 언제 도달 가능한가?
	11) 2~3년 내에 흑자실현은 가능한가?
	12) 인테리어공사 등 고정비가 권리금화에 유리한가?
상품성 우수 여부	13) 고객입장에서 가격에 비해 유리한 상품인가?
	14) 고객에게 인기도와 경쟁력이 있는가?
	15) 영업 및 A/S는 가능한가?
	16) 상품조달 및 공급은 용이한가?
위험 요소 여부	17) 해당 업종 인·허가 문제에는 미비한 점은 없는가?
	18) 경쟁업체 및 거래업체와의 분쟁 소지여부는?

6장 사업타당성 분석

1절 사업타당성 분석 방법

1. 사업타당성 분석 정의

창수는 돈 1,000만원을 들고 창업을 하려고 한다. 우선 무슨 사업을 할까? 고민하다 적당한 아이템으로 [방문 기업체 교육 사업]을 하기로 하였다. 이 사업을 하기로 아이템이 정해졌다면, 그 다음에 그가 해야 할 것은 무엇을 하여야 할까? 우선 이 사업이 정말 타당한지에 대한 사업타당성 검토를 해봐야 할 것이다.

사업타당성 분석(feasibility Analysis)이란 하고자 하는 사업이 성공의 가능성이 있는지를 파악하기 위하여 자신의 사업수행능력이나, 사업의 시장성, 수익성, 경제성, 기술성, 등을 분석해 보는 것으로, 제반 자원을 활용하여 사업이 지속적으로 경영해 나갈 수 있는지를 분석해 보는 것을 말한다. 사실 이 사업타당성 분석은 창업이나 신규 사업을 전개할 때, 많은 경우의 수를 고려해 봄으로써 사업의 실패로 부터 지켜줄 수 있는 좋은 사전 장치라고 할 수 있다.

2. 사업타당성 분석의 필요성

사업타당성을 분석하는 이유는 한 마디로 망하지 않고, 회사가 잘 성장해 갈 수 있을지에 대한 염려로 한다. 즉 사업의 타당성을 분석해 봄으로서 자기가 하려는 사업이 정말 사업성이 있는지의 객관적 판단을 내릴 수 있다. 물론 이는 냉정하게 하나하나 판단해야 하겠지만, 이는 가능하면 객관적으로 그리고 보수적으로 접근해 보는 것이 좋다. 사업이란 시작하긴 쉬워도 빠져 나오기는 쉽지 않다. 특히 손해 보지 않고 빠져나오기는 더 어렵기 때문이다. 잘못하면 자신의 경제적 타격은 물론 부모님이나, 친 인척 심지어는 처갓집까지 힘들게 하는 경우가 있다. 따라서 사업타당성을 검토할 때부터 보수적으로 접근하는 게 중요하다.

ⅰ. 창업자의 주관적 관점이 아닌 객관적이고 체계적인 접근으로 신규 사업 또는 창업의 성공률을 높일 수 있다.

ⅱ. 창업자들은 사업타당성 분석을 통하여 자신이 구상하고 있는 기업의 제반 구성요소들을 정확하게 인지, 파악하여 창업에 대한 확실한 마인드를 구축할 뿐만 아니라, 창업 도중에 발생할 수 있는 여러 가지 문제점을 예상할 수 있다.

ⅲ. 창업자가 확실하게 제시할 수 없는 제품의 문제점, 예를 들어 원자재의 수급, 제품의 조달, 혹은 시장의 문제점, 혹은 수익성 그리고 자신이 준비하는 자금의 계획 등, 여러 분야에 대한 세세한 부분까지 분석을 해 봄으로써 해당업종에 대해 미처 깨닫지 못한 세부사항의 문제

점들을 사전에 인지하여 이 문제점들을 예방하고, 혹은 관심을 기울려 효율적으로 창업을 할 수 있게 한다.

ⅳ. 창업자는 자신이 설립하고자 하는 기업의 제반 구성요소 들을 정확하게 파악하고, 문제점을 사전에 인지함으로써 사장으로서의 경영 능력을 키워 사업을 해 나가는데 있어 훨씬 합리적인 판단과 결정을 할 수 있게 된다. 또한 잘 모르는 분야에 대한 지식이나 노하우를 사전에 습득하려는 노력을 기울려 신규 창업하는 회사의 기틀을 마련하는데 큰 도움이 될 수 있을 것이다.

1) 얼마나 팔리겠는가?

만약 1,000만원을 가지고, 방문기업체 교육 사업을 시작했을 경우, 가장 문제가 되는 것이 우선 이 사업이 얼마나 팔리겠는가의 문제이다. 즉 이 사업으로 얼마나 많은 고객을 확보할 수 있을 것인가, 즉 회원들을 얼마나 모집하여 교육 서비스를 판매하여 월수입을 얼마나 올릴 수 있을 것인가가 가장 기본적으로 문제가 된다. 즉 얼마나 팔리겠는가의 문제이다.

2) 기술적으로 타당한가?

그 다음은 기술적으로 타당한가의 문제가 대두될 수 있다. 위의 예에서는 회원사에서 요구하는 내용의 교육 서비스를 제공 할 수 있는가의 문제이다. 만약 협상에 관한 강의를 기업체가 요구하고 있을 때 과연 그런 교육 서비스를 제공할 능력이 있는가의 문제이다. 혹은 수요자가 필요로 하는 생산품이나 서비스를 생산해 내는 기술분야의 교육이 현실적으로 실현 가능한지에 대한 문제이다.

3) 소요자금은 얼마인가?

그 다음으로 생각해 볼 수 있는 것이 우선 1,000만원으로 사업을 할 수 있는지, 즉 준비된 소요자금으로 가능하냐의 문제가 대두된다. 즉 소요자금이 얼마나 필요한지에 대한 추정치를 계산해 봐야 한다. 위의 예처럼 방문기업체 교육 회사를 개업하자면, 운용 사무실, 컴퓨터, 빔 프로젝트, 빔 프로젝트 보드, 전화기, 인터넷, Fax 등이 기본적으로 있어야 할 것이다. 그 다음 영업사원 1명은 있어야 할 것이다. 이 때 소요되는 자금은 위의 사무실 비용을 별도로 한다 해도 컴퓨터, 빔 프로젝트, 빔 프로젝트 보드 등의 구입비가 우선 필요할 것이다. 이처럼, 소요되는 인건비와 최소 자금을 산출해 보고, 사업의 타당성을 따져 보아야 할 것이다.

4) 수익성은 어떠한가?

그 다음 따져 보아야 할 것이 수익성이다. 월 매출은 얼마정도인데, 소요되는 경비는 얼마가 되고 이익금은 얼마나 남을지 등을 아주 보수적으로 접근해서 계산해 볼 필요가 있다. 또한 이렇게 경영할 경우 언제쯤이면 손익 분기점을 넘어설 것인지 등이 중요하다.

2절 사업타당성 분석의 평가 요소

사업타당성의 필요성을 인지하고는 사업타당성 분석에 착수할 때 기본적으로 두 가지로 크게 나누어 접근 할 수 있다. 하나는 내부적 능력의 파악으로, 창업자의 개인적인 창업 수행능력 및 적합성을 따져봐야 하고 또한 창업자가 조달 할 수 있는 자금 조달 능력 등도 따져 봐야 한다.

또 하나는 사업을 수행해 나가는데 외부적인 요소들, 즉 창업자의 개인적인 노력만으로 달성하기 어려운 외부 환경적인 요인들도 분석해 보아야 한다. 즉

ⅰ. 창업자의 역량 파악 - 사업계획 수행능력 및 적합성

ⅱ. 시장성의 분석

ⅲ. 소비자 분석

ⅳ. 수익성, 경제성 분석

ⅴ. 자금 조달 능력 등을 고려해 보아야 한다.

1. 창업자의 역량 파악 - 사업계획 수행능력 및 적합성

이는 창업만이 아니라 세상의 어떤 일을 하더라도 결국은 그 일을 하는 사람의 역량에 따라 과정은 물론 결과가 달라진다. 우리가 만약 그림을 그리는 화가라고 하자. 화가마다 자기가 잘 그리는 분야의 그림이 있을 것이다. 특히 오랜 경험과 경륜을 지닌 대가의 반열에 오른

화가가 그려내는 그림은 뭔가 특별한 것이 있을 것이다. 똑같이 주어진 종이와 화필과 도구들을 사용하지만, 그 사람의 역량에 따라 수억 원을 호가하는 그림이 나올 수도 있지만, 직업적인 화가가 그려도 수십 만원에 불과한 그림이 나올 수도 있다. 이건 결국 역량의 차이인 것이다. 창업을 한 후, 힘들게 기업을 경영하여 이윤을 내고, 인력을 고용하여 국가와 사회에 이바지하는 것 역시 결국은 사람의 능력 차이라고 볼 수 있다. 즉 창업을 하는 창업가는 사업을 계획하고, 그 계획을 수행해 나갈 수 있는 능력을 지니고 있어야 하며, 자신이 창업한 그 업종에 대한 지식, 경험 및 관련 분야의 제반 정보를 지니고 있어야 할 것이다. 아울러 탁월한 통찰력이나 예지력까지 지니고 있으면 더 좋다. 또한 그 사업에 참여하는 직원들의 능력 역시 아주 중요한 사업수행 능력의 한 부분인데, 이러한 탁월한 인재를 선발하고 그들을 교육시키고 적정한 임무를 부여하고, 그들의 능력을 끌어내는 것 역시 창업자의 사업역량의 일부인 것이다.

2. 사업자의 사업 수행능력 평가 항목

사업자의 사업 수행능력을 알아보기 위해서는 여러 가지를 알아보아야 하는데, 보통 다음과 같은 항목들을 알아본다. 그런데 만병통치약이 없듯이 완벽한 수행능력을 지닌 창업자는 존재하지 않는다. 그러나 가능하면, 모든 분야에 대해 긍정적인 요소가 많은 창업자가 훨씬 창업성공의 가능성이 많은 것 또한 사실이다.

1) 사업자의 적성 및 자질

사업자 개인이 선천적으로 타고난 그 사람의 적성 및 자질을 알아보아야 한다. 즉 이에는 그 사람의 어떤 성품, 즉 그가 지닌 가치관이나 신념 체계, 즉 모험심이나 의지력, 리더십, 그 사람의 스케일, 가능성에 대한 집념 등을 파악해야 한다.

2) 지금까지의 경험 및 지식과 인맥 등

사업자가 공부해온 전문분야의 지식이나, 혹은 지금까지의 직장생활 혹은 학교생활, 더 나아가 군대생활 등에서 체득한 경험 등이 중요하다. 즉 그가 창업하려는 분야에서의 경험, 학문과 지식, 교제하는 사람들의 부류와 교제 폭과 깊이, 또한 창업 환경을 둘러싸고 있는 다양한 인과 관계 등, 창업자 주위의 사회적, 물리적 환경도 아주 중요하다.

3) 업무수행 능력

이는 한 마디로 경영능력이라고 말할 수 있는데, 우선 회사를 경영하는 경영능력과 변화하는 경영환경에 대처하는 경영분석 및 판단능력이 중요하다. 또한 창업후에 그 동료 혹은 부하직원들을 통솔하고 통제 할 수 있는 능력도 평가해 보아야 한다. 아울러 회사를 발전시키고 혁신 할 수 있는 서비스 및 기술 혁신 능력도 갖추고 있는지를 평가해 보아야 한다.

3. 시장타당성 분석

1) 시장성 분석

사업은 혼자 하는 게 아니다. 내가 만든 서비스나 상품을 누군가는 사 줘야 한다. 다시 말하면 제품이나 서비스가 판매되지 않는다면 아무리 좋은 서비스나 상품을 만들어도 헛일이다. 사실 대부분의 엔지니어 출신 창업자들은 자신의 특화된 기술하나로 그 시장을 석권할 수 있다는 순진한 자신감을 가지는 사람이 많다.

필자의 학생 한 명이 정부지원금과 자신의 자금을 합쳐 약 9천만 원의 자금으로 몇 번의 시행착오 끝에, 회심의 제품을 만들었다. 그는 원가를 절약하기 위해 중국에서 원자재를 들어 와서, 시제품을 5개 만들었다. 나는 처음부터 아이템을 바꾸자고 제안 했으나, 본인은 이 제품을 위해 10년 다닌 직장까지 그만두고 창업을 위해 뛰어들었으니 만큼, 반드시 시제품이 완성되면 잘 될 것이라며, 자신감을 가지고 시제품을 완성하였다. 본인은 한 개당 40만원을 받을 계획이라고 했다. 나는 내가 책임 질 테니, 2주간의 기간 동안에, 한 개당 20만원이라도 팔아보라고 주문했다. 2주후에 멘토링을 위해 다시 만났는데, 40만원은 고사하고 20만원으로도 한 개도 못 팔았다고 했다. 그러면서 하는 말이 "아! 교수님……. 정말 이해가 안 되네요……." 물론 본인이 그 시제품을 만들기 전에 나름대로 시장조사도 했고, 또 그 제품을 만들기 위해 혼신의 힘을 다했다. 하지만, 그 후에도 결코 판매가 잘 되지 않았다. 물론 그 창업자는 그 제품은 포기하고, 지금은 다른 제품을 연구개발 중이다.

흔히 창업자들은 자신의 상품이나 서비스를 출시하면 대박이 날 것으로 생각한다. 그러나 결코 그렇지 않다. 제품에 대한 능력이 있어도 시장에 대한 능력이 없으면 안 되는 것이다. 시장분석에 대한 내용은 아래와 같은 사항들이 포함되어야 한다.

(1) 수요자 분석

주된 소비자가 누구인지, 소비량이 얼마나 되는지, 소비 총액은 얼마나 되는지, 선호하는 제품의 가격대는 어느 정도인지 등을 파악해야 한다. 특히 이 제품의 라이프 사이클이 현재 어디에 위치하고 있는지 등을 면밀히 검토해야 한다. 예를 들어, 스마트 폰에 디지털 사진기가 다 부착되어 있는데, 디지털 사진기 판매 사업을 하겠다면 말려야 하지 않겠는가?

(2) 공급자 분석

시장에 공급하는 경쟁자의 분포상태는 어떠한지, 경쟁자의 제품은 어떤 것이 있으며, 그 제품의 판매가격과 품질은 어떠한지, 더 나아가 경쟁자의 판매 전략은 무엇인지 등을 파악해야 한다.

(3) 시장의 제반 특성

이는 시장의 지리적 위치, 그리고 대금 결재방법, 유통방법, 제품의 수송방법, 운임 등 일반적인 거래의 관행들에 대해서도 알고 있어야 한다.

(4) 매출 추정

제반 사항들을 고려할 때, 생산품에 대한 총 수요량과 금액, 그리고 시장 점유율 등을 추정한다. 물론 이를 지역별, 시기별, 생산품 별로 수요량과 금액을 추정해서 사업계획서를 세울 때 참고한다.

(5) 판매비 추정

목표로 하는 총 매출을 달성하기 위해 필요로 하는 인건비, 광고 선전비 등 제반 판매경비를 추정해 내야한다. 특히 홍보 마케팅 관련 경비가 상당히 많이 소요되는데 이에 관해서도 어떻게 할 것인지 등의 계획을 세우고 경비를 따져 보아야 할 것이다.

이 시장분석에 대해 처음부터 완벽할 수는 없지만, 최대한 실제적인 근거로 분석해 보아야 한다. 가능하면 보수적으로 접근하는 것이 좋다. 즉 이렇게 최소한의 기대치로 시장 분석을 한다 해도 세계 경제가 어떻게 변할지, 또 어떤 경쟁 제품이나 서비스가 튀어나올지 모르는 것이다. 따라서 시장타당성 분석 등을 할 때도 가능하면, 보수적으로 접근하는 것이 좋다.

2) 소비자 분석

지금 내가 창업관련 책을 쓰고 있다. 그러면 일단 저자의 입장에서는 이 책을 구매할 소비자가 누구인가부터 따져 보아야 한다. 우선 창업을 공부하는 대학생이 소비자가 될 수 있고, 곧 명예퇴직을 하게 되는 직장인일 수도 있고, 현재 창업을 위해 준비하고 있는 예비 창업자일 수도 있다. 또한 막 창업을 해서 사업을 키워보려는 창업초창기의 창업자일 수도 있다. 이미 창업을 했다고 해서, 창업관련 서적을 보지 않는다고 할 수는 없다. 창업후에 생각보다 사업이 본궤도에 오르지 못할 때, 창업관련 서적을 펼쳐놓고 하나하나 따져보면, 크게 도움을 받을 수도 있는 것이다. 이렇듯 하나의 서비스나 제품을 만드는 사람도 그 소비자를 생각해서 그들에게 최적의 제품을 선사하기 위해서 노력한다. 창업자는 자신의 사업에서 그 사업을 지탱시켜줄 소비자의 행태나 조건, 나이, 성별, 취향, 직업 등 제반 사항들에 대해 조사를 해서 그에 적합한 전략을 수립해야 하는 것이다.

아무리 좋은 촘촘하고, 단단한 그물을 만들었다 할지라도, 고기가 없는 강가에 그물을 던져서는 고기가 잡히지 않는 법이다. 이는 모든 사업에는 수요가 있는지, 그리고 그 수요의 특성이 무엇인지 등을 파악해 보아야 하는 것이다. 즉 사업에는 소비자의 분석이 반드시 뒤따라야 한다. 특히 자기 제품을 구매하는 소비자의 변화하는 취향이나 성향, 제품의 소비행태와 소비규모, 더 나아가 구매동기와 재 구매 시까지의 경과 시간 등도 분석해 보아야 한다. 또한 일시적 구매이지, 혹은 정기적 구매인지, 또는 새로운 구매자가 어떻게 하면 나타날 것인지, 또 1회의 소비단위는 얼마인지, 몇 개씩 포장을 하면 소비자가 더 좋아하는지 등에 대한 조사도 있어야 한다. 아울러 소비가 어떤 계절적 요인의 영향을 받는지, 특히 어떤 기념일이나, 어떤 행사가 있을 때 특별한 소비가 발생하는지 등에 대한 조사도 필요한 것이다. 사실 이 계절적 요인이 결코 무시할 수는 없다. 크리스마스 연하장이나, 11월11일에 잘 팔리는 제품은 1년 중 그 며칠 동안에 팔리는 제품이 1년 전체 매출의 절대량을 차지하는 것이다.

(1) 판매가능 수요예측 분석

시장의 분석에서 가장 중요한 것은, 고객에게 판매되는 상품의 수량이 1년에 몇 개, 혹은 금액으로 얼마 정도가 팔릴지에 대한 수요예측이 중요하다. 이 예측치를 기준으로 생산계획, 판매계획, 인력계획, 자금조달계획 등을 수립할 수 있기 때문이다. 사실 이 수요예측이 잘 맞아 들어가면, 기대한 대로 계획성 있는 사업을 운영할 수 있다.

(2) 제품의 가격분석

시장에서 판매되는 제품의 구매에 가장 큰 효과를 발휘하는 것은 가격이다. 이미 앞에서 설명한바 있지만, 어떤 제품이든 첫째 품질이 좋든지, 둘째 가격이 싸든지, 셋째 서비스가 좋든지(편리하든지, 빠르든지) 하면 구매가 일어난다. 특히 경쟁상품에 비해 동일 품질에 가격이 싸면 시장성이 있는 것이다. 신제품일 경우 이 가격을 처음에 얼마로 책정할 것인가에 따라 향후의 여러 가지 변수가 작용할 수 있어 신중한 검토가 필요하다.

4. 기술적 분석

기술적 분석이란 한마디로 창업자가 만들고자 하는 제품을 현재 자신의 기술적 능력으로 만들 수 있는가의 문제이다. 물론 제품을 제작할 때 활용하는 기술이 협력업체나 혹은 외주를 줄 수도 있지만, 그런 것들을 포함해서 기술적인 능력을 보유하고 있는지에 대한 분석이다. 사실 기술적으로 전혀 실현할 가능성이 없는 제품을 만들겠다고 하면 그것 자체가 한마디로 상상이나 공상에 불과한 이야기겠지만, 기술적으로 구현할 능력이 있는 것과 지금 당장 창업자가 그 기술을 활용하여 어떤 제품을 만드는 것과는 또 다른 이야기다. 일단 그 기술이 구현 가능하고, 창업자의 능력으로, 혹은 외부의 힘을 빌려서라도 기술적으로 구현 가능하다면 일단 기술적 분석으로는 타당하다고 할 수 있다.

그런데 창업을 하는 엔지니어들의 특히 착각하기 쉬운 것이 특허나 혹은 실용신안이 등록되었다면, 일단 그 기술로 제품을 만들어 내면 대박이 나지 않겠느냐는 착각을 하는 것이다. 특허나 실용신안 등은 연구실에서 연구한 내용이 특허나 실용신안으로 등록이 되었다는 것일 뿐, 그것 자체는 사업성과는 별로 관련이 없는 것이다. 물론 특허를 취득한 것이 혹은 발명대회에 나가 대상이나 금상을 받았다는 것이 제품의 마케팅에는 크게 도움이 될 수 있다. 그러나 그것이 사업성이 있고 없고의 문제는 전혀 별개의 문제인 것이다. 사업에 대한 깊은 생각 없이 그냥 특허 받은 기술로 만든 제품이라는 그 사실 하나만으로, 사업타당성을 검토할 때 기술적 타당성이나 경제적 타당성이 있는 것으로 판단해서는 안 되는 것이다.

1) 어떤 원자재나 설비. 장치가 필요한가?

기술적 타당성을 따져 보는 것은 원재료가 어떤 것이 필요하고, 어떤 공정이 필요한지, 그리고 그 공정에 필요한 기계와 장비 등 설치되는 설비가 어떤 종류가 얼마나 필요한지, 이를 외주를 주어야 할 것이지 아니면 직접 공장을 차려야 하는지 등에 대해 면밀하게 따져 보기 위함이다.

2) 그 기술을 구현할 공장이나 시설은 필요한가?

또한 그 제품의 기술적 타당성을 고려할 때 만약 공장을 설립하면 기간이 얼마나 걸릴 것이며, 공장 설립에 필요한 제반 조건과 설비, 설치 등에 대해서도 조사, 탐구해 보아야 한다.

3) 그 기술을 구현할 인력은 있는가?

또한 그 제품을 만드는 인력이 그 기술을 익히기 까지는 얼마나 시간이 걸리는지 혹은 어느 정도 수준의 기술자가 있어야 하는지 등에 대해서도 분석해 보아야 한다.

4) 그 기술을 구현하는데 파생되는 문제점은 없는가?

그 기술을 구현하는데 파생되는 문제점도 고려해 보아야 한다. 법적인 문제는 없는지? 혹은 다른 부산물이 발생하여 문제가 되는 것은 아닌지, 즉 폐기물이 발생한다든지, 혹은 생태계를 오염시키는 물질을 배출 하지는 않는지 등 여러 관점에서 발생가능한 문제점들도 검토해 보아야 한다.

5) 유사 제품과의 차별성을 있는가?

기술적 타당성을 검토할 때. 그 기술로 만든 제품이 타 회사 제품과 어떤 차별성을 가지며, 가격은 소비자를 만족시킬 수 있는 제품인지. 혹은 그 제품의 지속적 개발은 가능한지 등도 따져 보아야 한다. 또한 대체기술의 출현 가능성 등도 고민해 보는 게 좋다.

5. 수익성 및 경제성 분석

사업을 하는 기본적인 이유는 수익을 남기기 위함이다. 아무리 사업의 취지나 동기 그리고 도덕적으로 훌륭한 사업이라도 일단 수익이 나지 않으면 그 사업은 접어야 한다. 즉 수익성과 경제성을 분석해서 유망하지 못하면 당연히 그 사업은 접어야 한다. 그것이 본인이나 가족이나 혹은 종사자나 투자자 및 다른 이해관계자이게도 도움이 되고 합리적인 판단인 것이다. 개인이나 혹은 기업이 수익을 창출하지 못하면, 빨리 접어야 하는 것이 타당한 결론이다.

사업의 수익성과 경제성을 분석할 때 기본적으로 하는 분석이 ① 수익 전망 ② 손익분기점 분석 ③ 투자비용 및 투자수익 경제성 분석 등으로 분류한다.

1) 수익 전망

창업을 한 후 당장 다음 달부터 어느 정도의 수익이 들어올 것인지를 전망해 보아야 한다. 예를 들어 중국집을 창업했다고 하자. 그러면 하루에 손님이 몇 명이 올 것이며, 그 손님 한명이 내는 식사비는 얼마인지, 그리고 배달 등으로 발생하는 매출이 하루 얼마인지 등을 파악하면 하루에 발생하는 예상 수익을 산출할 수 있다. 여기에 한 달에 며칠간 영업을 할 것인가를 따져보면 간단한 월간 수익이 나오는 것이다. 이러한 기초적인 수익 전망을 따져보고, 창업을 하든지 말든지 선택해야 할 것이다.

조금 큰 기업을 창업한다면, 창업 후 3~5년 사이의 추정 손익계산서(제조원가 명세서 포함), 추정 대차대조표 및 자금수지 예상표를 작성하여 이를 근거로 중장기 3~5년간의 수익전망(당기순이익) 및 흑자 실현 가능 시점 등을 예상해 봐야 한다.

2) 손익분기점 분석

이는 기업이 영업활동에서 발생하는 수익과 비용이 일치하는 지점을 파악하는 것이다. 즉 영업 매출액과 총 비용이 같아지는 지점이 언제인지를 분석하는 것으로 판매수량, 금액 등과 고정비, 변동비 등의 계산이 일치하는 지를 파악해야 한다. 그런데 주의할 것은 여기서 고정비는 창업자 본인의 인건비와 직원들의 급료도 당연히 포함시킨 비용이다.

문제는 어느 정도의 매출을 올려야 손익분기점에 도달할 것이며, 그 기간이 언제까지가 가능한가하는 것이 분석의 핵심 내용이다.

물론 이 기간은 정해진 기준은 없으며, 업종에 따라 혹은 그 기업의 특성에 따라 각기 다를 수밖에 없다. 그러나 이 손익분기점의 시기가 빠르면 빠를수록 좋다고 할 수 있다. 이런 분석을 전제로 자금조달 계획 등을 세워야 한다. 그러나 창업자가 조심해야 할 것은 이 수익전망이나 손익분기점을 분석 할 때도 가급적이면, 보수적인 접근을 하기를 바란다. 대부분의 창업자들이 빛나는 미래를 꿈꾸며, 긍정적으로만 접근한다. 그래서는 세상은 변화하고, 경쟁자는 어디서 나타날지 모르고, 고객의 성향은 수시로 변하는 현 시대에는 창업자가 고전하기 쉽다. 보편적으로 창업자가 예상하는 본 궤도에 오르기 까지는, 자금은 자신이 계획한 자금의 두 배가 더 소요되고, 기간은 세 배가 더 소요되는 것이 일반적인 현실이다.

3) 투자비용 및 투자수익 경제성 분석

만약 창업자가 소요자금의 전부를 본인이 투자하였을 때는 금융권 등에 이자의 비용을 고려하지 않아도 된다. 그러나 만약 사업을 하지 않았을 경우에는 적어도 자기자본으로 은행이자 만큼의 금융 소득을 취할 수 있을 것이다. 따라서 사업에 투자한 비용이 은행이자를 훨씬 초과하는 이윤으로 돌아와야만 사업을 하는 목적을 달성하는 것이다.

그런데 대부분의 창업자들은 본인의 자금으로 부족해서 약 30~50% 정도의 창업자금을 가족이나, 친. 인척들에게 빌리거나 혹은 금융권의 자금을 활용하게 된다. 이 경우 이 이자를 무시하면 안 되는 것이다. 따라서 지금 투자하는 자기 자본과 금융자본을 포함해서, 거기서 발생하는 비용을 제하고도 충분히 투자 수익이 나올 수 있어야 사업의 타당성이 있는 것이다.

6. 자금조달 및 성장성 분석

우선 사업을 하려는 창업자는 자신의 사업 아이템에 대한 사업타당성 분석을 하면서 자금조달에 대한 자세한 계획과 검토를 거쳐 분석을 해 봐야 한다.

1) 총 소요자금의 규모 산정

창업을 하여 본 궤도에 오를 때 까지, 지속적으로 소요되는 총 소요자금이 얼마나 필요한지에 대해 분석을 해야 한다. 그래야 그 다음에 필요한 지금을 어떻게 조달 할 것인지에 대한 방안이 나올 것이다. 이 총 소요자금을 잘못 산정하면 사업실패로 이어지기 쉽다.

2) 자금 조달 계획

총 소요자금의 규모가 정해지면 이를 어떻게 조달 할 것인가에 대한 계획을 세워야 한다. 즉 자기자본이 현재 얼마이며, 외부자본은 어떻게 조달할 것인가? 예를 들면, 국가에서 지원하는 지원 사업 등(중소기업진흥공단 청년창업사관학교 등)을 활용하고, 그 다음으로는 정부 혹은 지방자치단체의 지원자금등을 활용하거나, 또는 공공기관 등에서 창업자금(중소기업진흥공단 청년창업융자금 등)을 빌리는 방법도 생각해 볼 수 있다. 은행에는 담보나 신용능력이 없어 돈을 차용하기가 어려운데, 이때는 각종 보증기금, 혹은 보증재단 등을 활용하여 금융권의 돈을 차용하는 방안도 강구해야 한다. 그러나 여기서 한 가지 짚고 넘어가고 싶은 것은, 가능하면 자기자본이 약 70% 이상의 자본으로 창업을 시작하라고 권하고 싶다. 일단 사업을 시작하되, 너무 크게 시작하지 말고, 작게 시작하면 되는 것이다. 특히 부모, 형제, 처갓집 등에는 손 내밀지 말고 창업을 하라고 꼭 권하고 싶다. 자기의 사업 실패로 인해 돈 잃고, 사람 잃고, 집안 잃은 사람들이 좀 많았는가?

3) 추정 재무제표 작성

사실 대부분의 경우가 엉터리긴 하지만, 그래도 추정 재무제표를 작성해 보아야 한다. 특히 추정 손익계산서. 추정 대차대조표 등은 3~5년 정도의 것을 작성해 보면 된다. 이런 것들을 작성하려면 추정되는 제조원가, 판매비, 일반관리비, 이자 등에 대해서 고려하여 보수적으로 작성해야 한다.

4) 성장성의 검토

기업이 과연 지속적으로 성장할 수 있을지에 대한 성장성도 검토해 봐야 한다. 특히 외부환경의 긍정적 변화 등을 판단할 때는 막연한 희망사항이 아닌 구체적이고 객관적인 통계치나 데이터를 활용해서 분석해 보아야 한다. 물론 이 때도 가급적 보수적인 접근 방법이 필요하다.

7장 사업계획서 작성

1절 사업계획서의 개념과 필요성

1. 사업계획서의 개념

사업계획서란 말 그대로 앞으로 사업을 하기 위한 실행할 계획서이다. 즉 사업의 계획을 작성해 놓은 구체적인 계획서인 것이다.

여기서는 일반적으로 그 사업을 창업하는 창업자의 인적사항과 자질과 능력, 사업의 특성이나 발전 가능성, 고객의 특성, 제품의 특징, 제품의 생산. 판매계획, 같이 일하는 인력에 대한 내용, 시장의 현 상황과 확보 전략, 더 나아가 투자규모, 종업원 수급 계획 등 사업의 제반 사항에 대해 구체적이고 체계적으로 작성된 사업을 수행하기 위한 계획서이다. 이는 한 마디로 사업의 수행 계획서이자, 주변 환경과 자신의 위치 등을 가늠해 볼 수 있는 객관적인 평가서의 성질도 띄고 있다.

2. 사업계획서의 용도

1) 창업자 입장에서의 용도

(1) 사업 성공가능성의 타당성 검토

창업자가 사업의 타당성을 따져 본다고 하지만, 보통 혼자 생각하고, 검토하고, 그리고 주변인과 서로 이야기 하는 정도로 그치기 쉽다. 그러나 막상 사업을 하겠다며, 이를 서류상으로 적어보고, 검토하고 그리고 이를 하나하나 확인해 가다 보면 그냥 머릿속으로만 생각하던 사업과는 다르게 보다 체계적인 입장에서 그리고 전체적인 견지에서 다시 한 번 사업을 생각하게 된다. 또한 미처 생각지도 못한 많은 문제점들이 도출되기도 한다. 따라서 사업을 개시하기 전에 사업계획서를 반드시 작성해 보아야 한다.

(2) 사업의 설명 및 이해 자료

창업하고자 하는 사업에 대해 가족이나 동업자 혹은 투자자 더 나아가 같이 근무하게 될 간부직원들에게 내용을 말로만 설명하기는 곤란하다. 따라서 일목요연하게 작성한 사업계획서를 제시하고 설명하면, 훨씬 체계적이고 또한 이해하기도 쉽다. 즉 다른 사람들에게 추진하고자 하는 사업을 설명하기 위해서도 사업계획서가 필요하다.

(3) 사업의 단기적 업무계획서

창업자가 1년 이내, 혹은 3~5년 사이에 추진해야할 중요한 사항들이 포함되어 있는 단기적 업무추진 계획서의 역할을 한다. 3~5년 간의 계획은 조금은 추상적일 수 있을지 모르나, 1년 이내의 단기 업무추진 계획으로는 충분히 실제적 활용이 가능하다. 따라서 별도의 1년 사업추진계획서를 만들 필요도 없이 창업 시의 사업계획서만으로도 1년 정도는 활용가능하다.

2) 투자자의 입장에서의 용도

(1) 사업투자자의 투자 판단 자료

잘 모르는 사업에 돈을 투자하는 투자자나 금융기관 등에서는 사실 사업계획서외엔 투자하고자 하는 그 사업에 대한 정보가 거의 없다. 따라서 창업자가 제시하는 사업계획서는 투자자의 입장에서는 사업의 성패여부를 판단 할 수 있는 중요한 자료가 된다. 사실 투자자들이 전방위적으로 전체 산업에 대한 해박한 지식을 다 가지고 있지는 않다. 따라서 투자자 입장에서는 사업계획서를 보고 투자여부를 결정하는 사업평가의 가장 기초적이며, 본질적인 평가 요소이다. 예를 들어 투자자의 경우 세세한 기술적인 부분은 잘 모르지만, 앞으로 어떤 분야의 산업이 발전하고, 활성화 될 것인지에 대한 지식이 있어 관련 산업분야를 보고 투자하는 경우도 많다.

(2) 창업회사의 사업능력 평가 자료

투자자가 창업회사의 능력을 알려면, 창업자와 관련 종사자, 즉 기술자, 영업요원, 생산요원 등에 대한 정보와, 창업회사가 가지고 있는 지적재산권이나 노하우 등에 대한 정보가 필요하다. 또한 소요자금과 현재의 재무상태 그리고 시장의 추이와 경쟁상태 등에 대한 정보를 취득해 사업의 성패여부를 가늠해 보고 투자여부를 판단하게 될 것이다. 따라서 이러한 창업회사의 제반 능력을 파악하기 위해 가능하면 상세하고 정확한 사업계획서를 제출받아 사업 성공의 타당성을 평가하고, 자신들의 투자 여부를 결정하게 된다.

2절 사업계획서의 작성 요령

사업계획서의 작성에 관한 이유와 유의점 등은 경성대학교 창업보육센터 홈페이지에 아주 잘 기재되어 있다. 사실 이 부분은 어느 기관이나, 혹은 어느 서적이나 어느 자료나 거의 내용이 비슷하고 양식 또한 비슷하다. 여기서는 경성대학교 산학협력단 인터넷 창업보육센터에(http://www.kibic.or.kr/sub5_4.php) 기재되어 있는 내용을 활용하여 설명하고자 한다.

1) 사업계획서의 작성 이유[21)]

ⅰ. 사업계획서는 창업자 자신을 위해서도 체계적인 사업 준비를 하는데 유익하다. 창업절차는 매우 복잡하고 때론 예기치 못한 사정으로 차질을 빚는 경우가 많아 사업계획서를 미리 작성한 후 사업을 준비하는 것이 꼭 필요하다.

ⅱ. 사업성공 가능성을 높여준다. 사업계획을 짜며 위험요소를 사전에 체크하고 대책을 수립한 후 사업에 착수하면 그만큼 실패위험을 줄일 수 있다.

ⅲ. 계획사업의 효율적 추진을 위해 도움을 줄 동업자, 금융기관, 매입처, 매출처, 일반고객 등에게 자기사업을 설명하고 홍보하는데 구두로 하는 것보다는 사업계획서가 훨씬 설득력이 있다. 이런 점에서 사

---

21) 경성대학교 인터넷 창업보육센터 홈페이지(http://www.kibic.or.kr/sub5_4.php)

업계획서는 사업 착수에 앞서 반드시 작성해야 한다. 사업계획서를 작성할 때는 우선 객관성이 결여되어서는 안 된다.

ⅳ. 사업계획이 너무 허황되면 자칫 사업실행에 오류가 생길 수 있으며, 제3자로부터 신뢰를 얻는 데도 큰 타격을 입을 수 있기 때문이다. 또한 자금조달운용계획은 정확하고 실현가능성을 확보해 야 한다. 지금에 차질이 생기면 사업실패 위험이 클 수밖에 없다.

ⅴ. 이와 함께 사업계획에 잠재되어 있는 문제점과 향후 발생 가능한 위험요소를 심층 분석하고, 예기치 못한 사정으로 창업이 지체되지 않도록 자세히 점검할 필요가 있다

2) 사업계획서 선정

ⅰ. 사업계획서는 창업자의 창업계획을 체계적으로 정리한 것으로서 소규모의 소매업이라도 창업자 및 업종의 특성에 맞는 창업계획서를 작성하여 실행해 나가야 한다.

ⅱ. 사업타당성 분석을 바탕으로 작성하는 사업계획서는 사업전략과 사업수익 목표를 구체적으로 제시하는 창업자 자신의 사업에 대한 청사진으로서 창업 과정을 계획성 있고 차질 없이 추진할 수 있게 하며, 창업기간을 단축시키고 경비를 줄여주며, 창업 성취율을 높여줄 수 있는 가장 중요한 교과서이다.

ⅲ. 아울러 사업계획서는 창업에 도움을 줄 제 3자, 즉 동업자, 출자자, 금융기관, 매입처, 매출처, 일반고객에 이르기 까지 사업과 관련 있는 자들의 의사결정 자료로 활용되기 때문에 정확하고 객관적이며, 창

업할 업종에 대한 전문적인 지식과 향후 사업 추진내용에 있어서 기존의 점포들과 차별화된 독창성이 있어야 한다.

3) 사업계획서 작성요령

ⅰ. 사업계획서는 창업자 자신이 가지고 있는 목표 아이템을 제3자에게 설득력 있게 납득시킬 수 있도록 보편타당성 있게 작성되어야 한다. 아울러 시장 조사기관 등의 증빙자료를 근거로 시장수요조사와 점포입자에 대한 분석을 실시하고, 예상되는 매출액과 수익성도 합리적인 방법으로 객관성 있게 추정 하여야 한다.

ⅱ. 자금조달 운용계획은 구체적으로 실현가능성이 확실해야 한다. 창업자 자신이 조달 가능한 현금과 예금 및 담보 등에 의한 조달금액이 구체화되어 공급자 또는 조력자 등의 제3자에게 자금조달 능력의 신뢰성을 인식시킨다. 또한 자금조달 범위 내에서 정확한 소요자금 사정이 명시되어야 한다.

ⅲ. 계획사업에 잠재되어 있는 문제점과 향후 발생 가능한 위험요소를 심층 분석 하고, 예기치 못한 사정으로 창업이 지연되거나 불가능하게 되지 않도록 다각도에 걸친 점검이 필요하다. 특히 종업원 확보, 강력한 경쟁상품이나 업체의 출현, 급격한 가격인상, 상품의 품질과 관련된 문제제기의 가능성 등에 대해서도 사업계획서에서 확실히 짚어두어야 한다.

4) 사업계획서 작성방법

사업계획서는 요구하는 기관마다 양식이 조금씩 다르기 때문에 아직 하나로 통일된 양식은 없다. 그러나 창업과 관련되어 필요로 하는 사업계획서는 주요 내용이 대개 비슷하게 마련이다. 따라서 공통성을 지니는 핵심사항만 이해하고 있으면 제출기관의 요구에 따라 얼마든지 신축성 있게 사업계획서의 내용을 가감해 갈 수 있다. 창업자를 위한 사업계획서의 공통사항이 될 만한 내용과 기재방법을 요약하면 다음과 같다.[22]

(1) 사업계획서 주요항목

① 일반사항

-(가칭)상호 : 업종 창업할 회사의 상호와 업종을 기재

-창업자(대표자) 인적사항 : 창업자(대표자)의 학력, 경력, 자격취득 사항, 상벌사항 등 인적사항을 기재

-사업장의 (예상)위치 및 주소 : (예상)사업장의 주소지, 대지 및 공장의 규모, 위치 등을 기재

-경영진, 기술진 인적사항 : 경영진, 기술지의 학력, 경력, 자격취득, 상벌 등 인적사항을 기재,

-주주(발기인) 현황

22) 경성대학교 인터넷 창업보육센터 홈페이지(http://www.kibic.or.kr/sub5_4_2.php)

② 사업의 개요

-사업의 내용과 목적 : 어떤 사업인지 제3자가 충분히 이해할 수 있도록 설명하고 회사를 설립하게 된 목적과 향후의 사업추진방향 등을 기재

-사업의 기대효과

- 고용효과 : 5년간에 걸친 연도별 평균 고용인원을 기재하되 상시 종업원만을 계산하며 일용직은 제외시킨다.
- 소득증대효과 : 종업원들이 받을 경제적 소득, 즉 연간총 지불임금액을 기재
- 자원 활용효과 : 국내자원 혹은 사업장 주위의 자연자원을 이용함으로써 발생하는 직/간접적인 효과를 기재
- 부대사업 촉진효과 : 해당사업이 추진됨으로서 생길 수 있는 부대사업을 열거하고 그 가능성을 설득력 있게 기재
- 수입대체효과 : 수입대체품일 경우 수입대체효과에 대해 타당성 있게 기재
- 기타 : 기타 예상되는 물질적, 정신적 효과에 대해 간략하게 소개

③ 생산제품의 소개

-주생산품의 소개 : 주로 생산하고자 하는 제품명, 규격, 주요 수요처 등을 기재

-기타 생산품 : 기타 생산품의 품명, 규격, 주요 수요처 등을 기재

-제품설명 : 제품의 용도, 특성, 제조공정 등을 요약하여 기재

④ **제품의 시장현황**

-동종업계의 전반적 현황 : 동종업계의 현황, 예상되는 전망, 시장변경요인 등을 요약하여 기재

- 제품의 시장현황 – 첨부사항
- 주요 국내경쟁업체 현황 – 첨부사항
- 주요 해외경쟁업체 현황 – 첨부사항
- 수출입동향 – 첨부사항

-종예산 시장규모 : 5년간에 걸쳐 예상되는 전체시장의 매출규모를 기재

-예상시장점유율 : 5년간에 걸쳐 예상되는 자사제품의 시장점유율을 기재

-시장진입방법 : 목표한 시장점유율을 달성하기 위한 구체적인 시장진입방법을 기재

⑤ **생산계획**

-생산 공정 : 제품의 생산과정을 공정별로 도표로 표시

-자체 생산계획 : 계획된 생산설비, 종업원의 수, 예상판매량을 기준으로 하여 5년간의 생산계획을 기재

-외부 생산계획 : 자체 생산이 어려운 부품 및 아이템에 대한 5년간의 외부 생산계획을 개재

⑥ **판매계획**

-판매방법 : 도, 소매, 납품, 수출 등 판매방법별로 장단점을 요약하

여 기재

-가격책정 : 생산원가, 적정이윤, 경쟁상품의 가격 등을 고려하여 적절히 책정

-A/S계획 : A/S인력수급, A/S조직망, A/S부품 공급계획 등을 기재

-내수 판매계획 : 5년간의 국내 판매계획을 기재

-수출계획 : 5년간의 수출계획을 기재

⑦ 설비투자계획

-생산, 기계설비 계획 : 설치하고자 하는 기계, 설비의 명칭, 규격, 용도, 단가, 수량, 소요금액 등을 기재

-기계설비 구입내역 : 기계 설비를 어떤 곳으로 부터 어떤 조건으로 얼마나 구입할 것인가를 기재

⑧ 인력수급계획 및 조직표

-업무수행 체계도와 조직편성표 : 업무를 수행하는 과정을 도표로 나타내고 그 업무를 수행하는데 필요한 조직편성표를 작성

-부서별, 직책별 소요인원 : 5년간에 걸쳐 생산 및 판매계획에 맞는 인력수급계획을 기재

-고용계획 : 5년간에 걸쳐 부족한 인력을 보충하기 위한 고용 계획을 기재

⑨ 원부자재 조달계획

-국내 조달계획 : 5년간에 걸쳐 국내 시장에서 조달하고자 하는 원

부자재의 수량과 금액을 기재
-해외 조달계획 : 5년간에 걸쳐 해외에서 조달하고자 하는 원부자재의 수량과 금액을 기재

⑩ **재무계획**
-추정 손익계산서 : 5년간에 걸친 추정손익계산서
-추정 대차대조표 : 5년간에 걸친 추정대차대조표
-추정 재무상태변동표 : 5년간에 걸친 추정재무상태변동표
-추정 제조원가명세서 : 5년간에 걸친 추정제조원가 명세서
-손익분기점 분석 : 수입과 지출이 균형을 이루는 시점과 향후 추이를 분석
-추정 감가상각비 명세서 : 5년간에 걸친 추정감가상각비 명세서

⑪ **자금수급계획**
-총 소요자금의 내역 : 향후 5년간에 걸쳐 예상되는 시설자금, 창업자금, 운전자금 등 총 소요자금을 기재
-자금조달 계획 : 5년간에 걸쳐 예상되는 총 자금을 조달함에 있어서 자기자본과 타인자본을 어떤 비율로 어떻게 조달할 것인지를 기재
-차입금 상환계획서 : 타인자본 중 차입금으로 조달된 자금을 5년간에 걸쳐 어떻게 얼마씩 상환할 것인지를 기재

⑫ **공해방지시설 계획**
-폐수처리계획, 공기정화계획, 소음방지계획

⑬ 사업계획추진 일정표

계획사업을 정상적으로 가동시킬 수 있을 때까지의 사업추진계획을 월별로 구분하여 도표로 작성

이 때 사업계획서상의 핵심내용 내용 중에서 가장 핵심이 되는 요소는 생산계획, 판매계획, 자금계획이다.

5) 사업계획서 작성의 유의 사항[23)]

(1) 계획서는 살아 있어야 한다

사업계획서는 한번 만들면 그만인 것이 아니라 (설령 그것이 엄청난 노력 을 통해 탄생된 것이라 할지라도) 상황에 따라서 새로운 요소가 발견되면 그때그때 고쳐서 써야 한다. 그리고 계획 사업에 잠재되어 있는 문제점에 대해 항상 열린 마음을 가지고 점검, 작성되어야 한다.

(2) 사업계획서는 충분성과 자신감을 바탕으로 작성되어야한다

창업자 자신이 가지고 있는 목표 아이템을 제 3자에게 설득력 있게 납득시키는 것이 사업계획서의 제 1의 목표이다.

(3) 객관성이 결여되어서는 안 된다

자신감이 너무 지나쳐 자만심이 되거나 자신의 의견에 몰입되어 갇혀버린 다면 사업계획서의 신뢰성에 큰 타격을 미칠 수 있다. 사업계획서는 정확한 자료에 의거한 객관적인 것이어야 한다.

---

23) 경성대학교 창업보육센터 벤처창업가이드(http://www.kibic.or.kr/sub5_4_3.php)

(4) 핵심내용을 강조, 부각시켜야 하며 전문용어의 사용을 피하고 보편적으로 설득력 있게 작성되어야한다

남들과는 다른 자신의 아이템의 핵심을 중점 부각시키고 그것이 기술적 내 용일 경우라도 투자자 및 관련 당사자가 알기 쉽게 작성되어야 한다.

(5) 자금조달 운용계획은 정확하고 실현가능성이 있어야한다

사업계획서 작성 시 가정을 배제해야 한다. '이렇게 되면 자금조달은 순조로울 것이다.' '무엇이 어떻게 된다면 판매에는 아무 문제가 없을 것이다.'라는 식의 가정을 바탕으로 작성되어서는 안 된다. 특히 자금조달 및 운용 부분에 있어서는 더욱 그 원칙이 중요하다.

(6) 사업계획서 작성 시 특히 고려해야 할 점[24)]

i. 창업의 목적이 개인적인 이익을 추구하는 것이 아니고 공공의 이익을 위한 것이어야 한다.

ii. 사업 내용이 차별화 되도록 노력한다. 특징이 없으면 성공할 수 없다.

iii. 틈새시장을 집중적으로 공격할 전략을 제시한다.

iv. 구체적인 숫자의 예측으로부터 사업이 성공할 것이라는 객관적인 자료를 보인다.

v. 제품의 가격, 이윤, 판매량, 시장점유율 등을 예측할 때는 지나치게 낙관적인 자세로 임하지 않는다.

---

24) 경성대학교 창업보육센터 벤처창업가이드(http://www.kibic.or.kr/sub5_4_4.php)

vi. 제품의 가격, 이윤, 판매량, 시장점유율 등을 예측할 때는 지나치게 낙관적인 자세로 임하지 않는다.

vii. 회사의 소요자본이나 운영비를 너무 적게 예측하지 않는다.

viii. 예상되는 경쟁관계를 과소평가하지 않는다.

ix. 일회용 히트 기술로는 회사가 지속될 수 없다. 지속적인 기술진보와 제품향상이 이루어질 수 있는 것이어야 한다.

x. 투자자를 찾을 때는 어떤 형태(경영에 관여할 사람 또는 단순히 투자에만 관심이 있는 전문 투자자)의 투자자를 원하는지 명확히 정의하여야 한다.

기본 사업계획서 목차[25)]

1. 일반현황
   가. 창업자(대표) 현황
   나. 회사 일반현황(이사진 현황 포함)

2. 계획사업의 개요
   가. 개발동기
   나. 사업내용
   다. 생산제품의 특성
   라. 기대효과

3. 시장현황
   가. 동종업계 현황

25) 창업경영론, 강정우 외12인, 도서출판 대명, pp.248-250

나. 시장의 규모와 전망
다. 시장점유율과 경쟁관계
라. 계획제품의 침투가능성

4. 판매계획
   가. 판매전략 및 판매형태
   나. 가격정책
   다. A/S 계획
   라. 국내 판매계획
   마. 수출계획

5. 생산계획
   가. 제조공정도
   나. 자체 생산계획
   다. 외주 생산계획

6. 설비투자 계획
   가. 적정규모의 제조설비 및 검사설비 내역
   나. 구입처, 수량, 가격

7. 인원 및 조직계획
   가. 업무흐름별 조직체계도
   나. 직무별, 직위별 소요인원

8. 원, 부자재 조달계획
   가. 국내조달 계획
   나. 수입자내 조달계획

9. 재무 계획

가. 추정 손익계산서
나. 추정 대차대조표
다. 현금 흐름표
라. 손익분기점 분석

10.자금 계획
가. 총 소요자금내역
나. 조달계획 또는 차입계획
다. 차입금 상환계획
11.사업추진 일정 계획
12. 부속자료
가. 인건비 명세서 나. 감가상각비 명세서
다. 제조원가 명세서 라. 경영진 이력서
마. 제품설명서 바. 특허권 사본
사. 제공가능 담보물내용 아. 설비구입 견적서

3절 사업계획서 작성 실제

사업계획서는 객관성이 있고 사실적 타당성을 근거로 논리적 순서대로 수립 및 작성하여 놓은 서류 및 자료를 말한다.

사업계획서는 사업타당성 검토의 기초자료를 근거와 바탕으로 사업추진에 대한 실제적인 실행 및 활동 계획서이다.

이를 다시 한 번 간단히 요약하면 아래와 같다.

1) 사업계획서는?

ⅰ. 사업의 내용
ⅱ. 경영방침
ⅲ. 기술성
ⅳ. 시장성 및 판매전망
ⅴ. 수익성
ⅵ. 소요자금조달 운영계획
ⅶ. 인력충원계획 등에 대한 계획을 작성

2) 사업계획서의 활용범위는?

ⅰ. 경영교육 및 교육자료
ⅱ. 투자유치 및 자금조달 자료
ⅲ. 홍보자료
ⅳ. 사업제휴 및 프레젠테이션 자료로 활용

3) 사업계획서 작성방법은?

ⅰ. 충분성과 자신감
ⅱ. 객관성과 일관성
ⅲ. 강점과 핵심사항
ⅳ. 이해하기 쉽게
ⅴ. 살아있는 자료

vi. 제품보다는 시장에 초점을 맞출 것

4) 사업계획서의 핵심사항은?

i. 우수한 경영진(성공 가능성)
ii. 매력적인 시장(시장분석)
iii. 사업 경쟁력(기술우위차별성)
iv. 합리적인 재무계획

5) 사업계획서에 대한 핵심질문은 다음과 같다.

i. 귀하의 제품은 무엇인가?
ii. 누가 고객인가?
iii. 누가 이 제품을 팔 것인가?
iv. 얼마나 많은 사람들이 이 제품을 살 것인가?
v. 이 제품을 설계, 생산하는데 얼마의 자본이 필요한가?
vi. 제품의 가격은 적절한 것인가?
vii. 언제 손익분기점에 도달할 수 있을 것인가?

6) 투자심사에 대한 핵심요소는?

i. 사업계획을 수행할 경영진의 능력
ii. 시장잠재력을 가진 독창적 제품 및 서비스 보유

iii. 매력적인 시장의 존재

iv. 급속한 성장을 위한 시장기회의 존재 여부

v. 합리적인 재무계획

vi. 향후 투자자금을 회수하기 위한 방법제시

vii. 특히 투자심사에 대한 평가요소는 아래 사항을 검토해 보아야 한다. 즉 창업가와 제품, 그리고 참여인력에 대해 특별히 관심을 갖고 심층 분석 및 파악할 필요가 있다.

<창업가>

i. 믿을 만한 사람인가?

ii. 기업에 대한 기본 마인드는 있는가?

iii. 사업 분야에 대한 경험과 지식은 있는가?

iv. 위험요소를 알고 대처방안이 있는가?

v. 계획제품의 시장을 잘 보고 있는가?

vi. 학력, 대인관계, 업계의 평판은 어떠한가?

<기업 및 제품>

i. 경쟁제품과 차별화가 가능한가?

ii. 지속적인 업그레이드 및 신제품 개발 기술력 확보가 되어 있는가?

iii. 계획제품의 시장 규모가 기업화 수준에 맞는가?

iv. 양산할 능력이 있는가?

v. 재무전문가가 있는가?

<참여인력>

ⅰ. 조직력이 탄탄한가?

ⅱ. 마케팅 전문가가 있는가?

ⅲ. 기술진의 경험은 풍부한가?

창업사업계획서

사업 분야	
창업사업명	
제출일	
신청인(대표자)	

※ 유의사항

1. 사업계획서의 내용은 A4용지 20페이지 내외로 작성

* 사업계획 요약서는 A4용지 5페이지 이내로 작성

2. 사업 분야는 아래에서 택일

(기계·재료 / 전기·전자 / 정보·통신 / 화공·섬유 / 생명·식품 / 환경·에너지 / 공예·디자인 / 기타)

3. 본 계획서의 보충 설명을 위해 필요한 사진 또는 도면이 있을 경우 첨부

4. 제출된 사업계획에 대해서는 접수 및 심사과정에서 비밀 유지

사업계획 요약서

<table>
<tr><td>사업
(아이템)명</td><td colspan="3"></td></tr>
<tr><td>적용분야</td><td></td><td>대표자명
(팀)명</td><td></td></tr>
<tr><td>사업개요</td><td colspan="3">○ 창업동기 및 사업의 기대효과
○ 사업내용 및 특성</td></tr>
<tr><td>보유기술</td><td colspan="3">○ 보유기술의 수준
○ 기술의 파급효과</td></tr>
<tr><td>시장분석</td><td colspan="3">○ 목표시장 규모 및 전망
○ 사업화 가능성 및 마케팅 전략</td></tr>
<tr><td>사 업 화
추진계획</td><td colspan="3">○ 생산과 시설확보 계획
○ 사업화 추진일정
○ 사업계획 차질시 대처방안</td></tr>
</table>

1. 창업사업개요

1-1. 창업동기	
- 창업 목적 및 배경, 사업의지, - 아이템 선정 동기 등	

1-2. 참여 인력의 전문성	
- 대표자 및 내부구성원의 전문성 - 전문가풀 구성 및 대외 협력관계 구축 현황	

1-3. 사업내용 및 특성	
- 창업 아이템의 기술 분야, 특징, 장점, 기술개발 내용 등	

2. 개발기술

2-1 기술개발수준	
- 개발과정과 설계상태, 시제품제작, 시험테스트 등 - 개발 진척상황 등 - 지적재산권 등록여부, 기술개발을 위한 외부의 지원여부 등	

2-2. 기술의 파급효과	
- 기술의 경제. 기술적 파급효과 등	

3. 시장분석

3-1. 목표시장 규모 및 전망	
- 소비자분석 / 수요계층, 소득, 나이 등 - 경쟁자분석 / 시장동향, 신기술 동향 - SWOT(강점, 약점, 기회, 위협요인) 분석	

3-2. 사업화 가능성 및 마케팅 전략	
- 제품의 특성 및 경쟁력, 가격경쟁력, 대체기술 출현 가능성 등 - 초기시장 진입전략 - 마케팅 전략(4P-제품, 가격, 촉진, 유통정책) (STP-시장세분화, 표적시장 설정, 포지셔닝)	

3-3. 제품경쟁력	
- 경쟁사 대비 가격 및 품질경쟁력 - 판매전략 및 판매형태 / 가격정책 - A/S계획 /국내 판매계획 /수출계획	

3-4. 성장가능성	
- 개발 제품군의 수명주기 및 지속 성장전략 - 위험요소 분석 및 사업화 차질 시 대응전략	

4. 시설확보 및 생산·판매계획

4-1. 생산과 시설 확보 계획	
- 조직 및 인력구성 / 기술개발, 총무, 영업, 생산인력 등 - 시설투자 / 생산시설 설비 및 설치 투자 계획 등 - 자체생산계획/ 외주 생산계획	

4-2. 자본 및 재무계획	
- 자금조달 운용계획(조달형태, 용도, 규모), 차입금 상환계획 등 - 수익전망 / 손익분기점 분석, 추정 대차대조표, 손익계산서 등	

4-3. 판매계획	
- 판매전략 및 판매형태 - 가격정책 - A/S 계획 - 국내판매계획 - 수출계획	

5. 재무계획

5-1. 소요자금 및 조달계획

소 요 자 금			조 달 계 획		
용 도	내 용	금 액	조달방법	기 조달액	추가 조달액
운전자금			자기자금		
			금융차입		
			기 타		
	소 계		소 계		
시설자금			자기자금		
			금융차입		
			기 타		
	소 계		소 계		
합 계			합 계		
소요자금 산출근거					
조달계획 산출근거					

5-2. 추정손익계산서

구 분	2013년도	%	2014년도	%	2015년도	%
매 출 액						
매출원가(-)						
판매관리비(-)						
영 업 이 익						
영업외손익(+,-)						
경 상 이 익						
특별손익(+,-)						
법인세 등(-)						
당 기 순 이 익						
(* 연구개발비)						

첨부1 : 참 가 자(참 가 팀) 명단

No	직 위	성 명	주민등록 번호	부서	직급	Tel	E-mail
			-				

첨부2 : 부속자료

가. 인건비 명세서

나. 감가상각비 명세서

다. 제조원가 명세서

라. 경영진 이력서

마. 제품설명서

바. 특허권 사본

사. 제공가능 담보물 내용

아. 설비구입 견적서

<참고 7-1>

다음은 투자자나 혹은 금융기관 또는 정부기관 등을 설득해야 하는 창업자의 사업계획서가 어떻게 만들어 져야 하는지에 대해 기술한 윌리엄 살먼의 논문에서 핵심내용을 발췌하여 간단하고 보기 쉽게 정리한 것이다. 사업계획서를 작성하는 사람들은 깊이 생각해 볼 사항이다.

하버드 창업 가이드[26)]

훌륭한 사업계획서의 조건

-윌리엄 살먼-

1. 숫자 이외의 성공요인을 제시하라

i. 사업계획서의 중요도는 2점 정도(10점 만점)
ii. 숫자는 거의 믿지 않는다.
iii. 투자자는 정보를 중요하게 생각한다.
iv. 새로운 회사의 재무계획, 특히 1년 이상의 상세한 재무계획은 전부 상상의 산물이란 걸 알고 있다
v. 불필요한 숫자 나열로 계획서를 채운다. 그리곤 무턱대고 미래를 낙관한다. 그러나 투자자들은 숫자의 허망함을 알고 있다.

---

26) 하버드 창업 가이드, 아마 하이드외 지음/지용희. 오세종 역, 21세기북스, 2001

2. 손익분기점에 대해 다루어야 한다

ⅰ. 얼마나 매출을 올리면 이익을 내기 시작하는 것일까?

ⅱ. 언제쯤이면 현금 흐름이 흑자로 돌아설 것인가?

3. 다음의 주요관점에서 사업계획서를 작성하라

3-1. 인적자원의 강점을 설명하라

ⅰ. 사람 - 창업자 및 창업을 위해 중요한 서비스를 제공하는 외부인 (변호사, 회계사, 원자재 공급자, 멘토)

ⅱ. 창업 멤버들이 알고 있는 지식과 사람, 그리고 창업자 자신의 인지도 : 이는 창업자의 통찰력과 경험, 그 업계에 정통한지 등을 본다. 따라서 업계 사정에 대해 창업멤버들이 알고 있는 지식을 솔직히 기술해야 한다.

ⅲ. 경영자가 경험 많고 능력 있는 사람이면 일단 좋다.

ⅳ. 아이디어는 흔하디흔하다. 오직 아이디어를 실행 할 수 있는 능력만이 중요하다.

ⅴ. "나는 사람에 투자하지, 아이디어에 투자하는 것이 아니다"
-아서 록-

ⅵ. 경험과 능력이 확실치 않다면 창업자체를 다시 고려해야 한다.

3-2. 수익기회를 명백하게 밝혀라.

i. 기업의 제품 또는 서비스에 대한 전체 시장규모는 큰가? 빠르게 성장하고 있는가? 혹은 2가지 다인가?

ii. 진출하고자 하는 시장이 구조적으로 매력이 있는가? 아니면 그렇게 될 희망이 있는가?

iii. 규모가 크고 빠르게 성장하고 있는 시장을 원한다. 왜냐하면 성장하고 있는 시장의 점유율을 확보하는 것이 수월하기 때문에

iv. 예를 들어 블룸버그 통신에서 제공하는 블룸버그 파이낸셜 마켓과 같은 증권정보 회사는 전 세계 펀드매니저나 증권분석가에게는 엄청 중요하게 작용하여 대박이 나는 것이다.

3-3. 시장 진입전략을 상세하게 기술해야한다

i. 새로운 고객은 누구인가?

ii. 고객은 제품이나 서비스 구입 결정은 어떻게 내리는가?

iii. 제품이나 서비스의 가격은 어떻게 결정할 것인가?

iv. 목표 고객에게 어떻게 접근할 것인가?

v. 고객을 확보하기 위한 비용(시간과 자원)은 얼마인가?

vi. 제품이나 서비스의 생산과 유통비용은 얼마인가?

vii. 고객 지원비용은 얼마인가?

viii. 고객 유지비용은 얼마인가?

즉 경제적 측면에서 고객의 호응을 얻는 것이 가장 중요한데도 많은 창업자들은 '만들어라, 그러면 구매자가 올 것이다'라는 막연한 생각을 갖고 있다.

3-4. 사업기회에서 직접수입과 생산비, 마케팅 비용 등도 기술해야 하며, 대차대조표 부분을 다각도로 연구해서 제시해야 한다.

3-5. 사업계획에서 경쟁이라는 영역을 신중하고도 진지하게 다루어야 한다.

ⅰ. 새로운 사업의 경쟁자는 누구인가?
ⅱ. 경쟁자는 어떠한 자원을 가지고 있으며, 그들의 강점과 약점은 무엇인가?
ⅲ. 새로운 기업의 진출에 대한 그들의 반응은 어떠한가?
ⅳ. 나와 같은 기회를 발견하고 이용할 수 있는 사람은 누구인가?
ⅴ. 경쟁사를 합병 등의 방법으로 흡수할 방법은 없는가?

모든 경쟁에는 가능성과 취약성이 함께 존재하는데, 취약성을 숨겨서는 안 된다. 이것이 오히려 사업의 성공과 실패를 모두 파악하고 있다는 인식을 심어줄 수 있다.

3-6. 외부환경에 대한 통찰력을 보여주라.

ⅰ. 환경은 기회의 확인에서 투자의 회수까지 기업의 성공에 매우 큰

영향을 미친다. 즉 경제상황, 환율, 인플레이션, 이자율 등, 또한 규제와 세금 정책 등 다양한 환경이 있다

ii. 창업자는 이러한 환경에 대한 인식과 그 환경을 활용할 통찰력을 지녀야 한다.

iii. 사업계획서 상의 외부환경 또한 필연적으로 변한다는 사실을 인식하고 그러한 변화들이 사업에 미치는 영향을 예측해야 한다.

iv. 동시에 불리한 환경에 대해서도 그 대책을 상세히 설명해야 한다.

3-7. 위기관리와 투자자 보상책을 제시하라

i. 사람, 기회, 환경에 대한 다양한 각도에서 다루어야 하며, 이에 대한 현실적이고 일관된 스토리를 제시해야 한다. 또한 발생 가능한 행동과 대응도 설명해야 한다.

ii. 위 3가지 변동 상황 시 직면하게 될 위험에 과감히 대처하는 계획을 세워라. 예를 들어 경쟁사가 강하게 공격적으로 나오면? 원자재 수출국에서 혁명이 일어나면? 등

iii. 투자회수와 관련되어 언제쯤이면 기업을 공개할 수 있는지, 즉 성장 가능성을 묻는다. 기업 공개를 할 건지 말 건지, 투자자에게 어떤 보상이 어떻게 돌아가게 할 건지를 솔직하게 밝혀야 한다.

iv. 전문투자자들은 광범위한 대안을 가진 기업을 선호하며, 기업의 그 대안대로 유지하며 지속적으로 발전하기를 원한다.

3-8. 자금의 역동성

ⅰ. 전문투자자의 자금 활용이 좋다. 경험 많은 그들은 회사가 어려우면 적극적으로 도와준다.

3-9. 숨기지 말라

ⅰ. 자신을 신뢰하는 투자자들에게 자신의 치명적인 약점을 숨기면서까지 투자를 이끌어 내지 말아야 한다.

ⅱ. 사람, 기회, 환경, 위험의 대처 및 보상이라는 성공요소를 철저하고 솔직하게 다루는 것이 매우 중요하다

8장 자금 확보와 정부지원제도

1절 창업자금의 확보

1. 창업자금의 의의

세상에서 살아가는데 가장 기본적으로 필요한 것이 돈이다. 사실 돈을 많이 벌기 위해 창업을 하든, 아니면 자유를 찾아 혹은 자기가 하고 싶은 일만 하며 살고 싶어 창업을 하든, 일단 창업에는 돈이 필요하다. 그것도 생활을 할 수 있는 정도가 아닌, 그야말로 많은 돈이 필요하다. 사실 사업을 하고 싶어도 못하는 이유가 필자가 보기에는 두 가지인 것 같다. 하나는 창업을 할 용기가 부족한 것이요, 다른 하나는 창업자금이 없어서일 것이다. 특히 이 자금이라는 것은, 보기에 따라 아주 쉽게 구할 수도 있지만, 또 몇 천 만원을 융통하지 못해 부도나는 기업이 어디 한 둘이랴!

아무튼 창업을 하는데 가장 기본적으로 필요한 것이 창업을 하겠다는 의지와 열정이다. 그리고 사업에 대한 아이템과 이 창업자금이다. 사업에 대한 의지는 기업가 정신에서, 사업 아이템 선정에 대해서는 이미 앞에서 고찰해 보았다. 이 8장에서는 창업에 필요한 창업자금의 종류와 소요자금의 산출 그리고 소요자금 조달 계획과 조달 방법을 알아보고, 정부의 지원제도를 활용하는 방법에 대해 알아보고자 한다.

1) 창업자금의 종류

창업자금에는 우선 자기자본과 차입자본의 비율이 70:30의 비율이 가장 이상적이라 할 수 있다.[27] 이는 100%를 전부 자기자본으로 할 수도 있으나, 그렇게 되면, 자기자본이 전부이다 보니 약간은 신중하지 못한 의사결정을 내리기가 쉽고, 그 보다는 30%정도의 차입자금을 활용하는 것이, 자금 활용의 신중성과 이자에 대한 강제된 부담감 등으로 더 안정적이고 효율적인 심리상태를 유지한다고 보여 진다. 그렇다고 지나치게 차입자금이 많으면 이자 등에 대한 심리적 압박이 심해져 초조한 심리상태가 유지되어, 성급한 경영판단을 내리기가 쉽다. 따라서 70:30 정도의 자금이 무난하다고 본다.

(1) 시설자금, 운전자금, 예비자금

기본적으로 기업의 자금은 시설자금과 운전자금, 그리고 예비자금으로 나누어 볼 수 있다. 이는 크게 고정비에 지출되는 자금, 시설자금으로는 공장시설이나 건축, 생산설비, 부대시설이나 사무집기 등에 소요되는 비용을 말하고, 운전자금이란 인건비, 재료비, 제반 경비 등을 말한다. 또한 예비자금이란, 일종의 비상금으로 시설, 운전자금의 10% 정도를 계산하여 별도로 보유하고 있어야 한다.

(2) 단계별 소요자금의 예측

창업 시의 소요자금은 창업의 단계별로 나눌 수도 있고 사업의 성장

27) 창업경영론, 강정우외 12명, 도서출판 대명, P.276

단계별로 나눌 수도 있다. 이를 사업의 성장단계별로 나누면

① 창업초기 자금

우선 창업을 위해서는 종자돈이 필요하다. 특히 창업초기에는 가장 기본적인 자금으로 사업을 시작하는 초기에 사무실 임대료, 인건비, 인테리어비, 사무용품비, 기타활동비 등에 대한 자금이 필요하다. 또한 홈페이지 제작이나 특허 출원비, 카탈로그 제작 등에도 자금이 소요된다. 창업초기자금은 가급적 자기자본으로 충당하는 것이 좋다. 그러나 홈페이지 제작이나 특허 출원 등은 국가기관이나 지방자치단체의 지원을 받는 경우도 있으니 이를 적극 활용할 수 있는 방법도 강구해야 한다.

② 개발자금(개발단계)

제품의 개발에 필요한 자금으로 자기자금과 정부출연자금 등으로 활용한다. 이 때 신기술이나 신제품의 연구, 개발, 시험, 시장조사, 사업계획 등에도 소요되는 자금이 많이 필요하다. 특히 시제품을 만들기까지의 개발 자금이 생각보다 많이 들어가는 경우가 많다. 또한 대학 등 연구기관에 위탁 및 공동연구개발비, 연구기자재구입 및 임대료 등에 대해서도 생각해야 한다.

③ 운전자금

제품의 생산 및 판매를 위한 마케팅 활용자금이 필요하고, 가급적 자기자본으로 충당하는 것이 좋다. 운전자금은 원재료 구입, 인건비 등

정상적인 운영에 필요한 자금으로 재고자산회전기간, 매출채권매입채권의 결재조건을 고려하여 매출증가에 따른 1회전 운전자금 (원 재료비, 인건비, 제 경비)을 산정하여야 한다. 부족시 친인척, 엔젤투자자, 정부지원 자금 등 이자나 상황압력이 약한 자금을 활용한다.

2) 창업자금의 조달 계획

소요자금 규모 및 조달능력 여부 검토 후, 향후 3개년의 추정 재무제표 및 현금흐름표를 작성하여 자금조달의 충분성과 안전성을 검토해야 한다.

자금의 조달형테는 내부자금과 외부자금, 또는 자기자본과 타인자본으로 구분할 수 있다.

(1) 내부자금

이는 기업 내부에 축적된 감가상각충당금과 사내유보를 말하는데, 자금 이용시 이자를 지급하지 않아도 되고, 외부의 영향을 받지 않는 아주 이상적인 자금조달의 방법이다. 물론 기업체 내에 자금이 충분하다면 내부자금만으로 운용하면 좋다. 이는 보통 기업 설립자본금, 이익잉여금, 사내유보금, 감각상당충당금 등이 포함된다.

(2) 외부자금

이는 기업에서 주식이나 사채를 발행하여 자금을 조달하는 자금과 타인에게 빌린 차입금을 말한다. 그러나 이는 발행한 주식에 대한 배당금이나 회사채 이자 등이 지급되어야 하고, 차입금에 대한 이자등도 지급되어야 한다.

(3) 직접금융에 의한 자금 조달

이는 창업자가 자금조달을 할 때 지분투자에 의한 자금 조달을 하는 것을 말하며, 주로 개인 투자가의 출자금, 벤처캐피탈의 지분투자, 기업공개나, 주식공모의 형태로 이루어진다. 그러나 초창기 창업에서는 주로 개인 투자가의 출자금 형태가 많다. 이 경우에는 투자이기 때문에 상환의무가 없고 금융비용(이자)이 없어 기업의 재무구조를 건전화 시키는 좋은 점이 있으나, 초기자본이 적은 창업자인 경우에 창업자의 지분이 잠식당하여 경영권을 위협받을 수 있는 소지가 발생할 수도 있다.

(4) 간접금융에 의한 자금 조달

이는 은행과 같은 금융기관에 필요한 자금을 빌리는 형태이다. 이는 부동산 등을 담보로 제공하면 필요한 액수를 적기에 조달할 수 있는 장점이 있다. 그러나 담보 등이 부족할 때는 아직 신용이 형성되지 않아 돈을 차용하기가 곤란해진다. 따라서 창업초기에는 정부의 정책자금등에 관심을 가지고 적극 활용할 수 있는 방안을 찾아야 한다.

(5) 자금조달 시 고려해야 할 점

여기서 직접금융과 간접금융를 활용했을 때의 특징을 비교[28]해 보면 아래와 같다. 창업자는 이러한 내용들을 숙지하여 사업이 본궤도에 오

28) 2012년9월 청년창업아카데미, 송이재 외 7인, 중소기업진흥공단 부산경남연수원, P.18

르기 까지 여러모로 주의할 필요가 있다.

첫째, 직접금융은 담보가 불필요하고, 은행 등을 활용한 간접금융은 담보가 있어야 한다.

둘째, 직접금융은 원금의 상환의무가 없다. 자신들이 투자를 한 것이기 때문에 사업의 성과에 따른 지분의 이익을 가져가기 때문이다. 그러나 간접금융은 원금을 갚아야 한다.

셋째, 회사의 성과에 따라 직접금융은 이익을 가져가지만, 은행 등 간접 금융은 일정액의 이자를 지급하면 된다.

넷째, 직접금융은 주주총회 등에서 경영참여를 할 수 있으나, 간접금융은 경영참여를 할 수 없다.

다섯째, 직접금융은 수익성을 추구하여 투자하는 성향이나, 간접금융은 담보를 요구하는 등 안정성에 기반을 두고 있다.

여섯째, 직접금융은 투자이기 때문에 재무구조상의 부채비율을 낮추나, 간접금융은 부채비율을 높인다.

(6) 자금조달 및 운용계획상의 유의사항

ⅰ. 단기자금은 1년 이내에 변제를 생각하고 조달해야 한다. 이는 유동부채로 특히 신경을 써야 한다. 즉 1년 이내에 현금화 가능자산 및 유동자산을 포함하며, 현금화가 길면 재무에 부정적 영향을 미친다.

ⅱ. 장기자금은 주로 외부에서 조달하는데, 재무구조가 안정성을 띄게 되나, 장기적 금리인하로 반드시 유리한 것만도 아니다.

ⅲ. 자금조달 및 운용계획상의 유의사항

- 자금조달은 생각보다 많은 비용이 소요되고 기간이 길어진다. 따

라서 체계적이고 보수적인 자금운용계획을 세워야 한다.

- 자금 조달 능력을 감안한 사업구상을 해야 한다. 당연히 먼저 조달 가능한 자금을 계산해 보고 거기에 맞춰 사업규모를 정하는 게 맞다.

- 설득력 있는 사업계획서를 작성해야 금융기관이나 국가기관 등에게 사업에 대한 설득과 홍보가 가능하다. 즉 사업계획서는 구체적, 논리적으로 작성하되 계획사업의 성공가능성에 초점을 맞추어 작성해야한다

2. 창업자금의 조달 통로

1) 자기자금

- 창업자 자금 - 보유현금, 예금, 적금, 퇴직금, 유가증권 매각대금, 부동산 매각대금
- 현물 출자금 - 창업자. 투자가가 출자한 현물 (사업장, 차량, PC 등)
- 투자가 자금 - 주주출자금, 동업자 자금, 기관 투자가 자금, 후원금

2) 타인자금

- 정책금융 - 창업지원지금 (정부, 지자체, 공공기관 등)
- 일반금융 - 은행, 저축은행, 보험사, 리스, 신탁회사
- 사채 - 친. 인척 차입금, 동료 차입금, 사(私)금융 차입금

3. 자금조달의 준비사항

없는 돈을 타인에게 빌려야 할 경우 돈을 빌려주는 입장에서는 무엇보다 변제를 잘 할 수 있는지에 관심이 많다. 따라서 만약의 경우를 생각해 담보나 보증을 요구하는 것이다. 그러나 이러한 돈을 빌릴 조건이 손쉽게 갖추어지지 않는데 문제가 있다.

따라서 적어도 다음과 같은 사항은 창업을 하겠다는 생각을 가진 창업자라면 항상 고려해야 한다.

ⅰ. 자금을 융통해 줄 수 있는 기관의 지원제한 대상이 되지 않도록 준비해야 한다. 특히 신용불량, 부채비율초과, 연체, 체납 등이 발생하지 않도록 평소에 관리를 잘해야 한다. 특히 오늘날은 전산시스템이 발달하여 아주 작은 연체나 체납에도 여러 가지 문제가 발생하기도 한다.

ⅱ. 대부분의 자금 및 금융기관은 자신들이 정하는 일정한 조건에 해당하면 우선 가산점을 부여하고 있다. 장애인, 혹은 여성인 경우에도 우대를 받고 있다. 또 청년 또는 퇴직자 등에도 다양한 우대 조건을 제시하고 있다. 따라서 이들을 잘 활용하거나 혹은 사업성 있는 특허를 보유하거나, 벤처기업 또는 이노비즈기업, 경영혁신형 중소기업등과 각종 인증서를 획득한 기업(신기술, 기업부설연구소, ISO, 유망 중소기업 등)에도 가점을 부여하고 있다. 따라서 이런 활용할 수 있는 많은 조건들을 가능하면 갖추어 두는 것이 좋다.

ⅲ. 또한 대부분의 금융기관들이 창업 기업들에 자금을 빌려주면서 창업 기업이 제시하는 사업계획서에 상당한 관심을 가진다. 사실 별로

창업 기업에 대한 자료나 정보가 없다보니 사업계획서에 관심을 가질 수밖에 없다. 따라서 창업 기업은 사업계획서를 성실하게 그리고 신뢰가 가도록 만들어 놓은 필요가 있다.

2절 정부지원제도의 활용

창업에 대한 정부 지원제도는 아주 다양하다. 특히 박근혜정부가 들어선 이후로 더욱 창업에 대한 관심이 높아지고 있다. 또한 앞으로도 지속적으로 창업에 대한 관심과 지원이 많아질 것이고, 대학교나 창업 지원 교육기관 등에서 교육도 활성화 될 것으로 본다.

일반적으로 창업초기에 가장 큰 자금이 필요하다. 따라서 정부나 지방자치단체 혹은 금융기관 등에서도 가장 적극적으로 창업자를 지원해주어야 할 시기이다. 이때가 가장 지원이 필요한 시기인 것이다. 창업을 해서 생산하고 판매한 후에 자금이 회전될 때까지 상당한 자금과 시간이 소요되는데, 이 시기를 견디지 못하고 문을 닫는 경우가 많이 발생한다.

창업자금은 처음부터 다소 여유 있게 예산을 세우는 것이 안전하다. 특히 비용항목은 가능하면 자세히 구분하는 것이 좋다. 대부분의 경우 소요자금이 미처 생각지도 못한 곳에서 더 필요하게 되고, 또 시간이 생각보다 지연되는 경우가 많아 자금이 더 필요하게 된다. 사실 기본적으로 사업계획서상에 수립한 자금의 1.5배에서 2배정도의 자금이 더 소요된다는 것이 잘 알려진 불편한 진실인 것이다. 창업자는 이 점을 항상 명심하고 접근해야 한다.

1. 정부지원제도의 활용

정부의 자금을 활용하는 방안이 다양하나 여기서는 중소기업청 산하 기관인 중소기업진흥공단에서 창업 기업을 지원하는 분야를 중점으로 살펴보고자 한다.

이 자료는 중소기업진흥공단에서 발간한 [2013년 중소기업지원제도]에서 추출한 것이다.

1) 창업기업 지원 자금[29)]

- 융자규모 : 1조 2,500억
- 2012년 신청기업 6,628개사 중 4,365개사를 선정지원, 업체당 평균 3.0억 원 지원

2) 융자대상

- 창업 기업지원 : 업력 5년 미만인 중소기업 또는 창업을 준비중인 자
- 1인 창조기업지원 : 업력 5년 미만인 1인 창조기업 및 상시근로자 5인 이하의 중소기업
- 재창업 : 사업실패로 전국은행연합회의 신용정보관리규약에 따라

---

29) 2013 중소기업지제도, 중소기업진흥공단, P.14-16

연체 및 공공정보의 정보가 등재되어 있거나 신용등급이 하락하여 저 신용자로 분류된 실패중소기업경영인

- 청년전용창업 : 대표자가 만 39세 이하로 지식서비스산업, 문화콘텐츠 산업, 제조업을 영위하는 사업 개시일로부터 3년 미만(신청. 접수일 기준)인 중소기업 및 창업을 준비중인 자.

3) 융자범위

- 시설자금
  - 생산설비 및 시험검사장비 도입 등에 소요되는 소요자금
  - 정보화 촉진 및 서비스 제공 등에 소요되는 자금
  - 공장설치 및 안정성 평가 등에 소요되는 자금
  - 유통 및 물류시설 등에 소요되는 자금
  - 사업장 건축자금(토지구입비 제외), 임차 보증금
  - 사업장 확보자금(매입, 경. 공매) 단, 기업당 1회에 한정
  - 부지매입비 및 조성공사비(협동화 및 협업사업 승인기업에 한함)

- 운전자금 : 창업비용, 제품생산 및 기업경영에 소요되는 자금
  - 재창업자금(생산지원금융)은 구매기업과의 납품계약(계약서 등)에 근거한 제품생산비용 등 소요자금

4) 대출금리 및 기간

- 대출금리 : 정책자금 기준금리에서 0.3%p 차감

단, 청년전용창업자금은 연 2.7%이내 고정금리

- 융자기간
  - 시설자금 : 8년 이내(거치가간 3년 이내 포함)
  - 운전자금 : 5년 이내(거치기간 2년 이내 포함)
  - 청년전용창업자금 : 시설, 운전 구분 없이 3년 이내(거치기간 1년 이내 포함)

5) 융자한도

- 청년전용창업자금 : 기업당 1억 원
- 기업당 연간 30억 원(운전자금은 5억 원)
- 협동화 승인기업 : 추진주체 50억 원(운전자금 5억 원), 참가기업 45억 원(운전자금 5억 원)
- 협업사업 승인기업 : 추진주체 45억 원(운전자금 5억 원), 참가기업 40억 원(운전자금 5억 원)
- 재창업자금(생산지원금융) : 회전한도 내에서 계약금액의 90% 이내(최대 5억 원)

6) 융자방식

- 청년전용창업 : 중진공에서 자금 산청, 접수와 함께 교육, 컨설팅 실시 및 사업계획서 등에 대한 평가를 통하여 융자대상 결정 후 직접대출(융자상환금 조정형) 또는 취급은행(우리은행)이 자금

신청·접수와 함께 평가를 통하여 융자대상 결정 후 대출

* 융자상환금 조정형 : 정직한 창업실패자에 대하여 심의를 통해 선별적으로 융자 상환금의 일부를 조정

- 창업지원기업 : 중진공이 자금 신청·접수와 함께 기업평가를 통하여 융자대상 결정 후 중진공(직접대출) 또는 금융회사(대리대출)에서 신용, 담보부(보증서 포함) 대출
- 재창업자금 : 중진공이 자금 신청. 접수와 함께 기업평가 및 도덕성 평가를 통하여 융자대상 결정 후 직접대출(단, 기업편의에 따라 금융회사(대리대출)에서 대출 가능)

2. 소상공인 자금지원[30)]

1) 융자규모 : 7,500억

2012년 신청기업 14,197개사 지원, 업체당 평균 3,100만원 지원

2) 융자대상 (소상공인자금과 소공인특화자금으로 구분 지원)

① 소상공인 자금(5,000억 원)

- 제조업, 건설업, 운송업, 광업(상시 근로자수 10인 미만)
- 도·소매업 등 각종 서비스업(상시 근로자수 5인 미만)

* 융자제외 대상 업종에 해당되지 아니할 것

---

30) 2013 중소기업지제도, 중소기업진흥공단, P.31-33

(소상공인 일반자금)

중소기업청장이 정한 창업·경영교육을 이수한 소상공인, 소상공인 컨설팅 수혜자, 나들가게, 프랜차이즈 지원 사업 수혜자, 신사업개발 창업자 등 정부의 정책적 지원 사업에 참여한 소상공인

(소상공인 특화자금)

협업화 지원 사업 참여업체, 성장유망형으로 선정된 소상공인, 장애인기업 및 재해피해 소상공인

* 단, 소상공인 융자제외 대상 업종에 해당되지 아니할 것

② 소공인특화자금(2,500억 원)

- 제조업을 영위하는 상시근로자 수 10인 미만 소공인

* 단 주된 사업의 업종이 융자제외 대상 업종에 해당하는 기업은 융자대상에서 제외

3) 융자범위

① 소상공인 자금 : 소상공인 창업 후 경영개선에 필요한 자금

* 리모델링, 전시, 판매시설, 에어컨, 진열대 교체, 구매자금 등

② 소공인특화자금

- 시설자금 : 생산설비 및 시험검사장비 등의 도입에 소요되는 자금, 사업장 건축(토지구입비 제외) 및 확보자금(매입, 경. 공매),임차보증금
- 운전자금 : 원부자재 구입비용 등 기업경영에 소요되는 자금

4) 대출금리 및 기간

① 소상공인 자금

- 대출금리(변동금리) : 정책자금 기준금리에서 0.2%p 가산 (기준금리) (단, 재해 소상공인, 장애인, 예비창업자 및 창업7년 미만 장애인 기업의 경우 연3% 고정금리 적용)
- 융자기간 : 5년 이내(거치기간 2년 이내 포함), (단 창업7년 미만 장애인기업의 경우 대출기간 7년 이내<거치기간 2년 이내 포함>)
- 상환방식 : 2년 거치 후 3년간 대출금액의 70%는 3개월(또는 1개월) 마다 균등 분할 상환하고, 30%는 상환기간 만료 시에 일시상환
- 대출 취급은행 : 국민, 기업, 신한, 우리, 외환, 한국시티, 하나, 부산, 대구, 광주, 전북, 경남, sc제일, 제주, 농협중앙회, 저축은행중앙회, 수협중앙회, 새마을금고, 신협중앙회

② 소공인특화자금

- 대출금리(변동금리) : 정책자금 기준금리에서 0.2%p 가산 (기준금리)
- 융자기간 : 5년 이내(거치기간 2년 이내 포함)
- 상환방식 : 2년 거치 후 3년간 대출금액의 70%는 3개월(또는 1개월) 마다 균등 분할 상환하고, 30%는 상환기간 만료 시에 일시상환
- 대출 취급기관 : 중소기업진흥공단

5) 융자한도

① 소상공인 일반자금, 소상공인 특화자금 : 7천만 원
(단 나들가게 및 창업7년 미만 장애인기업의 융자한도는 1억 원)
② 소공인특화자금 : 기업당 연간 2억 원 (운전자금 1억 원)

6) 융자절차

① 소상공인 자금
- 신청·접수 : 전국 소상공인지원센터
(소상공인 지원센터 상담을 거친 후 자금 신청)
- 신용보증서 발급 : 지역신요보증재단, 신용보증기금(신청인의 신용·재정 상태·경영능력·사업성 등을 종합적으로 평가하여 발급)
(순수 신용이나 담보부 대출을 하려는 소상공인은 소상공인지원센터에서 상담 후 신용보증기관을 거치지 않고 취급은행에서 직접 대출)
- 자금대출 : 대출 취급은행
* 대출 취급은행에서 신용 평가, 담보 감정, 보증기관의 신용보증서 확인 등의 절차를 거쳐 대출

② 소공인특화자금
- 중진공이 자금 신청·접수와 함께 기술성, 사업성, 경영능력 등을 종합 평가하여 융자대상 기업을 결정한 후 직접대출

<참고 8-1>

3. 청년창업을 위한 정부의 지원 (청년창업사관학교)

중소기업청에서 2011년부터 시행하여 현재까지 탁월한 효과를 내고 있는 중소기업진흥공단의 청년창업사관학교 2013년도 지원내용을 요약하여 발췌 소개하면 아래와 같다.

2013년 청년창업사관학교 지원계획[31] (중소기업진흥공단)

1. 사업개요

기술창업을 준비중인 청년창업자를 선발하여 창업준비공간, 전문인력의 집중 코칭, 창업교육, 개발보조금, 마케팅 지원 등 창업계획 수립부터 사업화까지 창업단계 전 분야를 일괄 지원하여 혁신적인 "청년창업CEO"를 양성

2. 신청자격

만 39세 이하인 창업자(1973년 1월 1일 이후 출생자)로서,

① 창업을 준비중인 예비창업자 또는 예비창업팀

- 예비창업자는 신청일 현재 법인의 대표가 아니며, 업종에 관계없이 본인 명의의 사업자등록을 하지 않은 자를 말함

---

31) SBC 청년창업사관학교(2013.1.21. 공지) [중소기업청 공고 제213-9호] 일부 발췌한 것이다.
http://start.sbc.or.kr/ip/infomation.do?m=detailInfoCtr&seq=7254&tableNo=01&currentPage=1&workGbn=31&select1=%EC%A0%84+%EC%B2%B4&textfield1=

- 예비창업팀은 2인~4인으로 구성, 1인을 대표자로 신청(신청후 변경 불가) * 팀원도 만 39세 이하로서 모두 예비창업자일 것
- 고등교육법 제14조에서 정한 교원은 협약이전 소속기관장 명의의 창업 승낙서 제출 필수

② 사업신청일 현재 중소기업기본법 상 중소기업으로 공고일 기준 창업후 3년 이내 기업의 대표자

- 업력은 개인사업자의 경우 사업자등록증상 사업개시일, 법인기업의 경우 법인등기부등본상 회사성립연월일 기준

3. 신청분야 : 고용 및 부가가치 창출이 높은 기술 집약 업종

○ 제조업

○ 지식서비스업(연구개발서비스업, 전문디자인업 포함)

4. 지원규모 및 한도

가) 지원한도

○ 총사업비의 70%, 연간 최대 1억 원 이내

- 신청인은 총사업비의 30%이상을 부담(현금 10%이상, 현물 20% 이하 부담)

나) 모집인원

- 청년창업자 : 300명 내외

* 입 소 : 선정 후 협약을 체결하고 사관학교 창업공간에 입주

* 준 입소 : 사관학교 창업공간에 입주하지 않고 자체사업장에서 창업 활동 수행하되, 주관기관이 별도 정하는 기준에 따라 공동

사무공간 의무 출근(주1회 등)

* 입소, 준 입소는 구분하여 모집하며 입소를 우선 선발(안산은 입소 형만 운영)

5. 지원내용

청년창업자에 대하여 협약기간 동안 창업절차에서부터 기술개발, 시제품 제작, 시험생산, 판로개척 등 지원을 통해 창업성공률 제고

○ 창업공간 : 청년창업사관학교에 창업준비공간(개별, 공동)을 제공

* (중앙) 경기도 안산시 단원구 연수원로 87(원곡동931) 중소기업 연수원 내

* (호남) 광주광역시 북구 동문대로 456번길 40 호남연수원 내

* (대구경북) 경북 경산시 경청로 222길 86(백천동) 대구경북연수원 내

* (부산경남) 경남 창원시 진해구 남영로 473번길 22(남양동) 부산경남연수원 내

○ 창업코칭 : 전문 인력을 전담교수로 배치하여 진도관리 및 창업 전 과정 집중지원

○ 창업교육 : 경영역량과 창업분야의 전문지식 등 체계적 기술창업 교육 실시

- 필수 교육과정 미이수 및 교육이수시간 부족시 중간탈락(퇴교)

○ 기술지원 : 제품설계(CAE, 역설계 포함)부터 시제품 제작 등 제품개발 과정의 기술 및 장비 지원

○ 사업비지원 : 창업활동비, 기술개발 및 시제품제작비, 기술정보활동비, 지재권취득 및 인증비, 마케팅비 지원

- 사업비는 청년창업자에게 지급되지 않으며 중진공이 외주위탁업체에 직접 지급

* 창업 활동은 직접 지급 가능

- 청년창업자의 직계존비속 · 형제 · 자매 · 배우자 또는 각각이 대표로 있는 기업, 청년창업자가 재직 중인 기업, 재직 중인 기업의 임직원 등 특수 관계인은 청년창업자가 수행하는 사업에 위탁기관으로 참여할 수 없음

[사업비의 구분 및 용도]

구 분 사용용도

가) 창업활동비 : 청년창업사관학교 입소·준 입소 활동시 소요되는 경비 * 식비, 통근비, 숙박비

나) 기술정보활동비 : 전문가 코칭비, 멘토비, 기술 · 경영자문비, 교육비, 기술술서적구입비 등

다) 지재권 취득및 인증비 : 창업과제의 사업화를 위한 지식재산권 출원비, 시험분석료, 제품인증비 등

라) 기술개발 및 시제품제작비 : 개발기획, 과제참여인력인건비, 기자재 구입비 및 사용료, 설계 및 디자인비, 시제품제작비, 재료

비, 시험생산금형, 시제품보완제작 등

＊ 과제참여인력은 협약이후 신규채용 인력으로서 정규직일 것

마) 마케팅비 : 소비자반응조사, 개별전시회 참가, 카탈로그 제작, 포장디자인 및 영상제작비 등

○ **연계지원 :** 우수 청년창업자에 대해서는 창업자금 및 사업화자금 우선 융자, 투자연계, 보증연계, 판로 및 입지 등 지원 가능

6. 추진절차

가) 사업추진 절차도

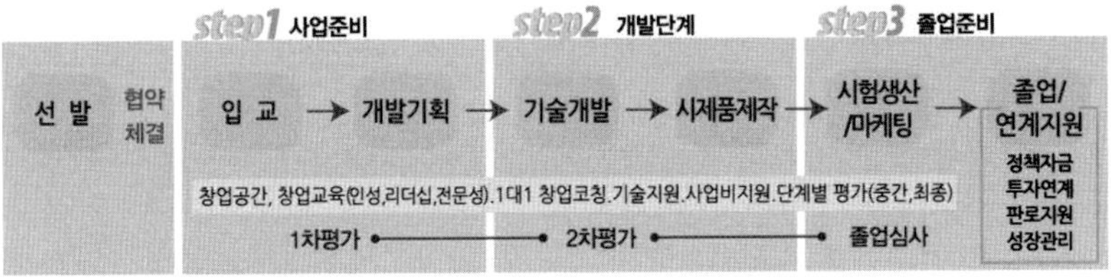

나) 선정평가

○ 선정평가는 3단계(서류심사-면접심사-심층심사) 평가를 통해 최종 선정하며 선정결과는 홈페이지(창업넷 등)를 통해 게시

＊ 공정한 심사를 위해 외부전문가로 구성된 평가위원회, 입교심사위원회 구성

(1단계) 서류심사

- 서류심사 평점 고득점자 순으로 차수별 선정 목표의 2배수 내외를 면접심사 추천대상으로 함

* 평점이 60점 미만인 경우는 면접심사 추천대상에서 제외

- 평가기준 : 사업계획의 적정성, 기술성 및 개발능력, 성장성

(2단계) 면접심사

- 신청과제에 대한 발표 및 질의응답에 의한 대면평가로 진행, 차수별 선정 목표의 1.1배수 내외를 심층심사 추천대상으로 함

* 청년창업자가 발표 원칙이며, 면접심사에 불참한 경우에는 선정대상에서 제외

* 평점이 60점 미만인 경우는 심층심사 추천대상에서 제외

- 평가기준 : 창업자의 사업수행능력, 사업화 가능성, 시장경쟁력

(3단계) 심층심사

- 교육과 인터뷰를 통한 사업계획 및 CEO자질 심사 및 개별 사업비 배정

* 사업계획수립 교육 실시, 분과별 평가실시

- 평가기준 : 사업화실행계획 심층 검토 및 사업가역량지표 평가 등

□ 협약

○ 청년창업자는 선정결과 통보일로부터 15일 이내에 부담금을 납입하고 주관기관의 장과 협약을 체결하여야 함

7. 사업참여시 유의사항

○ 선정된 청년창업자는 사관학교의 창업공간에 입소하고, 필수교육을 이수하여야 함.

- 단, 준 입소로 신청하는 경우별도 심사하여 선정(입소 신청자 우

선 선정)

○ 예비창업자(팀)는 중간점검(1차) 경과 통보일로부터 30일 이내에 신청과제를 영위하는 중소기업으로 창업을 하여야 함

- 예비창업팀은 창업 시 법인설립을 하고, 모든 팀원이 주주로 참여
- 법인을 설립할 경우에는 재택창업시스템(www.startbiz.go.kr)을 통한 법인 설립이 원칙

○ 선정된 청년창업자는 단계별 중간평가를 실시하여 사업수행능력 미달 자는 매 평가시 10% 내외에서 탈락(퇴교) 될 수 있음

<참고 8-2>

4. 맞춤형 창업[32](중소기업청)

중소기업청에서 시행하는 맞춤형 창업은 특별한 기술이나 좋은 아이템은 있으나 창업자금이 부족한 젊은 예비창업자나 혹은 창업초창기의 창업자들이 활용하기 아주 좋은 제도이다.

1) 신청자격

① 신청자격은 창업지원사업 통합공고일 기준 1년 이내의 창업자와 예비창업자로 한다.

② 세부 자격기준은 다음 각 호와 같다.

32) 중소기업청 창업진흥과, 2013.4.2. 기정희, 창업맞춤형사업 운영지침 일부 편집 http://www.smba.go.kr/kr/policy/support/supportFileList.do?mc=usr0001047&brd_id=A03000&seq=332

1. 중소기업청 '창업지원사업 통합공고일' 기준 1년 이내 개인사업자 또는 법인설립 등록을 한 창업자(개인사업자의 경우 사업개시일, 법인기업의 경우 법인설립등기일 기준)로 「중소기업 창업지원법 시행령 제4조」의 창업에서 제외되는 업종을 영위하고 있는 기업은 제외, 단, 전용면적 149㎡이하 주택의 주택임대사업자등록자는 예비창업자로 간주하여 신청을 허용(임대사업을 위해 사무실을 확보하였거나 직원을 고용한 자는 신청 불가)

2. 예비창업자는 사업 공고일 기준 개인사업자 또는 법인설립 등록을 아니 한 자로, 사업 선정 시, 협약종료일 3개월 이전에 중소기업 창업지원법 상의 창업이 가능한 자, 단, 「중소기업 창업지원법 시행령 제4조(창업에서 제외되는 업종)」의 업종으로의 창업은 불가

3. 공동대표체제의 기업 대표자 신청 시, 신청인 이외 대표의 사업 참여 동의서를 제출

4. 타 중앙정부, 지자체, 공공기관 등에서 시행하는 창업지원사업과 본 사업에 중복으로 선정되었을 경우, 타 사업 선정을 포기하고, 본 사업참여시 정부지원금 전액을 지원 받을 수 있고, 타 사업과 본 사업을 동시에 수행할 시에는 본 사업의 정부지원금에서 타 사업의 지원금을 제외하고 지원

③ 「고등교육법 제14조」에서 정한 교원은 협약 이전 소속기관장 명의의 창업승낙서를 제출하여야 하며, 제출하지 않을 경우 전담기관의 장은 해당자의 선정을 취소하여야 한다.

④ 다음 각 호에 해당되는 경우 사업지원 대상에서 제외한다.

1. 중소기업 창업지원법 상의 창업이 불가능한 자

2. 금융기관을 통한 계좌개설이 불가능하거나, 본인 명의의 금융자산에 대한 압류가 진행 중인 자(시효 소멸 자는 제외)

3. 국세 또는 지방세를 체납 중인 자

4. 중소기업청의 창업지원사업에 선정되었던 자(기업)(선정 후 중도 포기자 포함) 또는 선정 되어 사업을 완료한 자(기업)

5. 타 중앙정부, 지자체, 공공기관 등에서 시행하는 창업사업화 지원 사업 선정되어 사업수행 중인 자, 단, 수행을 완료(협약종료)한 자는 신청이 가능하며, 수행을 완료한 자가 본 사업에 선정될 경우, 지원결정 정부지원금에서 수행을 완료한 사업에서 지원받은 금액을 삭감(1천만 원 초과 시) 후 지원

6. 휴업중인 자

7. 기타 중소기업청장이 공고하는 사업공고문에 기재된 지원제외 대상에 포함되는 자(기업)

⑤ 신청은 사업시행연도의 모든 세부 지원프로그램에 걸쳐 단 1회만 가능하며, 1회 신청에서 탈락한 자는 수시발굴 연계 프로그램 등에 재신청이 불가하다.

2) 신청방법

① 사업에 참여하고자 하는 창업자는 창업넷 (http://www.changupnet.go.kr)에 회원가입 후, 창업자 신청 사이트(http://startbiz.changupnet.go.kr)에 접속하여 기본정보를 입력하고, 참여 신청서[별지 제2호 서식]을 작성하여 온라인으로 신청

② 창업자는 신청 시, 세부 지원프로그램을 반드시 선택하여야 한다.

③ 수시발굴 연계프로그램은 연간 4회에 걸쳐 창업자를 모집하며, 사업신청은 동조 1항과 같이 온라인으로 한다.

④ 온라인 신청 후, 전담기관의 장으로부터 추가 자료의 요청이 있을 경우 이를 온·오프라인 상으로 제출하여야 한다.

⑤ 전담기관의 장은 창업자가 모집공고상의 접수기한 내에 온라인 접수를 완료하지 못한 경우 신청을 포기한 것으로 간주하여 처리하여야 한다.

3) 사업비의 조성 및 추진절차

① 사업비의 조성은 다음과 같다.

구 분	창업자 사업비 조성(100%)	
	정부지원금(A)	창업자 부담금(B)
조성 비율	70% 이하 · 최대 50백만 원 (단, 지식서비스 분야는 최대 35백만 원)	30% 이상 (현금10% 이상, 현물 20% 이하)

② 현물부담의 경우, 다음 기준에 따라 계상하며 창업자는 현물확보에 대한 증빙자료를 유지하여야 한다.

1. 시제품제작 등에 참여하는 창업자의 인건비(임직원 포함)

* 인건비 현물 = 전년도 연말정산기준 월 평균 급여액 × 참여율 × 참여개월 수

(최근 2년 이내의 연말정산기준이 없을 시 인건비 계상기준을 준

용함)

2. 창업자가 창업준비공간을 보유 또는 임차한 경우 해당 공간의 임차료

3. 창업자가 보유하고 있는 시제품제작 관련 기자재의 사용료 및 임차료로서 기자재의 경우 취득가액의 10% 또는 잔존가치액 이내에서 인정

4) 사업비의 구성

① 각 사업 비목별 계상기준은 [별표 제1호]에 따라 계상함을 원칙으로 하며, 기본 구성은 다음과 같다. 단, 사업비목간 중복 계상 및 유사항목 설정은 불가하다.

비 목	세 목	내 용
창업자 지원금	시제품제작비	시제품제작에 소요되는 실비 (인건비, 재료비, 기자재구입 및 임차비, 외주용역비, 기술이전비 등)
	기술정보활동비	교육비, 학회참가비, 지재권 출원·등록비, 시험분석료, 제품인증비, 사무용품비 등
	마케팅비	국내·외 전시회 참가비, 제품홍보물 제작 및 홍보비, 시장조사비 등

② 창업자의 시제품제작비는 인건비, 재료비, 기자재구입 및 임차비, 외주용역비, 기술이전비로 구성되며, 총사업비의 50% 이상에서 계상 가능하다.

③ 기술정보활동비는 교육비, 학회참가비, 지식재산권 출원·등록비, 시험분석비, 제품인증비, 사무용품비 등으로 구성되고, 총사업비의

20% 이내에서 계상 가능하다.

④ 마케팅비는 국내·외 전시회 참가비, 제품홍보물 제작 및 홍보비, 시장조사비 등 판로개척에 소요되는 실비용을 계상한다.

⑤ 사업비의 계상 및 지급기준에 대한 세부사항은 전담기관의 장이 별도의 기준을 정하여 창업자 및 주관기관에 안내하여야 한다.

창업맞춤형 사업 추진절차

단 계	수 행 방 법	비 고
주관기관 모집	• 주관기관 Pool 모집 공고(창업넷 등) • 신청접수(창업넷)	중소기업청
평 가	• 서류 : 사업계획서 사업운영 적격여부 평가 • 현장 : 사업계획서 내용 현장 확인 • 발표 : 교육, 특화, 멘토링 등 발표 평가	전담기관 (평가위원회)
선 정	• 주관기관 Pool 선정	전담기관 (심의조정위원회)
창업자 모집	• 창업자 모집 공고(창업넷 등) • 신청접수(창업넷)	중소기업청
평 가	• 일반창업지원·전문기관연계 : 서류 및 발표 평가 • 투지기관·수시발굴 연계 : 서류 및 멘토링 평가 - 수시발굴 연계는 3~4회 모집 및 평가	전담기관 (평가위원회)
매 칭	• 창업자 - 주관기관 매칭 시행 - 수시발굴 연계는 매칭 미시행	전담기관
선 정	• 창업자 선정 및 사업비 조정	전담기관 (심의조정위원회)
협약체결	• 주관기관, 창업자 수정사업계획서 제출 • 매칭완료자의 창업자부담금 납부 (매칭완료자→주관기관) • 협약체결(전담기관-주관기관-창업자)	전담기관 주관기관 온라인시스템
사업비지급	• 사업비 지급(전담기관→주관기관→창업자)	전담기관/ 주관기관
중간·최종 보고 및 점검	• 중간 점검 (주관기관→창업자) → 중간보고서 제출 (주관기관→전담기관) • 최종 점검 (주관기관→창업자) → 최종보고서 제출 (주관기관→전담기관) • 현장 점검	전담기관 등
결과보고 사후관리	• 사업결과 보고 (주관기관→전담기관→중소기업청) • 성과관리 및 만족도 조사 등	전담기관, 중소기업청

5. 일반적인 사업자금 조달기관의 종류

1) 기관의 종류

- 금융기관 (은행)
- 창업투자회사
- 중소기업진흥공단
- 신기술 사업 금융회사
- 신용보증기관
- 신용보증기금, 기술보증기금, 지역신용보증재단
- 리스회사
- 투자기관 : 투자금융회사, 종합금융회사, 투자신탁회사, 증권금융회사
- 보험회사 : 생명보험회사, 손해보험회사
- 저축기관 체신예금, 신용금고, 새마을금고, 상호금융, 신용협동조합
- 증권회사 : 증권회사
- 정부기금 : 중소기업창업지원기금, 중소기업진흥기금, 중소기업구조조정기금

2) 은행의 활용

은행에서의 자금 신청이후 융자 및 대금 회수의 순서는 다음가 같다. 즉, 융자상담 → 대출신청접수 → 담보물 감정 및 신용조사 → 융

자결정 및 통지 → 대출약정 및 담보취득 → 대출실행 → 사후관리 → 대출금 회수 정리의 순서로 집행된다.

(1) 담보취득 대상물

이 때 융자 신청인은 담보물을 제시해야 하는데, 그 담보취득 대상물은 다음과 같다. 즉

- 부동산(토지, 건물, 공장시설, 선박 등),
- 동산(기계, 기구, 시장성 있는 원자재 등),
- 유가증권(국채, 회사채, 상장주식, 수익증권)
- 채권(예금, 적금, 확정채권 등)

(2) 담보의 종류

① **인적담보** : 채무자가 아닌 다른 사람의 신용을 제공함으로써 대출금 채권을 담보하는 것으로, 신용대출의 경우 통상 보증인을 세워야 함

② **물적 담보** : 이는 채권이 변제 되지 않을 때, 제시된 담보를 경매 등 법적인 처분을 집행하여 변제받을 수 있는 제도이다.

ⅰ. 저당권 : 채권이 변제되지 않을 경우 동 물건으로 부터 다른 채권자에 우선하여 변제 받을 수 있는 권리

ⅱ. 질권 : 채권자가 채무자 또는 제3자가 담보로서 제공한 물건을 직접 점유하면서 채무불이행시 동 물건을 처분하거나 권리를 실행하여 그 대금으로 우선변제를 받을 수 있는 담보권을 말한다.

이는 동산이나, 유가증권에 주로 설정되며 채권자가 담보물을 직접 점유한다는 점에서 저당권과 차이가 있음

iii. 양도담보 : 담보의 목적으로 채무자가 채권자에게 일정 재산을 양도할 것을 약정하고 실제 채무불이행시 채권자는 동 물건을 처분하여 채권을 회수하는 한편, 채무이행 시 동 물건의 권리를 다시 반환하게 하는 방법에 의한 담보이다. 이는 질권과는 달리 목적물을 채권자에게 인도하지 않아도 되므로 일상 사용하는 동산 (공장 기계 등)도 담보로 제공할 수 있는 편의점이 있다.

③ 담보종류별 담보 적용비율 (은행)은

- 부동산 : 80%
- 상장 유가증권 및 확정 채권 : 90%
- 선박, 항공기 등 : 40%를 적용한다.

3) 보증기관의 이용방법

(1) 신용보증기금

이는 신용보증서의 발급으로 통해 중소기업의 자급조달을 원활하게 해주는 기관으로 제조업, 건설업, 운수업, 정보통신업 위주로 보증업무을 해주고 있으며, 이는 신용보증기급법에 의해 설립된 비영리특수법인이다. 이 때 채무자가 채무를 변제하지 못할 경우, 일단 금융기관 등에 대신 변제를 해주고 본 채무자에게 구상 권을 행사하여 채무를 받아낸다.

(2) 기술보증기금

이는 정부출연기관으로 기업의 기술성과 사업성을 평가하여 보증을 지원하는 벤처전담보증기관이다. 주로 신용보증, 기술평가, 벤처기업 지원 등의 업무를 담당한다. 특히 창업자가 제시하는 기술에 대한 검토 후 이를 보증해 줌으로써 창업자가 기술능력을 담보로 금융기관에게서 융자를 받을 수 있다.

(3) 지역신용보증재단

지역 내 소상공인을 포함한 중소기업에 대해 보증지원을 하고 있다.

9장 제품개발과 판로 확보

1절 창업기회와 제품개발

창업이란 창업자가 나름대로의 독특한 아이디어를 활용하여 신제품이나 혹은 새로운 서비스를 창안해서 세상에 내놓는 것을 말한다. 그러나 창업이란 꼭 새로운 제품을 내 놓는 것만을 의미하는 것이 아니다. 기존 성행하고 있는 제품이든, 혹은 기존의 똑같은 서비스를 활용하여 다른 창업자가 창업을 할 수도 있고, 또는 새로운 가게, 혹은 다른 위치나 지역에서 얼마든지 창업을 하고 있는 것이다. 물론 새로운 제품을 개발하는 것은 엔지니어들에 의한 기술적인 창업이 많고, 제조업의 경우가 많다. 그러나 그 보다 훨씬 더 많은 소상공인 창업이 있다. 이 책에서는 물론 젊은 학생들을 상대로 접근을 하기 때문에 기술적인 분야를 생각하면서도, 일반적인 소상공인의 창업도 관심을 가지고 접근하고 있다.

즉 창업을 염두에 두고 창업 자료를 모으고 있는 나이든 명예퇴직자나, 학교에서 창업을 공부하는 공대생이나 예술대학 미술학과 학생이 있다고 하자. 여기서는 그들이 모두 활용할 수 있는 제품개발이나 마케팅에 대해 논하고자 한다. 다시 말하자면, 미술학과에 다니는 학생이 미술학원을 창업할 목표를 세우고 창업에 대한 공부를 할 때도 당연히 이 책으로 공부를 하는 것이 적합하다는 것이다.

1. 창업기회

세상에서 기회는 많다. 그러나 기회를 잡는 사람은 평소에 준비가 되어 있는 사람이다. 창업도 마찬가지다. 전혀 상상하지도 않았는데, 어쩔 수 없이 회사를 이어 받기도 하고, 또 우연한 기회에 창업아이디어를 얻어 창업을 하기도 한다.

창업의 기회는 사람마다 접근하는 방법이 다르다. 내가 아는 한 학생은 행정학과 학생으로 성적도 우수하고 장차 공기업 분야에 취직을 목표로 공부를 해 왔다. 그런데 직원 5명을 거느리고, 작은 사업체를 운영하는 아버지가 갑자기 아파서 일을 못하게 되었다. 상당한 중병으로 1~2년간 투병생활을 해야 하고, 어머니는 아버지의 사업에 대해서는 전혀 아는 바가 없다. 학생의 상담을 받은 나는(그때 이 학생이 나의 창업수업을 듣고 있었다) 그에게, 아버지의 일을 맡아서 하라고 했다. 그러면서 장기실습으로 그 회사에 파견을 나가서 일을 배우도록 했다. 다행히 그는 그 일을 어릴 때부터 접해왔기 때문에 쉽게 접근하는 것 같았다. 그는 창업수업에서 배운 여러 가지 지식을 활용하여 1년이 지난 지금은 대학을 졸업하고 그 회사의 부사장으로 일을 추진해 나가고 있다. 물론 중요한 결정은 병상에 있는 아버지가 도와주지만, 나름대로 회사경영을 잘하고 있다. 이처럼 창업이든, 회사 경영이든 자신의 의지대로 할 수도 있지만, 부지불식간에 일을 맡게 되기도 한다.

2. 제품개발

기업의 창업자는 언제나 현재의 고객과 미래의 고객에 초점을 맞추어야 한다. 이 사람들이 현재와 미래의 시장이며, 이들의 필요와 취향에 따라 제품이나 서비스를 일치시켜 나가는 것이 바로 제품개발이다. 즉 제품개발이란, 고객들이 필요성을 느끼고 중시하는 것을 구현하고, 또 고객들이 제품이나 서비스에 만족하도록 만드는 것이 제품개발의 목적이다. 우리가 어떤 분야의 제품이나 서비스의 개발에서 가장 중요하게 생각해야 하는 것이 고객을 위한 제품의 차별화, 집중화, 세분화, 신속화라고 생각된다.

즉 신 제품은 더 말할 필요도 없겠지만, 똑같은 기존의 상품이나 서비스를 현 비즈니스 모델에 사용한다고 하더라도 위의 4가지 특성을 잘 활용해야 한다.

1) 차별화

앞에서도 설명한 적이 있지만, 제품이나 서비스가 기존의 상품과는 다르게 뭔가 차별화를 추구해야 한다. 간단한 방법으로는 제품이나 서비스의 품질을 향상시키는 것이다.

(1) 품질의 향상

만약 어느 이발소의 주인이 바뀌었다고 하자. 새로 이발소를 개업한 주인은 뭔가 다른 차별화된 서비스를 제공해야 손님들이 찾아 올 것이다. 예를 들면 이발하는 솜씨가 아주 탁월해서 입소문이 나면 손님들이 많이 찾을 것이다. 혹은 전에 이발사가 하지 않은, 면도를 서비스해준다든지, 혹은 여성이 머리를 감겨준다든지 등등.

무엇인가 차별화를 제공할 때 고객들의 관심과 선택을 받게 될 것이다. 이는 제조업에서 생산하는 상품에 대해서도 마찬가지이다. 만약 TV용 리모컨을 만드는 회사에서 새로운 리모컨을 선보였다면, 당연히 뭔가 차별화가 되어야 할 것이다. 지금까지와는 다른, 즉 새로운 기능(예를 들어 어떤 종류의 TV에서도 작동이 가능하다든지, 혹은 그 리모컨으로 세탁기나 자동 청소기도 돌릴 수 있다든지 등등)이 있든지, 아니면 디자인이 세련되어 보기 좋든지, 혹은 손에 잡을 때 촉감이 훨씬 좋든지, 뭔가의 차별화가 제공되어야 고객이 관심을 가지는 것이다.

(2) 싼 가격

똑 같은 제품이면, 원가를 절감해서 싼 가격으로 팔 수 있는 방법을 고안해야 한다. 가격이 싸면 당연히 고객이 몰릴 것이고, 그러면 사업이 활성화 되는 것이다. 예를 들어 이마트나 홈플러스 등은 동네 슈퍼보다 가격이 비교적 저렴하다. 그러니 사람들은 동네 슈퍼에 가는 게 아니라 차를 타고 대형 매장에 와서 한꺼번에 많은 물품을 구매하는 것이다. 즉 이러한 박리다매 방식으로도 충분히 사업이 활성화되는 것이다. 이는 큰 이익을 남기지 않더라도 많이 팔아서 이익을 남기는 방법이다. 고객입장에서는 가격이 아주 저렴하든지 하는 식으로 차별화가 되면 당연히 관심을 가질 것이다.

(3) 서비스의 편리성

이는 제공되는 상품이나 서비스가 편리하게 혹은 빠르게 제공되면 다른 경쟁자에 비해 경쟁력을 가지게 되는 것이다. 즉 비슷한 품질, 혹은 비슷한 가격으로 제공되는 제품이 A/S가 훨씬 잘된다든지, 또는 가까운 거리에 A/S점이 있다든지 하면 고객이 선택하기가 용이해 지는 것이다.

이 서비스는 친절하고 신속하며 편리하게 고객에게 만족을 제공하는 것으로 통산 고객만족경영의 모체가 된다. 사실 현대는 대부분의 제품에서 품질이나 가격은 거의 비슷비슷하게 나타난다. 그러다 보니 네임벨류, 혹은 A/S, 혹은 편리성 등이 경쟁력으로 대두된다. 따라서 이런 서비스의 차별화가 점점 더 큰 경쟁력의 차이로 나타날 것이다.

2) 집중화

제품을 개발하는 데는 집중화가 필요하다. 이 집중화는 다른 말로 전문화라고도 말 할 수 있다. 즉 이제 막 창업을 해서 사업을 시작하는 입장에서는 이것저것 다해보고 싶다. 그래도 오로지 한 분야에 집중해서 하나의 걸작품을 만들든지 혹은 차별화된 상품을 만들어 내야 한다. 우리가 따스한 햇볕 아래서 손바닥위에 종이를 놓고 태우려면, 렌즈로 초점을 모으면 2~3분이면 불에 탄다. 그러나 똑 같은 햇볕, 똑 같은 종이, 쪽 같은 렌즈, 똑 같은 사람이 똑 같은 작업을 하더라도 초점을 모으지 않으면, 3분이 아니라 30년이 지나도 종이는 타지 않을 것이다. 이처럼 초점을 모으는 것은 아주 중요하다. 하나의 제품이나 서비스를 개발하는데도 하나의 분야에 집중하는 것이 아주 중요하다.

3) 세분화

이는 한 가지의 상품이나 서비스를 만들었으면, 그것을 나름대로 세분화 해 볼 필요가 있다. 그래서 고객을 더 세분화해서 분류할 수 있게 만들어 적합한 서비스를 제공하는 것이다. 예를 들어 몇 년 전에는 네일 아트라는 분야가 없었다. 그러나 여자들이 화장을 하면서 점차 손톱 발톱의 관리에도 관심을 가지게 되었고, 더 나아가 지금은 네일 아트 분야가 미용실에서 분류되어 별도의 산업분야로 각광받고 있는 것이다. 이처럼 대부분의 산업이나 제품 서비스등도 시간이 지나면 하나의 영역이 분할되어 둘 또는 그 이상의 영역이 된다.[33] 이처럼 제품이나 서비스도 점차 세분화되어 나가는 것이 마케팅 불변의 법칙이다. 따라서 제품이나 서비스를 점차 세분화하는 방법을 취해서 가능하다면, 처음으로 시도하는 선도자가 되는 것이 가장 발전 할 수 있는 방법이다.

4) 신속화

세상이 변화하는데 이 변화의 속도를 뒤 따라 가서는 남을 앞서기가 어렵다. 할 수만 있다면 세상을 이끌고 나가야 한다. 그러나 혼자 창업하는 창업자의 입장에서 대단한 지식이나 아주 특별한 기술 없이 혼자

33) 마케팅 불변의 법칙, 알.리스, 잭 트라우트/박길수 역, 십일월출판사, 2007, P.94

서 세상을 이끌어 갈 수는 없다. 사실 특별한 기술이 있다 해도 그것을 창업으로 연계시켜 어느 특정산업의 리더 기업이 되는 것은 수많은 세월과 과정을 거쳐야 가능할 것이다. 그러나 비록 작은 변화라 할지라도 경쟁업체보다는 빨리 변화해 나가야 한다. 즉 제품을 개발하든지 혹은 창조하든지, 혹은 어떤 서비스를 출시하든지 간에 일단 남보다 빠르면 경쟁력을 가질 수 있다. 그러나 아직 시장이 미처 형성되지도 않은 분야에서 신속만을 따져 너무 이르게 제품이나 서비스를 출시해서는 안 될 것이다. 그러나 늦은 것 보다는 이른 편이 좋다. 사정이 호전되기를 기다리며 시간을 보낼 각오를 하지 않고서는 잠재고객의 기억에 맨 먼저 자리 잡을 수 없다.[34)]

2절 창업자의 판로 확보방법

여기서는 창업자가 어떤 신제품을 만들었거나 혹은 어떤 서비스를 출시했다는 전제하에 어떻게 하면 이를 시장에 알리고 그리고 판매한 후, 대금을 회수하고 다시 제품을 생산해 판매하는, 사업을 지속적으로 이끌어 나갈 방법들을 생각해 보기로 하자.

1. 마케팅의 4P 전략

마케팅에 관한 대부분의 서적에는 이 4P에 대해 기술하고 있다. 즉

34) 마케팅 불변의 법칙, 알.리스, 잭 트라우트/박길수 역, 십일월출판사, 2007, P.103

제품(Product), 가격(Price), 장소(Place), 광고홍보(Promotion)이다. 이 4가지가 사실 마케팅에서 가장 중요하다. 다른 많은 다양한 마케팅 방법론들은 결국 이 4P에서 파생된 방법들이라 볼 수 있다.

1) 제품(Product)

소비자가 제품을 구매할 때는 여러 가지 설명을 덧붙이기도 하지만 결국은 한마디로 귀결된다. 즉 제품자체가 고객의 욕구를 만족시키거나 혹은 새로운 욕구를 창조하는 등, 고객의 필요성에 부합하면 되는 것이다. 즉 내가 팔고자 하는 제품이나 서비스가 고객에게 어떤 혜택을 주는지를 고객이 수긍하면 되는 것이다. 즉 이 제품을 사면 고객은 자신에게 어떤 혜택이 돌아오는지를 아는 것, 그것이 곧 답인 것이다. 지금 독자가 읽고 있는 이 책도 마찬가지이다. 만약 이 책을 구매하고자 하는 독자는 '소규모 창업'에 대한 실제적인 내용과 예비창업자가 준비해야 하는 점, 더 나아가 막 창업한 신규 창업자인 경우 어떻게 회사를 운영해 나가야 하는지에 대한 의문들을 해소하기 위해서 이 책을 선택한다면 그 선택은 탁월하다. 그러나 재벌 2세가 엄청난 금액의 돈을 가지고, 회사를 설립하고자 할 때, 창업에 관한 책을 찾는다면, 이 책은 연관성이 상당히 낮은 것일 것이다. 즉 그 제품이 고객의 용도에 적합해야만 그 제품을 구매하는 것이다.

2) 가격(Price)

가격은 구매자의 입장에서는 그 제품에 대한 비용이 구매할 마음이

들 정도로 낮아야 하는 것이다. 혹은 대금을 지불하는 방식 등이 구매자의 마음에 들어야 하고, 판매자의 입장에서는 그 가격이 회사에 수익을 남길 정도가 되어야 하는 것이다. 이는 당연히 수요와 공급의 법칙이 존재하겠지만, 수요자와 공급자의 어느 한쪽이 손해를 봐서는 가격이 형성되지 않아 거래가 성립되지 않을 것이다.

3) 장소(Place)

제품을 판매하는 데는 장소가 아주 중요하다. 특히 식당이나 일용품을 파는 가게 등은 첫째도 위치, 둘째도 위치, 셋째도 위치라는 말이 있다. 누가 뭐래도 사업을 하는 장소는 중요하다. 특히 제품을 만드는 공장이 아니라, 제품을 전시하고 판매하는 위치로서의 장소는 아주 중요하다. 그런데 이 장소라는 게 묘한 것이 있다. 예를 들면 보석상이 한곳에 몰려 있으면, 보석상 골목이 되어 혼자 떨어져 장사하는 것 보다 훨씬 장사가 잘 된다고 한다. 따라서 장소도 상황에 따라, 그리고 판매하는 제품이나 서비스에 따라, 혹은 업종과 주변 환경의 상황과 맞아 떨어져야 한다.

4) 판촉(Promotion), 광고 홍보

제품을 팔기위한 프로모션에는 홍보가 특히 중요하다. 홍보에는 명함에서부터 TV광고까지 수많은 방법이 존재한다. 중요한 것은 제품이나 서비스는 널리 홍보가 되면, 홍보가 되지 않은 상황과는 차원이 다르게 많이 팔린다는 것이다. 따라서 비용이 들더라도 홍보에 치중해야 한다. 설령 아주 작은 가게나 소규모 전문분야를 창업했다 하더라도 다양한 수단과 방법을 동원하여 할 수 있는 한, 최대한 홍보는 하는 게 좋다.

어떤 제품을 두고 접근하는 방법은 각자 다르다. 그러나 어떤 마케팅 전략을 펼쳐야 할 것인지는 기업의 판매여건이나 상황에 따라 다르지만 위의 기본적인 4P에 다른 전략적인 아이디어를 더하면 좋을 것이다.

2. 마케팅의 S. T. P 전략

이는 자사의 제품이 특정 고객의 욕구나 취향, 필요성 등에 맞는 개발이 이뤄지도록 하기 위해 제품의 시장세분화, 타케팅, 포지셔닝으로 이어지는 전략적 모델을 수립한다.

1) 시장세분화(Segmentation)

이는 내가 진출하고자 하는 시장이 어떻게 구성되어 있는지를 따져보는 것으로 시장을 좀 더 세분화하여 자사 제품의 적합성을 높이고자 하는 것이다.

예를 들어 게임기를 제조 판매하는 회사가 있다고 하자. 이 회사의 관점에서 첫째, 수요자의 나이는? 하고 고민하게 된다. 수요층의 나이는 25세에서 35세라고 정하고, 가격은 10만원에서 30만원사이로 정했다. 판매의 방식은 주로 오프라인 위주로 하는 방식을 택했다면, 이는 시장세분화를 나름 잘 하고 있는 것이다. 물론 시장의 모든 수요자를 생각해서 광범위하게 사용할 수 있는 제품을 생산하고 싶지만, 앞에서도 이야기한 초점화, 집중화에 배치되며 별로 성공적이지 못하다. 따라서 시장의 세분화가 필요한 것이다. 이는 다시 말해 고객의 특성에 따라 시장을 쪼개는 것이다

시장세분화의 목적은 첫째, 고객욕구의 정확한 파악을 하기 위함이고 둘째, 다양하게 변하는 고객의 니즈와 시장의 변화에 능동적, 즉각적인 대처를 하기 위함이다. 셋째는 동질적인 세분화된 시장의 고객들에게 가장 큰 만족을 제공하기 위함이다.

이러한 시장세분화의 효과는 경쟁우위 확보, 마케팅 기회의 발견, 차별화를 통한 가격 경쟁 완화를 들 수 있다.

2) 표적시장의 명확화(Targeting)

이는 세분화된 시장 중 기업이 표적으로 하여 마케팅을 수행할 목표를 찾아내는 것을 의미하며, 고객과 기업에게 가장 유리한 최적의 성과를 제공하게 하는 전략이다. 일종의 맞춤형 전략이라고 할 수 있다. 예를 들어 승용차를 판매한다고 하자. 승용차는 회사 브랜드와 차종에 따라 이미지와 고객이 있다. 특화된 메시지를 전하고 싶다면 어떤 사람들에게 하고 싶은 말을 하고 있는지를 정확하게 알아야 한다.

표적시장을 정할 때에는 시장에 대한 몇 가지 요소들을 평가해 보아야 한다.

① 세분화 된 시장의 크기 : 업체가 특정시장에서 마케팅 활동을 수행하기 위해서 시장의 규모가 있어야 한다.

② 시장 성장가능성 : 업체가 목적으로 하는 시장이 성장 가능한 시장이어야 한다.

③ 시장 수익성 : 이 시장에서 상대적으로 다른 시장보다 수익성을 충분히 창출할 수 있는 시장이어야 한다.

④ 시장 규모 : 그 시장에서 발생할 수 있는 매출의 규모가 어느 정도인지 등을 고려해 보아야 한다.

3) 포지셔닝(Positioning)

이는 자사제품을 그 제품분야의 전체수준 중에서 어떤 수준인지 혹은 차별적 요소가 무엇이지를 고객의 머릿속에 주입하게 하는 마케팅 활동 이다. 예를 들어 '벤츠자동차' 하면 일단 고급 승용차의 이미지가 떠오른다. 이 처럼 자사제품을 고객의 머릿속에 어떤 위치로 심어놓을 것인가에 대한 마케팅 활동이다. 실속 추구형 상품인지, 혹은 고가의 선물용 상품인지 등과 같이 고객이 판단하는 기준을 제시해서 자사제품의 판매에 확대를 꾀하는 방법이다. 예를 들면 유기농, 친환경 재료만을 사용하여 고급품으로 만드는 음식집은 당연히 가격도 비싸고, 품질이 좋을 것이라는 식의 마인드를 고객에게 심어주는 것이다.

즉 자사의 제품이 낮은 품질, 싼 가격, 혹은 비싼 가격, 높은 품질, 혹은 그 중간의 어디 쯤 이렇게 분류를 한다면 어디에 속하는 제품을 만들지를 판단하여 제품을 만든 후에는 그 분야의 시장을 집중 공략해야 하는 것이다.

3. 마케팅 믹스 전략의 수립

마케팅전략은 전략적 계획을 통해 사업의 방향이 결정된 뒤, 구체적으로 고객에게 다가가기 위한 전략 전술을 수립한다. 이를 순차적으로 기술해 보면

ⅰ. 전사적 경영전략을 설정하고

ⅱ. 마케팅 환경 분석을 행 한다(SWOT 분석 등).

ⅲ. STP 환경 분석을 토대로 마케팅 목표에 도달하기 위해 적절한 시장(시장세분화·표적시장·포지셔닝한 시장)을 선택하고, 고객의 마음을 사로잡기 위한 구체적 계획을 수립한다.

ⅳ. 고객의 욕구 만족에 우선순위를 둔 마케팅 믹스(4P) 전략을 수립한다.

ⅴ. 제품전략, 가격전략, 장소전략, 촉진전략 등을 기본으로 한 4P 전략을 수립한다.

ⅵ. 마지막으로 계획을 실행하고, 그 결과를 냉정히 평가한다.

1) 기본적 마케팅 전략으로는

(1) 원가우위 전략(가격을 싸게)

(2) 차별화 전략 - 가치 있는 제품 제조(디자인 등)

(3) 집중화 전략 - 특정구매자, 특정시장을 표적화 함

2) STP 전략으로는

(1) 시장세분화 - S(Segmentation)
(2) 목표시장 선정 - T(Targeting)
(3) 표지셔닝 - P(Positioning)의 방법이 잇다.

3) 마케팅 믹스 전략

기존의 전략들에 제품전략, 가격전략, 유통전략, 촉진전략 등을 믹스해서 전략을 수립하는 것이다. 그러나 정형화된 특별한 전략은 없다. 각 기업의 마케팅 전략은 주어진 외부 환경과 자신의 제품능력과 경쟁사의 행동 등을 참고하고 특히 고객의 취향과 관심의 향배에 따라 융통성 있게 수립해야 하는 것이다.

4) 4C 전략

제품, 가격, 유통, 촉진을 이용한 방법은 공급자의 관점에서 어떤 제품을 만들고, 어떠한 마케팅으로 어떻게 접근할 것인가에 대한 연구방법이다. 이런 것들이 점차 경제가 활성화되고, 세상이 민주화 되면서, 점점 사용자의 입장, 더 나아가 고객의 관점에서 접근하는 마케팅 방법으로 변해 왔다. 즉 고객의 욕구를 가장 중요한 마케팅의 핵심으로 인식하고, 마케팅 믹스의 방법들이 대두하게 되었다. 즉 4C로 마케팅의 관점이 변화한다. 즉

i. 고객에게 어떤 가치(Customer value)를 제공할 것인가?

ii. 고객 비용 부담(Cost to the Customer)은 어느 정도인가?

iii. 고객에게 편리(Convenience)한가?

iv. 고객의 불만 등을 해소할 커뮤니케이션(Communication)은 활발한가? 라는 관점으로 접근해야 한다.

이를 다시 마케팅 믹스의 관점에서 보면,

i. 고객의 니즈에 맞는 고객 편익이 확실한 제품을 제공하는가?

ii. 차별적 가치를 극대화하여 고객 총비용을 최소화 하는가?

iii. 판매하고 싶은 곳이 아닌 고객이 구매하고 싶어 하는 곳에서 판매 하는가?

iv. 고객 불만 해소 등을 위해 보다 전문적이고 적극적인 고객과의 커뮤니케이션을 추구하는가? 로 귀착된다.

따라서 고객을 가장 우선순위에 두고, 자신의 제품경쟁력과 서비스 그리고 경쟁자를 항상 염두에 두고 적절한 마케팅 전략을 수립해야 할 것이다.

4. 제품의 시장 홍보 및 광고

1) 홈페이지 활용

우선 회사를 창업하는 순간 무엇보다 홈페이지를 만들어서 자신들의 회사를 알려야 한다. 이 홈페이지 제작비는 창업을 지원하는 정부기관 등의 자금을 활용하는 방안을 생각해 볼 수 있다. 보통 수 백 만원의 비용으로 회사를 소개하고, 회사의 주요 제품을 구입할 수 있는 결재시스템을 만들어 활용할 수 있다. 또한 회사의 홍보 등을 위해서는 블로그나 카페 등의 활동을 활발히 할 필요도 있다. 특히 광고 등에 활용할 자금이 거의 없는 자영업자나, 소기업을 창업하는 창업자의 입장에서는 인터넷을 활용한 홍보와 제품의 구입·판매 결재 시스템을 만드는 것이 중요하다.

2) SNS의 활용

SNS를 활용한 광고가 사실 얼마만큼의 광고 효과를 가져 오는지에 대해서는 아직 단언하기 힘들다. 그러나 일단 이들은 다른 광고에 비해 경비가 절대적으로 들지 않거나 아주 소액으로 들어갈 뿐이다. 특히 트위터와 페이스북, 카카오톡 등 소셜네트워크서비스(SNS)를 마케팅에 활용하려는 시도들이 다각도로 진행되고 있지만 아직은 크게 활용되고 있지는 못한 상황이다. 이 SNS가 사람사이의 정보공유 채널로는 부상 했지만, 아직 기업의 마케팅에 실질적인 도움을 주는 것으로는 보기 어렵다.

3) E-mail을 활용한 홍보

이메일 마케팅은 나름대로의 실효성에 있다. 즉 이메일을 받게 되면, 그게 스팸 메일이 아니라는 생각이 들면, 일단 그 내용을 확인해 보고 하나의 정보로 인식한다. 그래서 관심이 있는 분야이면, 인터넷으로 접속해 보든지 혹은 다른 방법으로 접근한다. 즉 나름대로의 광고 홍보 효과가 있다는 결론이다.

이에 대한 분석으로 2013년 7월4일 미국 상거래 분석기관인 커스토라(Custora)사가 14개 업종의 소매업체 86곳을 대상으로 고객 7천 200만 명의 인터넷 구매 행태를 조사한 결과 '인터넷에서 제품을 홍보하고 팔 때는 SNS보다 이메일이 낫다'는 분석이 나왔다. 즉 이메일과 검색광고(cost per click), 트위터, 페이스북으로 마케팅을 벌인 후 네티즌 중 실제 구매로 이어진 경우를 측정한 결과 이메일은 마케팅 대상 고객 중 6.84%가 지갑을 연 것으로 집계돼 페이스북(0.17%)과 트위터(0.01% 미만)보다 훨씬 높았던 것으로 집계됐다. 즉 실제로 수익을 창출하는 전자 상거래에서는 요즘 대세인 SNS보다 이메일처럼 사실상 '고전'이 된 인터넷 서비스가 여전히 효과가 더 큰 것이다.[35]

4) 대형 간판, 현수막, 전단지 혹은 벽보 광고

특정 지역을 상대로 영업을 하는 자영업이나, 혹은 작은 소형 기업을 갓 창업한 창업자의 입장에서 자금의 제약 등으로 인해 대대적인 광고를 하기가 힘들다. 따라서 가까운 지역의 고객확보를 위해서 대형 간판이나 현수막을 걸든지, 혹은 한 장으로 된 전단지 등을 돌리는 것이 중요하다.

이런 것들이 사실 SNS나 E-mail을 활용한 광고보다 더 손쉽고 실

35) 인터넷, 아이뉴스24뉴스, 2013.7.21. 김국배 기자

용적이다. 그러나 노동력이 많이 필요하고, 현수막의 부착 등에는 지역적으로 제한 조건 들이 있다. 또 벽보 광고 등도 활용할 수 있으나, 이것들도 여러 가지 제한 조건들이 존재한다. 그래도 이 방법들을 꾸준히 활용하면 상당한 효과를 거둘 수 있다. 특히 불특정 다수 고객을 유치해야 하는 제품 판매나 고객에게 직접 서비스를 제공하는 고객접점 업종에는 상당한 도움이 된다.

5) 소규모 지역신문, 지역 케이블 방송 광고

이는 좁은 지역에서 창업한 창업자가 큰돈을 들이지 않고도 아주 효율적으로 활용할 수도 있다. 특히 지역신문이나 케이블 방송 뉴스에 광고가 아닌 기사의 내용으로 나오고 나서, 이를 활용한 방송광고나 홍보용 동영상으로 또 지역 신문 등에 광고를 활용하면 비교적 저렴한 가격에 나름대로의 홍보효과를 낼 수 있다.

6) 잡지, 신문, 라디오, TV 광고

이들을 활용하여 자기 회사의 제품이나 서비스 등의 광고를 할 수 있다면 더할 나위 없이 좋겠지만, 갓 창업한 소규모 창업자의 입장에서는 이들을 활용할 방법이 별로 없다. 그러나 광고가 아닌 신문이나 업계의 잡지 등에 특정기사로 소개가 된다든지 하면 아주 좋은 홍보효과를 기대할 수 있다.

7) 기타

명함, 인터넷 배너광고, 길거리 광고판, 소책자, 우편광고, 카탈로그, 스티커, 할인쿠폰, 경품, 견본, 이벤트, 각종 행사 추첨, 광고의류 착용(T 셔츠 등), 수신자 부담 전화, 전화번호부 등을 활용하여 다양한 방법으로 홍보를 하여야 한다.

홍보는 할 수 있는 가능한 모든 방법을 총 동원하여 홍보를 하는 것이 홍보를 하지 않는 것 보다는 비할 바 없이 매출을 향상시킨다는 것이다.

5. 창업자의 판로 확보 방법

창업자가 어떤 제품을 생산하여 판매하는 창업을 했다고 하자. 사실 창업자 본인에게는 아주 특별한 제품일지 모르나 소비자의 입장에서 볼 때는 그저 그런 상품이 하나 시장에 나왔을 뿐이고, 관심도 가지 않는다. 사실 아직 써 본 사람이 별로 없어 제품에 대한 신뢰도 가지 않는다. 또한 상표도 처음 보는 상표라 별로 믿을 수도 없다. 따라서 소비자의 관심에서 멀어진다. 이게 제품을 출시한 가장 기본적인 상황이다. 그러면 어떻게 해야 할 것인가?

1) 인적네트워크 활용

일단 자신이 출시한 제품이나 서비스를 소비자에게 사용해 보게 하여야 한다. 이 때 그 제품을 아는 지인이나, 친구, 친척, 인척 등 에게 사용해 보게 한다. 물론 사전에 시제품을 만들어 사용해보게 하고, 그 제품을 보완을 하는 과정을 거쳤겠지만, 그래도 다시 한 번 사용해 보게 한다. 그리고는 이 제품을 사람들에게 소개시켜 달라고 하고, 입소문을 내어 달라고 부탁한다.

이 때 대부분의 창업자는 이런 부탁이나 판매행위를 잘 하지 못한다. 그러나 이때는 체면에 억매이지 말고, 주위의 가족이나 친. 인척 등을 활용해서 적극적으로 밀고 나가야 한다.

이때는 아는 지인을 일부러 방문하여 사실대로 이야기하고는 홍보나 구매 또는 광고 등을 부탁해야 한다. 혹은 견본품을 제공해서 사용해 보도록 하고 입소문 등을 부탁해야 한다. 물론 이 때 제품 세미나 같은 것을 활용할 수도 있다. 예를 들어, 만약 교수들이나 학생들이 필요로 하는 소프트웨어를 출시하였다면, 관련 분야 교수들을 초청해서 세미나를 개최하고, 견본품들을 제공하는 것도 한 방법이다. 이런 소프트웨어는 바꾸기가 쉽지 않지만, 적당한 시기에 교체하였고 성능이 우수하다면, 교수들이 이를 입소문 내거나, 학생들에게 추천하기는 쉬울 것이고, 그렇게 되면 제품의 판매가 점차 일어날 것이다.

2) 협회나 모임의 참석

해당 업계의 친목 모임이나 혹은 상가연합회 등 모임이 있으면 열심히 참석하는 것이 좋다. 그래서 그 업계의 정보를 취득할 수 있고, 거기서 인간관계를 맺거나 유사업종을 하는 사람들과 서로 교제를 할 수도 있다. 또 거기서 우리 제품을 판매하겠다는 업체가 나와 거래관계를 맺을 수도 있고, 우리가 상대제품을 판매할 수도 있는 나름대로의 유대관계를 맺을 수도 있다. 또한 관련업계의 정보나 트랜드 등을 수집할 수 있어 제품의 발전 방향이나 경쟁자의 동향 등에 대해서도 알 수 있다.

3) 영업사원의 방문

어떤 제품을 출시한 창업자가 영업을 하러 나가는 경우는 별로 많지 않다. 대부분이 기술자 출신이거나, 혹은 경영진 출신이 많아 직접 대민 영업을 해본적도 없고 할 자신도 없기 때문이다. 그러나 창업자가 자신의 상품을 팔지 않으면, 결국 그 기업은 살아남을 수가 없다. 직원을 고용해서 영업을 시키면 되지 않겠느냐고 할지 모르지만, 소기업 창업에서는 창업주가 당장 영업을 해야 한다. 창업주가 나서서 영업으로 솔선수범을 보이고, 영업직원들을 독려해야 직원들도 열심히 일을 하게 된다.

그러나 사장부터 영업은 모른다며, 영업직원들에게 다 맡기면 되는게 없다. 영업직원들은 사실 처음에는 사장에 비해 제품의 장. 단점도 잘 모르고, 제품의 특징과 효과 등도 사장보다 잘 알기는 어렵다. 그렇다고 의욕이 사장보다 더 있는 것도 아니다. 그러다 보면 시간만 보내는 영업이 되기 쉽다. 그래서는 안 되기 때문에 처음부터 사장이 영업에 나서야 한다. 창업 후 사실 영업만 꾸준히 된다면 걱정할 게 없다. 우선 사업을 지속적으로 영위해 나갈 수 있으니까. 그러나 영업이 되지 않으면, 모든 게 달라진다. 즉 제고품의 문제가 생길 수 있고. 당장 돈의 회전이 막힌다. 정해진 자본으로 돈이 회전되지 않으면 당장 심각한 문제에 부딪친다. 더 나아가 도산 할 수도 있다.

그럼 대면하는 세일즈의 단계를 알아보자

(1) 대면 세일즈의 8단계

우선 고객을 만나러 가기 전에 그 고객에 대해 몇 가지 생각을 해봐야 한다. 첫째, 이 고객은 내가 판매하고자 하는 분야의 시장에 속하는가? 즉 우리 상품을 필요로 하는 사람인가? 둘째, 이 고객은 내 제품을 원하고 있을까? 아니면, 경쟁사의 제품을 원하는 것일까? 셋째, 내 제품을 살만한 경제적인 여유가 있는 사람인가? 아니면 사고는 싶은데 경제적 여유가 없는 사람인가? 등 이런 문제들을 한번 생각해 보고 고객에게 접근하는 것이 좋다.

① 준비

고객을 만났을 때 어떻게 응대할 것인지에 대한 마음의 준비를 한다. 제품과 서비스, 그리고 찾아갈 고객을 모두 분석한다. 가격, 할인기회, 제품에 대한 모든 기술적 정보들, 경쟁상품에 대한 장. 단 점과 특징 등등 제반 사항들은 모두 숙지한다. 그래서 우리 제품을 확실히 알고 쉽게 설명할 수 있어야 한다. 고객이 할 수 있는 예상 질문을 파악해서 답변을 만들어 본다. 그래서 몇 번이고 완벽하게 리허설을 해봐야 한다. 강의를 잘하려면, 25번 정도의 연습이 필요하듯이 온갖 방법으로 연습을 해봐야 한다. 가수들은 노래 한곡을 취입하기 위해

1,000번 이상의 연습을 한다지 않는가?

② 인사하기

우선 공손하게 인사한다. 그리고 밝게 웃으며, 세상사는 이야기, 혹은 날씨 이야기, 또는 아이들 이야기도 좋다. 그러나 정치 이야기, 종교 이야기는 하지 않는 것이 좋다. 서로의 양방향 커뮤니케이션이 되어야 이야기가 통한다. 이야기할 때는 가능하면 고객의 눈을 바라보며, 혹은 코나 입주위의 인중 부위를 바라보며 이야기하는 것이 좋다. 너무 눈을 빤히 바라보면 서로가 불편함을 느낄 수 있다.

③ 제품이나 서비스의 시연

제품이나 서비스를 보여주고, 설명을 하면서, 그 자리에서 시연이나 작동을 해 보이는 것이 좋다. 이 때, 제품 설명을 위한 카탈로그나, 견본제품 또는 스마트 폰에 녹화된 동영상이나 웹사이트 등도 활용할 수 있게 준비한다. 그래서 당장 눈앞에서 생생하게 보여주는 것도 좋은 방법이 될 수 있다. 혹은 수요자에게 특별하게 필요한 부분이 있으면, 직접 작동해 볼 수 있게도 한다.

④ 고객의 요구 파악

설명이 끝나고 고객의 반응을 살피며, 고객의 소리를 경청한다. 고객의 질문이나 요구사항, 지금까지의 불편사항 등 고객의 필요와 욕구가 무엇인지 파악하고, 그것을 해결할 수 있는 방법을 찾아본다. 고객이 아니오! 라고 세 번 정도 말했다 해도, 아직은 시도의 여지는 남아 있다. 그러나 네 번째 아니요! 라고 말하면, 그만 두고 다음의 기회를 노리는 것이 낫다. 사실 사람들은 하나의 물건을 살 때까지 다섯 번 정도의 내적 갈등을 겪는다. 대부분 며칠을 두고 다섯 번 정도의 고민을 해보고, 물품의 구매를 결정한다. 따라서 한 번에 물건을 판매하겠다는 생각은 지나친 욕심이다. 사실 영업 직원에게 물품을 구매하는 사람들은 네 번 이상 찾아온 영업직원에게 구매하는 경우가 80%이상이 된다고 한다. 즉 네 번 이상 찾아오는 영업직원을 보게 되면 사람들은 그에게 호감과 믿음 비슷한 게 생긴다. 약간의 신뢰심도 생겨나고 인간적인 호감과 약간의 동정 비슷한 감정도 생기는 것이다. 이 때 영업직원이 접근하면 쉽게 거래가 형성되는 것이다. 이는 다시 말하면 대부분의 영업사원들은 한두 번 접근하고는 포기하고 마는 것이다. 그러나 영업의 영역은 적어도 다섯 번을 부딪쳐 본 후에야 포기를 해도 해야 하는 것이다.

⑤ 질문에 응답

고객이 이 제품의 부정적인 요소, 부족한 부분, 경쟁제품과의 가격의 대비 등 여러 가지 질문을 할 수 있다. 물론 그 질문 속에는 자존심 상하는 것이 있을 수도 있고, 우리의 제품을 폄하하는 수도 있을 수 있다. 그러나 사실 우리 제품의 부족한 부분이 있을 수도 있다. 그럴 때는 사실을 수긍하고, 현재의 가격으로는 이 대안이 최상의 선택이라는 부분을 강조할 수 있다.

⑥ 고객의 의사를 존중.

고객이 몇 번씩이나 진지하게 사지 않겠다고 하면, 쿨하게 물러나야 한다. 그리고 다음을 기약해야 한다.

⑦ 사후관리

제품을 판매하고 나서도 가끔 전화를 하여 불편한 점은 없는지, A/S가 필요한 것은 아닌지 등에 대해 고객관리를 해야 한다. 또한 불편한 점이 있으면 어떤 점인지 등. 이것이 그 고객을 단골고객으로 만드는 지름길이다. 이 사람들과의 관계에서 그들이 다시 제품을 구입할 수도 있고 입소문을 내 줄 수도 있다.

⑧ 주변 사람들에게 추천을 해달라고 부탁

우리 제품을 사서 사용하고 있는 고객에게 그 제품에 대한 좋은 입소문을 부탁하자. 그리고 새로이 그 제품을 살 가망이 있는 사람들을 추천해 달라고 부탁을 하자. 그리고 고객이 가망 고객을 추천해 주면, 뷔페 식권이나 혹은 작은 선물 등을 하는 것도 좋다. 혹은 다음에 물건을 살 때 가격을 할인해 주는 것도 한 방법이 된다.

(2) 창업가의 세일즈 프레젠테이션[36] 방법

ⅰ. 좋은 인상을 남겨라. 복장을 갖추고 단정하고 세련되게 보이도록 하라.

ⅱ. 판매는 곧 교육이라고 생각하라. 제품이나 서비스를 판매하는

---

36) 창업경영MBA2020, 스티브 매리오티/신은종외 2인 편역, 도성출판 Y&P, 2005, PP.187-188

것이 자신의 제품이나 서비스에 대해 고객을 가르칠 기회라고 생각하라. 제품의 장점을 고객에게 설명하라.

iii. 자신의 제품이나 서비스에 대한 믿음을 가져라. 훌륭한 세일즈맨은 자신이 파는 것을 믿는다.

iv. 자신의 제품이나 서비스에 대해 잘 알고 있어야 한다. 판매자는 제품이 어떤 특징이 어떻게 고객에게 혜택을 줄 수 있는지 완벽히 이해하고 있어야 한다.

v. 자신의 분야를 잘 알고 있어야 한다. 업계 소식에 정통하고 경쟁사의 동정에 밝아야 한다.

vi. 고객의 말에 귀 기울여야 한다. 고객의 신뢰를 얻고 고객의 욕구를 이해하라. 어떤 제품이나 서비스를 가지고 고객의 욕구에 대응할 것인가?

vii. 준비하라. 세일즈 프레젠테이션을 연습하라. 미리 제품이나 서비스를 어떤 내용에 초점을 두어 어떤 방법으로 설명할 것인지를 구상하라.

viii. 긍정적으로 사고하라. 제품이나 서비스를 팔지 못하고 거절당할 수 있는 가능성을 미리 생각하고 대비하라.

ix. 면담 약속을 받아내라. 사람들은 일부러 시간을 낸 일에 대해 더 주의를 기울이는 법이다. 예고도 없이 불쑥 찾아가면 상대방의 인내심은 그 만큼 줄어든다.

x. 고객 혹은 잠재적 고객들과 늘 접촉하라. 지속적인, 그러나 세련된 방문과 성의 있는 설명으로 고객들의 마음을 감동시키자. 지속적인 접촉을 통해 좋은 관계를 유지해 나가는 것이 중요하다.

창업자나 영업직원이 비록 대면 세일즈에 실패했다 하더라도 너무 의기소침할 필요는 없다. 앞에서도 설명했지만, 사람들은 보통 하나의 제품을 구입하는데 혼자서 4~5번은 망설이고 고민 한 후에 구매한다. 그러한 보이지 않은 고민 후에, 한 번의 구매가 일어나면 그 다음 부터는 쉽게 구매한다. 그 제품의 장점이나 특징을 잘 알기 때문이다.

창업자나 영업직원이 판매에 실패했다 하더라도 그 고객에게 주변에 살만한 사람들을 소개시켜 달라고 부탁하라. 물건을 사주지 못한 미안한 마음에 살만한 사람을 소개시켜 줄 수도 있으니까. 또한 그러한 부탁을 받고나면 나름대로의 인간적인 유대관계가 생겨 다음에 다시 찾아오기가 훨씬 쉬워진다.

<참고 9-1>

소상공업의 성장단계별 경영모델과 전략[37)]

소상공인지원센터의 지난 3년간 운영경험을 토대로 소상공업의 탄생에서 소멸될 때까지의 창업기, 안정기, 변화기, 도약기, 쇠퇴기등 단계별로 Life Cycle의 내용과 대응전략을 제시하고 이를 발전시켜 소상공업의 경영모델로 만들어 갈 수 있다고 본다.

---

37) 창업마을, 2003.07.29. 신명철 http://cafe.daum.net/changupchain/MEzr/17?docid=2736451367&q=%BC%D2%BB%F3%B0%F8%BE%F7%20%BC%BA%C0%E5%B4%DC%B0%E8&re=1

창업기(1단계)

소상공업의 창업시기라고 말할 수 있는데 통상창업에서부터 6개월에서 1년까지의 기간이라고 할 수 있다. 이시기에는 대부분의 소상공인들이 창업을 하고난 후 자신의 점포 및 상품이나 서비스를 지역상권의 고객들에게 보다 많이 알리기 위해서 적극적으로 홍보 및 판촉을 하는 시기라고 할 수 있다. 거의 매일 가두에서 혹은 집집마다 전단지 등을 배포하는 등의 홍보가 주류를 이루고 있다. 점포경영자 또한 창업초기의 결심을 다지면서 열심히 노력하는 시기라고 할 수 있겠다. 업종마다 차이는 있겠지만 신규 개점점포라는 인식 때문에 상권내의 고객들에게 호응을 받을 수 있는 시기라고 할 수 있는데, 통상 이시기에 창업해서 성공했다, 실패했다는 평가를 받게 되고 성공의 경우에는 안정기까지 무난히 영업을 해 나갈 것 이지만 실패의 경우에는 소상공업의 경우 바로 휴, 폐업이 속출하게 된다.

이시기의 주요전략으로는 (1) 치밀하고도 철저한 사전 시장조사, (2) 입지와 업종의 적합성 분석, (3) 사업계획을 통한 투자효율성분석이라고 할 수 있다.

안정기(2단계)

소상공인들이 창업 후 창업기동안의 노력의 결과로 지역 상권 내에서 어느 정도 인지도를 가지고 고객들로부터 인정을 받는 단계라고 볼 수 있다. 고정 고객들이 많이 생겨난 상태이며 이들이 점포의 매출과 이익에 상당한 기여를 하는 단계이다. 통상 창업기 이 후 부터 1년 정도의 기간이며 창업후부터 2년 정도까지의 기간이라고 볼 수 있다. 이

기간 동안 소상공업을 운영하는 소상공인들의 가장 중요한 전략이라고 하면 고정 고객확보, 유지, 이탈 방지 등을 위한 고객 서비스의 강화라고 할 수 있다. 매장 내에서의 친근하고도 정감 있는 서비스, 고정 고객들에 대한 우대 프로그램시행 등 소위 고정 고객 굳히기 전략을 사용하는 시기이다. 특별한 경우를 제외하고는 고객 및 매출이나 이익이 안정적이며, 사업자도 별무리 없이 영업을 해나가는 시점이다.

이 시기의 전략은 (1)고객 서비스프로그램강화, (2)고객 응대방법 및 접객 화법의 숙달, (3) 운영방법의 매뉴얼화 등이다.

변화기(3단계)

상권 내 에서의 영업환경에 변화가 오는 시기이다. 통상소상공업의 경우인 기업종의 변화나 새로운 경쟁자들의 출현 등이 2년 시점에 발생하게 될 확률이 매우 높은 관계로 창업 후 2년 정도 되는 시기에는 새로운 영업방향의 모색이 필요하게 되는 시기이다. 물론 꾸준하게 고객들로 부터사랑을 받는 점포도 있겠지만 대부분의 경우에는 이미지역상권의 고객들이 어느 정도점포나 상품 및 서비스에 식상을 하게 되어 애착을 두지 않는 경우가 많이 발생하게 된다.

장기적인 사업성공의 갈림길인 변화기 에서 소상공인들이 최대의주안점을 가지고 주력해야 할 것은 바로 고객에 대한 분석이라고 할 수 있다.

우리의 고객이 누구인가? 그들이 나의 점포에서 무엇을 원하고 있는가? 불만 사항은 무엇인가? 또 그 불만을 해결하기 위한 나의행동계획은 무엇인가? 에 대해서 늘 고심을 해야 하는 것이다.

변화기의주요전략은 (1)고객재분석, (2)시장 환경(입지, 업종, 경쟁 등)재분석 (3) 장기 영업 방향 재정립 이라고 할 수 있다.

도약기(4단계)

지역 상권 내에서 확고한 위치 정립 또는 업종 전환이나 이전 등을 통한 사업 확장으로 도약을 하게 되는 경우이며, 이 단계는 고객들에 대한 철저한 분석을 통해서 도약을 위한 영업 전략 방향을 수립 한 후에 시장 환경, 상권, 경쟁에 대한 분석을 실시해서구체적인 점포발전행동계획을 수립 시행하여 판매 및 시장 확대와 점포관리를 잘 함으로써 장기적인 사업의 성공을 달성할 수 있는 단계이다.

도약기에서 제일 중요한 전략이라고 한다면 변화기 에서의 고객, 시장 등 재분석 과정을 통하여 장기 영업방향에 따라서 자신의 점포에 적합한 개별 점포 발전전략을 수립, 시행하여야한다. 세부적으로 매출 활성화 실행방법을 지속적으로 전개하면서 사업의 확장을 도모하는 전략을 실행해 나간다.

쇠퇴기(5단계)

변화기 단계에서 도약기 단계를 거쳐 쇠퇴기를 맞는 경우와, 변화기 단계에서 쇠퇴기로 바로 가는 두 가지 경우가 있다고 볼 수 있다. 쇠퇴기에는 고객감소, 영업 및 매출부진에 접어들면서 영업에 고전을 겪게 되어 결국 폐업의 길로 접어들게 되는 것이다. 이 단계에서는 기존 투자시설의 효율성 유지와 새로운 아이템 모색이 필요하다.

쇠퇴기로 접어들었다면 가장 우선시해야 할 전략은 현재를 잘 마무리하고 다시 미래를 도모하는 전략이라고 할 수 있다. 즉, 현재의 점포, 시설 등을 매각하거나 재활용 할 수 있는 방안을 모색하는 등 영업 상태를 냉철하게 분석하여 준비 하여야 하고, 다시 창업기를 맞는다는 심정으로 입지, 업종, 사업계획수립등 창업의 전 과정을 다시 진행해 가야 할 것이다.

3편 : 창업자의 성공전략

10장 창업자의 실패요인

1절 창업자의 실패요인

이 세상은 예나 지금이나 생존을 위한 투쟁과 경쟁의 연속이다. 우리는 그래도 사람이라서 참 다행이다. 자연 생태 환경을 보라! 저 평온하고 잔디가 쫙 깔려져 있는 대학교의 넓은 교정을 보라. 얼마나 평화로운가? 삼삼오오 젊은 학생들이 하하 호호 웃으며, 인생과 사랑과 낭만을 즐기며, 때로는 치열하게 공부하고 때로는 열정적으로 토론하며……. 얼마나 평화로운가?

그러나 그 학생들이 앉아 있는 잔디밭 아래를 내려다보자. 거기에는 개미와 날파리, 하루살이, 애벌레 등등……. 온갖 곤충과 벌레들……. 수많은 종류의 생명체들이 살아남기 위해 생명을 건 치열한 투쟁과 경쟁을 하고 있는 것이다. 단지 살아남기 위해서……. 우리 인간들이 사는 세상 역시 이와 별로 다르지 않다. 하루에도 몇 백 개의 회사가 설립되고 또 몇 백 개의 회사가 문을 닫고……. 단지 목숨을 담보로 경쟁을 하는 건 아니지만, 목숨 다음으로 소중한 재산을 두고 경쟁을 하며, 치열한 삶을 영위하는 게 우리들의 삶이다. 특히 창업을 하여 반듯한 기업을 일으켜 세우고 싶어 하는 모든 사람들의 삶이 경쟁과 투쟁의 연속이 아니겠는가.

승자가 있으면, 반드시 패자가 있기 마련이고, 이 원칙은 사업의 세계에도 그대로 통용된다. 특히 부푼 꿈을 안고 창업을 해서 얼마 못가 실패로 끝나는 경우를 보면, 그 동안 창업자가 투자한 돈, 시간, 열정, 고뇌 등 모든 것들이 얼마나 아쉬운가. 사람들은 남들을 벤치마킹해서 따라하면 성공한다고 남들을 따라한다. 그런데, 성공한 사람을 따라한다고 해서 반드시 성공하는 것은 아니다. 왜냐하면, 전에 크게 성공한 사람이 했던 방식들은 이미 나도 알고 있고, 나의 경쟁자도 역시 알고 있어 반드시 성공한다는 보장이 없는 것이다. 또한 전의 성공자가 성공 할 수 있었던 그 당시의 조건, 즉 시대적 환경, 물리적 환경, 경제적 환경, 그리고 그 분야에 진출하는 사람들의 경쟁 구도 등이 지금과는 전혀 다르기 때문에 전과 똑같이 한다고 해서 반드시 성공한다는 보장이 없는 것이다.

그러나 실패의 경우는 얘기가 달리진다. 전에 실패한 사람들의 원인을 파악하여, 그대로 따라하면 거의 실패할 확률의 높다. 왜냐하면 성공보다는 실패가 훨씬 쉬우니까! 예를 들어 어느 중간 정도의 대학교에 다니는 학생이 취업을 위해 나름대로 영어성적, 자격증 취득 등 기본적 스펙을 쌓고 학점도 좋고, 사회 봉사활동, 외국 연수 등을 착실히 준비하여 원하는 대기업에 취직을 했다고 하자. 그 후배들이 꼭 그 선배만큼 스펙이나 다른 조건들을 갖추었다고 하더라도 반드시 그 회사에 입사한다는 보장이 없다. 왜냐하면, 그 기업체에서 사람을 뽑지 않을 수도 있고, 또 다른 사람들의 조건들이 더 좋아서 그 후배가 탈락할 수도 있다. 즉 그 시대적 상황에 따라 반드시 성공한다는 보장은 없는 것이다. 그러나 전에 실패한 선배가 스펙이나, 학점이나, 봉사활동 등의 여러 가지 조건을 갖추지 못해서 떨어 졌다면, 특별한 경우가 아닌

한 이번에도 똑같이 준비한 후배 역시 떨어지기 쉬울 것이다. 왜냐하면, 세상의 경쟁은 점점 더 치열해 지니까. 따라서 성공한 사람을 따라하면, 반드시 성공한다는 보장은 없지만, 그래도 성공할 가능성도 존재한다. 그러나 실패한 사람을 그대로 따라하면, 성공할 확률은 더욱 낮아지고, 거의 반드시 실패한다는 것을 강조하고 싶은 것이다.

우리가 잘 알고 있는 손자병법에도 知彼知己면 百戰不殆라 했다. 즉 지피지기면 백번 싸워 크게 위태롭지 않다는 이야기다. 이는 경쟁자를 알고, 또 나를 잘 알고 준비하면, 적어도 이기지는 못해도 크게 패하지는 않는다는 말이다. 즉 기존의 창업자들이 실패한 원인을 잘 알고 파악하여 대처하면 크게 성공하진 못해도 적어도 쉽게 망하지는 않는다는 것이다. 따라서 사업의 성공요인도 중요하지만, 그 보다는 실패요인을 파악하여 분석하고 그대로 따라하지 않는 것이 훨씬 더 필요하고 중요하다고 생각된다. 즉 실패요인들을 파악하여 그것들을 반드시 회피하는 전략을 택하면 성공에 가까이 다가갈 수 있는 것이다. 이는 '실력이 좋다고 반드시 고시에 합격하는 것은 아니지만, 실력이 없으면서 고시에 합격하는 사람은 없다'는 논리와 같다. 따라서 기존 창업 실패자들이나 기업의 실패자들을 연구해 볼 필요가 있다. 성공자를 따라 해서 반드시 성공하는 것은 아니지만, 실패자를 따라하면 반드시 실패하게 되니까.

1. 창업자의 분류와 직장인의 사업 실패 원인

창업을 하는 부류에는 다양한 타입의 형태가 있으나, 여기서는 4가지 정도로 분류하고, 그들의 실패원인을 파악해 보자.

1) 전문가형 창업

첫 번째 타입은 창업분야에 대한 오랜 근무경력과 업계전반에 대한 전문가로 활동하다 심사숙고하여 깊이 있게 준비한 후 창업을 하는 전문가형 창업, 즉 창업에 올인 하는 전형적인 창업가가 있다. 이들은 창업을 하여 기업을 키워보고 싶은 욕망과 사업에 대한 많은 지식과 준비로 창업을 한 경우이다. 예를 들어 법관으로 오래 근무하다 변호사 개업을 하든가, 대학 병원에 의사로 근무하다 개인 병원을 개업하는 등의 형태로 창업 후 성공 확률이 가장 높다.

2) 시니어형 창업

두 번째 타입으로는 상당히 나이가 들어 명예퇴직이나 혹은 어쩔 수 없는 사정으로 퇴직을 하여 생계를 위해 창업을 하는 경우가 있다. 주로 시니어 창업이라고도 할 수 있는데, 이 분들은 주로 프랜차이즈 등에 관심이 많다. 대부분 조그만 자영업 등을 창업하지만, 현상유지하기도 쉽지만은 않다.

3) 도전형 창업

세 번째 타입으로 젊은 학생들이나 연구원 혹은 엔지니어 등이 자신만의 어떤 특화된 기술이나 아이템을 들고 창업전선에 뛰어드는 경우이다. 이들도 창업에 올인을 한다. 그러나 대부분 단 하나의 아이템이나 어떤 하나의 기술만으로 창업을 시도한다. 이들은 처음에는 실패하는 경우가 많다. 대부분의 벤처창업이 이에 해당되는데, 한 두 번의 작은 실패 후 커다란 성공을 거두는 경우가 종종 있다. 그러나 실패에서 재기할 수 있는 방안 등이 국가차원에서 모색되어져야 한다.

4) 직장인 창업

네 번째 타입은 직장인들이 주로 창업에 뛰어드는 경우이다. 이 들은 주로 돈을 벌 욕심으로 창업에 뛰어들지만, 자신만의 오래 준비되고 특화된 기술이나, 노하우가 있는 것은 아니다. 이들은 아주 적은 자본으로 시도하고, 창업에 올인할 수도 없고, 사업이 잘되면 다니는 회사를 그만둘 생각으로 창업을 한다. 주로 인터넷이나, 부업을 활용한 창업이다. 이들은 쉽게 창업하고 그리고 실패하고를 반복하는 경우가 많다. 이들에 대한 통계가 있어 여기 소개하지만, 이들은 진정성 있는 창업가는 아니라고 본다.

<참고 10-1>

직장인 창업의 실패원인[38)]

잡코리아, '창업 경험과 계획' 조사에서 창업 경험이 있는 직장인 10명 가운데 3명은 스스로 실패한 것으로 생각하는 것으로 나타났다. 취업포털 잡코리아가 20대 이상의 남녀직장인 997명을 대상으로 <창업 경험과 계획>에 대해 조사한 결과 '창업 경험이 있다'는 응답자는 40.1%로 조사됐다.

이들 중 '창업에 성공했다(현재 사업을 운영 중)'는 응답자는 10.3%로 10명중 1명 정도에 그쳤고, 29.8%는 '창업에 실패했다'고 답했다.

'창업 경험'은 ▲20대가 22.2% ▲30대가 47.5% ▲40대 이상이 48.6%로 연령대가 높아갈수록 증가했으나, '창업에 성공한' 직장인은 30대가 12.8%로 가장 높았고, 40대 이상(9%)과 20대(6.4%)는 다소 낮았다.

'창업 실패 이유'(*복수응답) 중에는

1) ▲'사업운영의 미숙했다'는 답변이 응답률 63.3%로 압도적으로 높았다.

2) ▲마케팅/홍보가 부족했다(44.4%)거나

3) ▲자본이 부족했다(38%)

4) ▲유행을 타는 아이템이었다(25.3%)는 등의 답변이 높아, 사업실패의 원인을 본인의 부족함 때문으로 분석하는 직장인들이 많았다.

한편 전체 직장인 중 52.1%는 '향후 창업을 할 계획'이라고 답했다.

---

38) http://article.joins.com/news/article/article.asp?total_id=9656652 [CBS 임기상 기자] 입력 2012.10.22 10:09

창업을 하려는 이유(*복수응답) 중에는 '직장에서의 고용불안감이 높아

1)▲ 퇴사 후를 대비하기 위해'라는 답변이 응답률 53.6%로 크게 높았다.

2)▲ 보다 자유로운 일자리를 만들기 위해(35.3%)

3)▲ 가계의 고정 수입처를 늘리기 위해(투잡을 위해 30.8%)

4)▲ 현재 일을 계속 하기 싫어서(20%) 순으로 조사됐다.

2. 창업자의 실패원인

실패를 피하려면 남들이 실패한 이유를 알아야 한다. 그러나 사실 실패한 이유를 분석하는 자료는 별로 없다. 특히 대단한 대기업이나 중소기업이 망한 것이 아닌 창업한지 1~5년 내에 망한 기업을 연구한 보고서는 더 없다. 그래서 우리나라에서 나온 여러 통계자료와 서적들 그리고 외국의 단행본과 우리나라 청년창업 CEO들에게 한 개인적 조사 들을 모아 나름대로의 창업자의 실패원인을 파악해 보려고 했다.

1) 중소기업의 생존 현황

물론 통계가 수시로 변하기는 하지만, 우리나라에서 창업하는 중소기업들이 5년을 넘기는 회사가 20%가 채 되지 않는다고 한다. 즉 중소기업 가운데 절반가량(51.2%)이 창업 2년 만에 문을 닫는다고 한다. 실제 통계청의 기업 신생과 소멸 통계에 의하면 개인 창업자들이 5년 이후에도 생존할 확률이 28.8%에 불과한 것으로 나타났다. 달리 이야

기 하면 창업자의 80%는 망하고, 20%는 살아남는다고 보여 진다. 이에 대한 통계는 사실 큰 의미가 없다. 창업은 신고나 등록을 하지만, 폐업은 신고나 등록을 하지 않고 그대로 두는 경우가 다반사이기 때문이다.

그리고 창업 후 10년을 넘기는 중소기업은 13%, 종업원 20인 미만 업체가 75%, 종업원 500명 이상의 기업체로 성장하는 기업은 1만 곳 중 1개뿐이라고 한다. 그만큼 창업후에 살아남은 기업보다, 보이지 않는 신생기업들의 시체들이 즐비하다는 것이다. 그러나 이들에 대한 정확한 통계나 정보는 보이지 않고, 그 중 탁월하게 성공한 한 두 개의 기업들의 성공만 나타나 보이는 것이다. 따라서 우리는 진지하게 따져 볼 필요가 있다. 즉 "창업 후 실패하는 이유는 뭘까?" "왜 실패할까?" 그 많은 창업자들의 실패원인이 도대체 무엇 때문일까?

2) 창업자의 실패원인

아래 <표 10-1>은 2012년 10월 달에 중소기업진흥공단 부산경남연수원에서 시행한 청년창업사관학교 창업 CEO 워크숍에서 CEO 11명을 대상으로 자율적인 방식이자, 주관적으로 설문조사한 내용이다. 즉 주위의 창업CEO들이 망하는 것을 많이 보았을 텐데, 그 이유라고 추정되는 것을 우선순위로 3~4가지만 적어 달라는 내용이었다. 이 통계는 현재 창업하여 기업을 운영하고 있는 CEO들의 눈으로 본 창업자의 실패원인이라는 게 의미 있다. 즉 직종이나 지역이나 혹은 여러 가지 조건에 따라 창업자가 실패하는 이유는 천태만상일 것이다. 그러나 이들의 눈에는 아래와 같이 판단되었다는 것이다.

<표 10-1 창업자의 실패원인 조사>

2012년 **청년 창업자들이 생각하는 창업의 실패원인 조사**				
구분(11명)	1순위	2순위	3순위	4순위
A 대표	목표의 불명확	Plan A만 고집	마케팅 능력 부족	
B 대표	변화에 적응 못해서	기술개발력 부족	대기업의 압박	
C 대표	기회포착 실패	단기적 대응	소질, 적성 안 맞음	
D 대표	사람관리 능력 부족	차별화 실패	자금부족	경영능력부족 (끈기)
E 대표	자신의 일에 대한 자신감, 열정 부족	전문성부족	정보력 부족	게으름
F 대표	자본력 부족	트렌드 파악부족	시장의 판로 및 유통방법 미숙	
G 대표	시장조사 없이 기술력만 앞세운 상품개발	동료들의 배신	혼자 다하려는 리더십	쉽게 포기
H 대표	초심 부재	자금조달 능력부재	자신감 결여	
I 대표	계획성 없는 자금 집행	전략상품 부재	인재유출 (관리부재)	
J 대표	내 것이 최고라는 우물안개구리 식사고	트렌드의 변화를 읽지 못함	끈기와 인내부족	도전정신 결여, 한. 두 번 시도해 보고 쉽게 좌절
k 대표	독립된 사업 아이템 부족	인사관리 부재	영업 판매방 개발 부족	

(1) 창업가 개인의 역량 관점에서 본 실패요인

여기서는 우선 기존의 국내외 자료에서 나오는 창업자의 실패원인을 간단히 살펴보고자 한다. 우리나라에서 창업실패에 관한 깊이 있는 연구를 발견하기 어려워 본인의 연구 외에 외국의 자료[39]들을 참고했음을 밝혀둔다.

ⅰ. 창업의 동기는 있으나 동기부여 없이 창업한다. 즉 창업에 대한 열정이 충분하지 않다는 것이다. 이들은 취업이 어려워서 창업을 택한 사람도 있고, 또한 아이디어 하나만을 믿고 창업에 나선 사람도 있다.

ⅱ. 창업가 기질이 없다. 즉 창업자는 불확실한 상황을 즐기는 사람이다. 소위 기업가 정신에서 말하는 모험가 타입이어야 하는데, 실패한 사람들은 이 모험가적 기질을 가지지 못하고 불확실한 상황에서 백기를 쉽게 들고 마는 것이다. 창업가 기질을 타고난 사람은 불확실성과 창업행위 자체를 즐긴다.

ⅲ. 투지가 없다. 창업에는 온갖 어려움이 뒤따른다. 창업에서 성공한 사람은 견디고 또 견디는 훈련이 되어 있는 사람이다. 설령 일이 예상한대로 되어가지 않더라도 바람직하지 않는 상황에 대처하는 능력이 뛰어나다. 사업을 하려면 맷집이 강해야 한다.

ⅳ. 동업이 반드시 필요하지도 않는데 동업을 한다. 대부분의 사람들은 두려움 때문에 동업을 한다. 그러나 길게 보면, 대부분 이 동업이 발목을 잡는다. 만약에 꼭 동업자를 선택하려면 정직성과 유사한 가치관, 성격과 역량의 보완성 등 진정 회사에 기여할 수 있는 사람과 동업

39) 리틀 블랙북, 페르난도 트라이스 테 베스/권상미 역, 도서출판 이레, 2010.

해야 한다. 창업자가 기술적 능력으로 제품개발을 책임지면, 동업자는 탁월한 영업능력을 보유한 사람과 동업을 해야 한다. 특히 동업자 관계에서 기여도가 다른데 지분을 똑같이 나눠서는 결코 안 된다. 이는 나중에 심각한 갈등을 초래한다. 지분은 창업성공의 기여도에 따라 냉정하게 배분해야 한다. 이는 가족기업도 마찬가지이다. 부부간이든, 형제간이든, 부자간이든 확실한 지분 정리가 꼭 필요하다.

ⅴ. 실패한 창업가는 성공이 아이디어에 달려 있다고 생각한다. 그러나 항상 플랜 B도 준비되어 있어야 한다. 그 아이디어에만 올인하여 실패한다. 그리고 사실 창업의 성공에 있어 기술의 비중은 보통 20%를 넘지 않는다. 나머지 80%는 경영과 영업 그리고 관리의 영역이다.

ⅵ. 창업을 좋아하지 않거나 잘 모르는 업종에 발을 들여놓은 경우이다. 차별성을 가지려면 그 분야에 대해 대단히 잘 알고 시작해야 한다. 혁신적인 제품이나 서비스를 만들려면, 어떤 차별성을 제시해야 하는지 잘 알아야 한다. 물론 차별성 없는 창업은 당연히 실패하기 쉽다.

ⅶ. 사실 이 부분이 가장 중요하다. 실패한 창업자는 수익성이 적거나 침체된 업종을 선택한다. 다시 말하면 적절한 업종을 선택하는 것이 중요하다. 특히 수익성 있는 호황업종의 선택이 중요하다. 사업은 특정한 시기에, 특정한 장소에, 특정한 업종으로 사업을 시작하는데 그 상황이 외부의 수요와 맞아 떨어지면 사업은 저절로 되는 것이다. 즉 장소와 타이밍이 절대적으로 중요하다. 주식이 오를 때는 어느 종목을 사든 80%이상은 오른다. 하지만, 내릴 때는 천하의 고수도 돈을 벌기 어렵다. 이 처럼 쇠퇴하는 산업분야는 아무리 탁월한 능력이 있어도 결국 쇠퇴하고 만다. 지금 이 시대에 탁월한 타자기를 만들어 팔겠다

는 것과 같다. 이 가치 있는 업종의 선택방법은 1) 성장성 2) 수익성 3)경쟁이 없거나 약하고 4) 투자비가 적게 들고 5) 경기가 좋을 때 6) 신흥시장 7) 관리가 용이한 분야를 창업하는 것이다. 그러나 사실 중요한 것은 다른 사람들은 잘 하지 못하지만 나만 잘 할 수 있는 일을 선택하는 것이 가장 중요하다.

ⅷ. 가족의 지원을 받지 못하는 창업가는 성공하기 어렵다. 특히 생계비에 쪼들리는 창업가는 성공하기 쉽지 않다. 사업이 안정 궤도에 들어가는데 상당한 시간이 소요된다. 이를 가족들이 단단히 각오하고 적극적으로 협조해야 한다.

ⅸ. 삶의 균형에 창업이 어떤 영향을 미칠지 미처 파악하지 못하고 창업한다. 창업은 개인생활을 없애고, 개인 생활과 일이 조화되지 않는다. 그는 하루 24시간 꿈속에서도 일해야 한다. 그러면서 균형 잡힌 삶을 추구하다보면 사업에 실패하기 쉽다.

ⅹ. 처음부터 이익을 내지 못하는 사업은 나중에도 어렵다. 사업의 가장 적합한 모델은 가장 빨리, 그리고 중장기적으로도 지속가능한 이익을 내는 것이다.

ⅺ. 창업가이나 사업가의 기질이 없으면서 떠나야 할 때를 알지 못하면 창업에서 실패한다. 창업가와 사업가를 구별해야 한다. 창업가는 창조를 좋아하는 사람이고, 사업가는 관리와 성장에 능하면서 이를 즐기는 사람이다. 기업이 너무 커지고 자신이 경영자의 자질이 부족하다는 생각이 들면, 경영일선에서 물러나야 하는데 이 시기를 놓치는 창업가는 실패한다.

2절 실패원인에 대한 대처 방법

1. 실패원인과 대책

이 부분은 지난 3년간 중소기업진흥공단의 청년창업사관학교와 청년창업CEO 교육과정 등을 운용하면서 청년창업자들의 실패요인들에 대해 연구한 부분의 일부이다. 이는 국내외의 수많은 자료와 통계, 그리고 다양한 논문들을 참조한 후 나름대로 체계를 세워 정리한 것이다. 물론 우선순위와 비중의 경중 등은 저자의 판단으로 하였음을 밝혀준다.

<표 10-2>는 2011년에 발표된 중소기업연구원의 자료이다. 여기서 보면 82명의 창업실패사례를 제시하고 있는데, 경영요소 다섯 가지 중, 사업실패의 우선순위를 살펴보면, 첫째 자금부족, 둘째 판로 개척 실패, 셋째 CEO 리더십 부족, 넷째 인력의 문제점, 다섯째 기술 능력 부족으로 나타났다.

<표 10-2 창업가의 실패원인>

경영요소	사례수 (82명)	비율(%)	<경영 요소별 실패 원인>			
			원인1	원인2	원인3	원인4
인력	6	7.3	88.6%	5.1%	6.3% →	100%
자금	47	57.3	56.3	17.5	26.3	
기술	5	6.1	23.9	62.0	14.1	
판로	17	20.7	13.0	36.4	37.7	13.0
CEO 리더십	7	8.5	15.2	55.7	5.1	24.1

인력 (1)사장의 잘못 (2)직원의 잘못 (3)고객의 잘못
자금 (1)자기자본부족 (2)외부투자자금부족 (3)융자자금부족
기술 (1)기술개발인력부족 (2)기술개발자금부족 (3)기술선택잘못
판로 (1)판매제품이나 서비스의 부실 (2)영업능력부족 (3)거래처의 거래중단이나 축소 (4)지나친 단가 인하
CEO리더십 (1)인력관리능력부족 (2)자금관리능력부족 (3)기술관리능력부족 (4) 판로관리능력부족
(자료 : 중소기업연구원, 2011) (경영요소)

<표 10-3 창업가의 성공요인과 실패요인>

(자료 : 신용보증기금, 2012)

<주요 성공 원인>

성공 원인	구성비(%)
풍부한 경험(관련 업종 경험)	52.9
치밀한 사업계획	14.7
우수한 기술력	11.7
우수한 사업 아이템	11.7
고객관리(품질, 거래처관리)	9.0

<주요 실패 원인>

실패 원인	구성비(%)
경험 부족	46.7
자기자본 취약	16.7
무리한 투자	13.3
수요 부족(거래처 부족)	6.6
아이템 선정실패	6.6
관리소홀(품질, 인력)	6.6
입지선정 오류	3.5

이 데이터는 창업에 올인한 그야말로, 전문적으로 창업을 하여 기업을 성장시키기 위한 기업을 창업한 경우이다. 즉 일반 자영업자 등을 조사한 것이 아닌 창업에 올인한 전문창업자의 경우를 조사한 것으로 보인다. 그렇지 않고, 일반 소매점이나, 자영업자 혹은 프랜차이즈 등을 조사하였다면 주요 실패 원인으로 입지선정 오류가 저렇게 나올 수가 없을 것이다. 사실 생계형 창업을 위해 창업하는 시니어 창업의 경우 혹은 작은 소매점형 자영업자 등은 입지선정의 잘못이 가장 크게

나타난다. 다시 말해 소매점이나 요식업 등 자영업자의 경우에는 위치 선정이 가장 중요하다는 것이다. 이런 사업들의 실패원인의 대부분은 위치선정을 잘못한 경우이다. 이런 창업은 첫째도 위치, 둘째도 위치, 셋째도 위치라는 이 단순하지만 강력한 진실을 잊지 말아야 한다.

그럼, 창업에서 실패하는 근본적인 원인을 따져보자.

1) 판로개척의 실패 (영업 역량의 부재)

창업에 실패하는 가장 중요하고 심각한 원인은 영업 역량의 부재이다. 이는 다시 말하면, 판로개척에 실패했다는 것으로 즉, 일거리가 없다는 것이다. 회사에서는 영업요원이 물품을 수주 받아와야 제품을 생산해 낼 것인데, 외부에서 수주를 받아오지 못하기 때문에 창업한 후 운영에 실패하는 것이다.

즉 판로를 개척하는 영업활동이 부진하여 판매실적과 추진력을 상실하는 경우이다. 하나의 야심찬 제품을 출시하였다면, 이를 판매하여 매출로 연결시켜야 한다. 그래서 자금이 회수되어 다시 제품을 만들어 회사가 돌아가는 선순환이 되어야 한다. 만약 식당을 개업했는데 손님이 안 온다면, 그 식당은 당연히 망할 수밖에 없는 것이다. 이 경우에는 어떤 방식의 홍보를 하든, 손님들이 찾아와야 식당의 운영과 유지가 되는 것이다. 손님이 찾아오지 않는다면, 음식을 배달을 하는 방법을 강구하든지, 혹은 다른 방법을 강구하여 매출을 올려야 식당운영이 가능한 것이다.

사실 판매의 부진에는 다양한 원인이 존재할 수 있다. 즉,

i. 제품이 고객의 요구나 필요성에 부합되지 않든지,
ii. 가격이 비싸든지
iii. 제품의 품질이 미달되든지
iv. 제품에 대한 홍보나 광고가 부족하여 아직 수요자가 발생하지 않든지
v. 영업을 담당하는 사람의 열의나 혹은 역량이 부족하든지
vi. 브랜드의 인지도나 A/S 등 부가적인 상황이 고객의 마음에 들지 않든지…….

그런데 초기 창업자의 대부분이 착각하는 게 물건만 좋으면 저절로 팔릴 것이라는 순진한 생각을 한다는 것이다. 결코 어떤 상품이든지 물건만 좋다고 팔리는 것이 아니다. 즉 제품을 만든 기업의 입장에서는 가장 좋은, 더 나아가 가장 완벽한 제품을 만들었다고 생각할지 모르나 그건 제품을 만든 사람의 생각일 뿐이라는 것이다.

고객이 물건이나 서비스를 살 때는 항상 가격을 먼저 생각한다. 사람이 아파 병원에 가서도 가능하면 진료 품질은 좋지만, 진료비가 싼 병원을 찾아가는 것과 마찬가지로, 제품의 품질만 좋다고 고객이 사는 것은 아닌 것이다. 즉 그 제품의 품질, 가격, 브랜드, A/S 등 제반 상황을 따져보고 구매한다는 것이다. 대부분의 고객은 그 중에서도 특히 가격에 민감하다. 창업자는 물건을 팔아야 하는 시장에 대해 잘 알아야 하고, 자신의 제품에 대한 가치가 어느 정도이고, 따라서 그 가치에 대해 시장 가격이 어느 정도까지 허용이 될 수 있을지를 잘 파악해야 한다. 즉 출시한 상품에 대한 가격 폭이 어디까지인지를 아는 것이 중

요하다. 사람들이 제품을 사는 것은 그 제품에 투자하는 비용보다 더 나은 가치를 살 수 있기 때문에 사는 것이다. 따라서 고객에게 비용보다 훨씬 더 가치 있는 제품이나 서비스를 제공하면 판매가 잘 되는 것은 당연하다.

여기서 첨부하고 싶은 것은 엔지니어나 연구원 출신 창업자들이 저지르는 실수로, 영업이나 마케팅 혹은 판매 등의 업무에 반드시 창업자가 직접 뛰어들어야 한다는 것이다. 혹은 어떤 창업자들은 사업을 운영하느라 바쁜 나머지 판매가 없으면 사업도 없다는 사실을 잊어버린다. 판매에 초점을 두고 다른 모든 사업 활동은 판매보다 더 중요하지 않다는 사실을 잊지 말아야 한다. 사업에서 영업이 가장 중요하다.

2) 비용 통제의 실패 (과도한 개발 투자)

초창기 창업자의 의욕적인 제품 개발투자로 보유 재원이 고갈되는 경우가 많다. 즉 제품이나 기술개발에 대한 지나친 투자(시간/돈)로 보유자원이 고갈되는 경우가 발생하는 경우이다. 창업 후 기업이 활성화되지 못하고 실패하는 것은 결국은 돈의 문제이다. 설령 만든 제품이 판매가 안 되고, 소비자의 외면을 받고, 품질이 나쁘다 하더라도 자본만 충분하다면 몇 년이고 버틸 수 있다. 돈이 있으니까. 그러나 대부분의 초기 창업자들이 자금이 풍부할 수가 없다.

그러면 왜 자금이 바닥나는가? 사실 창업초기에는 사업계획서를 수립할 당시에는 미처 생각지도 못한 사안들이 발생하기도 하고, 돈의 회전이 늦어지기도 하고, 생각지도 못한 생산설비를 구매하거나 개발비가 들어가기도 한다. 특히 첨단 제품을 개발하는 기술자형 창업자는 제품개발에 지나치게 비용을 소비할 수도 있다. 그러나 명심하라, 현금이 가장 중요하다. 무슨 수를 써서라도 현금을 보유해야 한다. 현금이 사라지면 회사도 사라지는 것이다. 창업자가 실패하는 두 번째 이유가 비용통제의 실패로 발생한다. 따라서 사업계획서의 꼼꼼한 작성과 집행은 매우 중요하며, 항상 예산이나 자금은 보수적으로 접근해야 한다. 가능하면, 예비비등은 손대지 않아야 한다.

3) 특화된 제품이나 서비스의 부재(차별화되고 전문화된 상품부재)

실패하는 창업자는 자신의 특화된 제품이나 서비스가 없다. 적어도 어떤 하나의 확실하게 특화된 제품이나 서비스가 필요하다. 즉 자신의 회사에서 내세울 수 있는 자사만의 특화된 제품이나 서비스가 반드시 존재해야 한다. 그게 종류가 다양할 필요는 없지만, 적어도 다른 제품과 차별화는 확실히 되어야 한다. 앞에서도 이야기 했지만, 첫째는 품질이 좋든지, 둘째는 가격이 싸든지, 셋째 아니면 아주 편리하든지 혹은 빠르든지 등 확실한 차별화된 자사만의 전문화된 제품이나 서비스가 하나는 있어야 하는 것이다. 그러나 대부분의 창업 실패 기업은 고객이 원하는 확실한 제품이나 서비스가 없다. 이것저것 돈 되는 것은 다하고 싶다. 다시 말해 별로 전문성이 없다는 것이다. 혹은 특화된 제품이나 서비스를 제공하고 있지만, 품질이 형편없는 경우이다. 품질이 형편없다면 판매하기도 어렵고, 시간이 지날수록 판매는 거의 불가능해진다. 또한 판매한 제품이라도 대금을 받기도 쉽지 않다.

4) 고객만족 실패 (품질, 가격 불만족)

새로운 제품이나 서비스가 고객만족에 실패하는 경우 창업에 실패할 수밖에 없다. 새로운 제품이나 서비스를 야심차게 출시했으나, 고객니즈를 충족시키지 못한 경우 창업자는 회사운영이 어렵게 된다. 특히 품질 등의 미흡으로 고객의 만족을 확보하지 못해 시장이 더 확산 되지 않는다면 시장에서의 실패는 불을 보듯 뻔하다.

또한 설령 아주 탁월한 품질을 지닌 제품이나 서비스를 출시했다 하더라도 가격이 맞지 않으면 시장이 확산되기 어려운 것이다. 그렇다고 저렴한 가격으로 계속 적자를 봐가면서 사업을 할 수는 없는 것이다. 보통 고객만족이라고 하면, 품질만족을 생각하는데 초창기 창업자의 입장에서는 고객에게 가격 만족이 우선이다. 가격이 만족하면, 구매를 할 것이고 그 제품의 품질이 만족하다면 재구매로 이어질 수 있다. 물론 재구매가 일어날 때 그 때, 가격을 올릴 것인지에 대한 판단은 다시 해봐야 한다. 아무튼 처음에는 가격만족으로 첫 구매가 일어나야 사업이 지속될 수 있는 것이다. 그래야 품질이 좋은지 안 좋은지 판단의 기회가 고객에게 주어지는 것이니까.

5) 조급증과 인내심 부족

사실 창업을 하여 하나의 제품을 만들어 내면, 그 제품이 대박은 아닐지라도 제법 팔려나간다. 자금도 나름대로 회전이 된다. 이 때 주위에서 다음 상품을 빨리 개발해서 연속상품을 내 놓아야 한다고 주장한다. 물론 이 말이 틀린 것은 아니다. 그러나 아직 하나의 제품에 대해서도 정확한 평가와 판로가 확산되지 않았는데 너무 빨리 신상품을 출시하려는 조급한 마음에 또 다시 신제품 개발에 몰두한다. 차라리 인내심을 가지고 차근차근 고객기반을 형성해 나가야 하는데 그보다는 처음부터 광고에 지나치게 자금을 투자하기도 하고, 제품 개발에 여유자금을 다 소진하는 결과를 가져오기도 한다. 또한 그런 과정에서 돈은 점점 소모되고, 돈이 부족하니 여기저기 차용하기 시작한다. 이는 빨리 성취하려는 조급함 때문이다. 그래서는 돈이 회전이 된다 해도 금융비용으로 충당해야 하고, 이익이 별로 남지 않아 회사는 점점 더 어려워진다. 이익이 없으면, 그건 회사가 아닌 것이다. 일단 기업은 이윤이 남아야 한다. 수익성이 없는 회사는 그냥 시간 낭비만 하고 있는 것이다.

사실 창업 후 기업 경영이 어느 정도 본궤도에 오르기 까지는 사업계획서보다 비용이나 시간이 훨씬 더 많이 소요된다. 사실 대부분의 회사가 생각지도 못한 부대비용은 두 배 더 들어가고, 제품 개발과 판로개척 등은 생각보다 기간이 세배가 더 소요된다. 명심해야할 것은 초창기 계획보다 자금은 두 배, 기간은 세배 더 필요하다는 사실이다. 이것을 간과하고 조급하게 사업을 진행하다 대부분 추락하고 마는 것이다.

6) 경영능력의 부족

창업을 하는 65.1%정도가 이공계 출신이라는 통계가 있다. 물론 이것도 해마다 변하니 큰 의미는 없다. 그러나 엔지니어나 연구원 출신들이 창업을 하면 우선 기술 분야에 중점을 둔다. 그러나 반드시 잊지 말아야 할 것은 창업을 하여 막상 사업을 시작하면, 기술은 20%이고 경영이 80%라는 사실이다.[40] 이는 선배 기업인들의 특강에서 자주 등장하는 말이다. 사실 그 기업체의 가장 중요한 자산은 '좋은 거래처'이다. 좋은 거래처와 지속적인 거래를 해 나갈 수 있다면, 회사는 점차 안정을 찾아가고 점점 성장할 수 있는 것이다. 하지만 대부분의 초창기 창업자 CEO들은 기술 분야에는 신경을 쓰지만, 제품의 마케팅이나 인력 분야, 그리고 회계, 세무, 특허 등의 분야에는 별로 관심을 갖지 않고 다른 사람에게 미루는 경향이 있다. 즉 이들이 경영에는 별 관심을 갖지 않아, 회사에 문제가 발생할 여지가 생기는 수가 있다.

특히 초창기에 사람 관리 등은 창업자가 직접 개인적으로 접근하고 인간적인 유대를 가지는 게 좋다. 어차피 앞으로 회사가 잘 운영되는 긴 세월동안 함께 할 동지라는 연대의식을 심어주어야 한다. 그래서 돈 몇 푼 더 준다는 회사를 찾아가는 사람이 나오지 않게 단속을 하는 것이 필요하다. 또한 수익성에 관심을 가져야 한다. 회사가 망할까 두려워서 손해보고 거래를 하는 것은 기회를 놓칠까봐 두려워하는 마음이 자리 잡고 있다. 그러나 이익이 나지 않는 비즈니스는 기회가 아니라, 시간 낭비인 것이다.

7) 전문가를 활용하지 않는 창업자

처음에 창업을 한 경우 창업자는 많은 고민과 결정을 혼자 해야 한

40) 2013.7.25. 중소기업진흥공단 경남지역본부 CEO 특강, ㈜삼우금속 회장 방효철,

다. 이 때 만나게 되는 전문가, 예를 들면 창업 컨설턴트, 창업관련 분야 교수, 회계사, 변리사, 세무사 등 다양한 전문가를 만나게 된다. 이들과의 인맥 형성은 창업 교육이나, 창업 개시 때 업무상 만나서 알게 된 사람들이다. 물론 이들은 전문지식을 제공하는 서비스를 하다 보니, 창업자의 입장에서는 비즈니스 관계로 생각할 수밖에 없고, 그것은 사실이 그렇다. 그러나 어떤 고민이나 문제가 있을 경우에는 그들의 도움을 받으면 된다. 컨설턴트나 변리사, 회계사 세무사 등은 수수료를 주어야 하지만, 창업 교육 등에서 교육받은 창업관련 교수들이나 선배 기업인 혹은 중소기업청이나 중소기업진흥공단 등 국가 기관의 창업 분야 종사자들은 별도의 수수료를 주지 않고도 창업자의 인간관계에 따라서 충분히 자문을 구할 수 있다. 이러한 사람들과의 인맥형성은 초창기의 어떤 경영상의 결정이나 고민사항 등을 해결하는데 엄청난 도움이 된다. 물론 수수료를 주고 전문컨설턴트나 전문가들을 활용해도 좋다. 문제는 그런 직업적 전문가나 관련 분야 전문가들을 활용할 생각을 하지 않고, 같이 근무하는 직원들, 혹은 동업자와의 의논으로, 혹은 아내와의 의견 조율로 중대한 경영상의 결정을 내릴 때, 10만원으로 해결 될 일을, 결정적인 실수로 회사가 아주 어려워지는 경우가 종종 발생하기도 한다.

따라서 기업을 경영하는 사람은 주변 전문 인력들을 잘 활용하여 잘못된 결정을 내리지 않도록 해야 한다. 유명한 대기업들이 사외이사를 두는 이유가 무엇일까? 돈이 남아돌아서 그 사람들을 사외 이사로 임명하고 일 년에 회의 몇 번으로 몇 천 만원의 보수를 주는 것은 아닌 것이다. 즉 중대한 경영상의 결정에는 마지막 판단은 창업자 본인이

하겠지만, 경험 많고 식견이 높은 전문가들의 의견을 진지하게 청취해 볼 필요가 있는 것이다.

8) 과도한 차입금 운용

사실 창업에 실패한 사람들과 인터뷰를 해보면, 빚 때문에 창업에 실패하는 경우가 많다. 이는 앞의 비용통제의 실패의 한 부분일 수 있으나, 조금 다른 관점에서 보면, 투자를 위해 돈을 은행이나, 중소기업진흥공단을 위시한 국가기관 등에 싼 이자로 빌려 사업에 투자하고 운용자금으로 쓰기도 한다. 그런데, 1년 혹은 2년 거치할 때는 상관없었는데 시간이 흘러 막상 이자를 갚아나가야 하고, 원금도 갚아나가야 할 시기가 도래하면, 제품 판매의 매출채권의 회수는 쉽지 않고 점점 어려워 져서 결국은 사업에 실패하게 된다. 사실 대부분의 창업자들은 너무 쉽게 돈을 차용하고 너무 장래를 낙관적으로 보다가 사업에 실패하는 것이다.

9) 소비자의 변화 욕구를 예측 못함

창업자가 출시한 제품이 처음에는 반응이 좋은 것 같았는데, 기술의 혁신적 변화 등으로 인해 소비자의 취향이나 소비욕구의 변화가 일어나는 상태이다. 초창기에 MP3 등의 사업이 아주 잘 되었으나, 스마트폰에 부착된 음악기능으로 인해 완전히 MP3 기능은 사장되고 말았다. 이 비슷한 예로 디지털 카메라 역시 마찬가지이다. 아날로그 카메라를 필름이 필요 없는 디지털 카메라로 대체하여 폭발적인 인기를 끌었으나, 인터넷 기능이 탑재된 스마트 폰이 등장하여 즉석에서 찍은 사진을 인터넷으로 올리게 되자 이 또한 완전히 경쟁력이 없는 산업이 되고 만 상태이다.

10) 고정 투자비에 과도한 투자

사업 초창기에 고정비에 지나치게 투자한 사업은 돈이 회전되지 않아 창업의 실패로 끝나는 경우가 많다. 즉 빚을 내서 공장을 짓는 등 고정비의 지출이 늘어난 후 이를 만회할 자금의 회전이 신속하게 되지 않아 창업에 실패하는 경우가 발생하는 것이다.

11) 기타

ⅰ. 이 외에도 특허, 상표 등 지적재산권 권리 확보 등을 등한시하여 사업추진이 좌초되는 경우가 가끔 있다. 특허. 상표 관련 분야는 가능하면, 전문가의 지원을 받는 것이 현명하다. 이는 회계분야나 세무분야도 마찬가지다. 물론 회계에 대한 기본적인 지식은 있어야겠지만, 그렇다고 창업자가 회계 전문가가 될 필요는 없다. 세무 분야도 마찬가지다. 그럴 시간이 있다면 하나의 제품이라도 더 팔 수 있는 마케팅에 전념하는 게 훨씬 낫다. 특허, 회계, 세무 등의 업무는 전문가를 활용하되, 회계 상의 자금의 유입과 지출에 대해서는 반드시 창업자 자신이 세세하게 하나하나 알고 있어야 한다. 이번 달에 돈이 어디에서 어떻

게 얼마 들어오고, 어디로, 왜 얼마가 나가는지, 이를 정확하게 알고 자신이 관리해야 한다. 이에 대한 장부상의 정리도 본인이 할 수 있으면 좋겠지만, 이런 일은 전문가에게 맡기는 것도 좋다. 특히 세무사나 회계사 사무소 등과 매 월에 얼마의 수수료를 주는 계약을 맺어(월 5~10만 원 정도), 회계장부 정리와 세금 신고·납부 등에 관한 도움을 받는 게 좋다. 월 몇 푼의 작은 돈을 아끼려다가 마케팅이나 제품 개발 등 창업자 본연의 업무에 지장을 초래해서는 안 된다.

기술 분야의 제품을 개발하거나 창업하는 경우에는 지적재산권(특허, 실용신안, 상표, 의장, 디자인 등)에 대한 자문은 특허 사무소를 활용하든지, 특허협회 등에 도움을 요청해도 된다. 자신이 개발한 제품의 기술적인 내용이나 디자인 등은 지적재산권으로 등록을 하는 게 좋다.

ⅱ. 시장 진입 타이밍의 선정 실수가 창업자의 사업 실패로 이어지는 경우도 있다. 이는 혁신적인 제품을 미처 시장이 형성되기도 전에 출시하여 조기 진입으로 자신은 실패하고 그 후에 출시하는 사람이 덕을 보는 경우이다. 이는 결국 남 좋은 일만 시킨 꼴이 된다.

iii. 현실 안주형으로 기존 기술이나 제품에만 안주하다 변화하는 시장에 뒤쳐지는 형으로 실패하는 경우도 있다. 그 외 창업자 외도형, 내부 분란형, 무리한 사업 확장형, 위기관리 실패형, 거래처 어음 부도형, 대기업의 횡포 피해, 변화하는 기술대응의 실패 등이 창업자의 실패를 가져오기도 한다.

ⅳ. 창업자는 창업에 관련된 법률 지식을 갖추고 있어야 한다. 특히 자신이 창업하는 분야와 관련된 법률들은 잘 알고 있는 게 중요하다. 대부분의 창업자가 관련되는 분야는 상가건물임대차보호법, 특허출원, 가맹사업거래 공정화에 관한 법률, 개인사업자등록신청(세무서), 허가·등록·신고·지정·면허·인가·인증·통보업종에 따른 관련법, 학교정화구역내의 금지업종, 벤처기업육성에 관한 특별조치법, 간판 및 관련 법률(옥외광고물법 등) 등에 대해서도 자신의 창업분야와 관련이 있다면, 꼼꼼하게 따져보고 내용을 잘 알고 있어야 한다.

11장 창업자의 성공요인

1절 창업자의 성공요인

1. 창업 성공의 의미

하나의 사업을 성공시키기 위해 어떤 능력이나 자원이 필요할까? 이 물음에 한마디로 답을 할 수는 없을 것 같다. 이는 창업을 해서 잘 운영해 나가다가 세계적인 경제상황의 여파로, 혹은 어쩔 수 없는 재해로, 또는 본인의 건강 등 어쩔 수 없는 상황으로 문을 닫는 회사가 어디 한 두 개인가?

사실 성공한 창업자란 창업자가 사업을 일으켜 잘 운영하다가 그가 사망한 이후에도, 그 사업이 그대로 잘 존속해서 번창해 나가고 있어야 진정한 창업 성공자라고 일컬어지지 않겠는가? 물론 이는 너무 크게 혹은 비약적으로 생각한 것이라 볼 수 있을 것이다. 그래서 여기서 성공한 창업이란, 일단 창업을 해서 약 5년간 살아남아 있는 기업을 성공한 창업이라 규정하고자 한다. 물론 창업 후 3년 이후부터 적어도 흑자를 내야한다는 전제하에…….

그럼, 어떻게 하면 창업하여 현상유지 이상을 하면서 3년이 지나고, 3년 이후 부터는 흑자로 돌아서서 이익을 남겨 빚도 갚고, 재투자도 하고, 세금도 많이 내고, 직원들의 보수도 듬뿍 올려주는 기업을 만들 수 있을까?

앞 장에서는 실패하지 않을 방법들에 대해 알아보았다. 이는 다른 관점에서 보면 실패하지 않았으면 성공한 것이 되지 않을까? 하고 생각할 수도 있다. 그러나 그건 아니다. 여기서 성공이란, 3년부터 흑자로 돌아서는 것에도 의미를 부여할 수 있지만, 주관적으로는 창업자가 자신이 목표한 대로 회사가 성장해 나가는 것이 성공이라고 할 수 있을 것이다. 예를 들면, 비록 지금 매출은 미약하지만, 견실한 거래처를 몇 군데 확보했다든지 혹은 외국과의 수출길이 트여 앞으로는 매출이 수출 쪽에서 압도적으로 발생할 계약을 했다든지 하는 것들이 있을 수 있다.

지금은 그야말로 창업이 대세다. 아니 어쩔 수 없이 창업으로 가고 있다. 백세의 삶을 살아야 하는데, 고령화 문제, 청년 실업과 중년의 재취업. 어느 것 하나 쉬운 게 없다. 그리고 설령 취업을 했다고 하더라도, 은퇴는 점점 더 빨라지니 창업으로 갈 수 밖에 없다. 미래창조과학부에서만 창업 · 벤처 육성에 2013년 한 해 동안 총 7조 8,593억 원을 투입하기로 결정했을 정도다. 그러나 지금까지 우리가 살펴보았듯이 창업성공은 결코 쉽지가 않다. 여기서 부터는 지금까지의 창업 성공 요건들을 취합하여 제시해 보고자 한다.

2. 성공하는 창업의 원칙들

사업을 창업함에 있어 자신의 역량에 맞는 창업을 해야 한다. 사실 대부분의 창업자들은 우선 크고, 화려하고, 혹은 남에게 체면을 살릴 수 있을 정도의 규모와 외관을 갖추고 싶어 한다. 그러나 자신의 능력에 맞는 창업을 해야 실패하지 않는다고 보고, 이 부분이 사실 가장 중요하다고 생각한다. 사람은 자기에게 맞는 옷이 있고, 또 좋아하는 옷이 있다. 그리고 입을수록 편안하고, 기분 좋은 옷이 있다. 사이즈가 맞는다고 다 좋은 옷은 아니듯이, 어느 한 분야의 특징이 마음에 든다고, 전체적으로 좋아하는 것도 아니다. 사람이 자신에게 맞는 옷을 입어야 하듯이, 창업자에게는 자기에게 맞는 창업분야가 있고, 규모가 있고, 특징과 개성이 맞는 분야가 있는 것이다. 따라서 창업하고자하는 분야가 자신과 궁합이 맞는 분야를 창업해야 한다. 이를 세분해 보자.

1) 자신의 지식과 경험이 있는 전문 분야

창업은 아마추어들이 하는 즐기기 위한 게임이 아니라, 자신의 돈과 시간, 명예, 더 나아가 가족들의 삶을 담보 잡히고 하는 실전게임인 것이다. 성공하면 더 말할 것도 없지만, 실패하면 상상도 못할 고초를 겪을 수도 있는 게 창업인 것이다. 그것도 본인 혼자만이 아닌 가족과 주변 지인들 까지도 폐를 끼치기 십상이다. 따라서 창업은 자신이 가장 잘하고 또 자신 있는 분야라야 한다. 즉 자신의 전공분야 창업이 일단 유리하다. 해당분야에서의 탁월한 지식과 경험 등을 보유하고도 성공하기 쉽지 않는데, 단순히 누구의 도움으로, 혹은 프랜차이즈 본사의 도움으로 성공할 수 있다는 순진한 생각은 버려야 할 것이다. 누구나 말하는 성장성과 발전성만 보고 자신의 분야가 아닌 곳은 뛰어들어서는 너무 위험한 것이다. 따라서 자신의 지식과 경험이 가장 탁월하고 잘하는 분야를 선택해야 할 것이다. 특히 직업적인 경력사항이 있는 분야가 좋다.

2) 자신의 자금 규모와 맞는 적정한 사업의 선택

위에서 자신의 지식과 경험이 탁월한 전문분야를 선택하였다 하더라도 창업을 위한 자금이 필요하다. 여기서 창업하려는 분야가 자신의 동원 가능한 자금 규모와 비교해 보고 적당한 규모를 택해야 한다. 자신의 자금으로 적어도 70%를 커버할 수 있어야 하고, 6개월 정도의 생활비는 별도로 계산해야 한다. 대부분의 창업자들이 처음 시작 할 때의 욕심 때문에 돈을 국가기관이나 은행 혹은 친인척의 돈을 빌려서 시작하는데, 이 빌리는 돈이 너무 크든지 혹은 급하게 갚아야 하는 경우에는 사업에 성공적인 활용이 어렵다. 생각보다 사업의 진척은 시간이 걸리지만, 이자를 갚을 시간은 정해져 있어 꼬박꼬박 돌아오기 때문에 점점 더 압력이 가중되어 성공하기 어렵다. 차라리 작게 시작해서 조금씩이라도 키워나가면 그게 훨씬 성공하기 쉽고, 길게 보면 더 성공적이 된다. 창업을 했다하면 적어도 30년은 운영해야 할 텐데, 너무 크게 급하게 시작할 필요가 없다. '천천히 또박또박......' 이게 창업자들에게 꼭 들려주고 싶은 내가 좋아하는 글귀다.

3) 시대의 흐름이나 추세에 맞는 분야의 선택

세상의 흐름은 누구도 막을 수 없고 막아서도 안 된다. 특히 사업의 분야에서는 급변하는 환경을 항상 고려해야 한다. 쉽게 생각하면 너무나 당연한 것인데도, 사람들은 별로 고려하지 않는다. 예를 들면 인구의 변화는 어떤가? 우리나라의 인구는 크게 증가하지 않고 학령 아동의 수는 점점 감소하고 있다. 이 때 만약 의사라면, 산부인과 전문의의 일자리가 점점 줄 수밖에 없다는 판단이 설 것이다. 그에 비해 노인의 숫자가 점점 더 늘어나고 사회복지 분야가 발전해 갈 것이다. 그러면 노인의 질병 관련 분야의 일자리가 점점 늘어나는 것은 당연한 이치가 아니겠는가? 이처럼 시대의 변화와 세상 추세의 흐름을 잘 보고 그에 맞는 분야의 창업을 선택해야 할 것이다. 지금 스마트 폰이 대세인데, 기존 휴대폰이나 일반전화의 수요가 늘어나겠는가?

4) 경기가 활성화 될 때를 택하라!

앞에서도 서술한 적이 있지만, 이건 정말 중요하다. 즉 세상의 경기가 좋을 때 창업을 해야 하는 것이다. 물론 사람들은 언제 경기가 좋은 적이 있었나? 라고 반문할 수도 있다. 그러나 정말 나라의 경기가 좋을 때가 있고, 국제 경기가 좋을 때가 있다. 물론 위기가 기회라는 말도 있지만, 일단은 국내외의 경기가 좋을 때 창업하는 것이 아주 중요하다. 경기가 좋으면, 소비가 활성화되고 창업자의 제품이나 서비스가 훨씬 잘 팔릴 것이니까. 이는 창업을 하는 분야와 지역에 따라 조금은 달라질 수 있지만, 일단 경기가 좋을 때 창업을 하는 것이 유리하다.

5) 마케팅 능력 없으면 창업하지 말라 - 판로, 영업망 구축

이는 개인적인 능력과 조직의 능력을 포함해서 마케팅 능력이 없으면 창업하면 안 된다. 사실 창업자 자신이 상품을 팔지 못하는데 그 상품을 누가 팔 수 있단 말인가? 자신의 제품에 대한 확신과 신념이 있다면 당연히 그 재품을 널리 홍보하고, 그리고 광고할 것이다. 창업자 자신이 자기 제품 홍보에 저절로 열을 올릴 것이다. 왜냐하면 정말로 좋은 제품으로 사람들에게 도움이 되는데, 홍보하지 않을 이유가 있겠는가? 만약 내가 두통에 아주 특효약을 가지고 있다고 하자. 그런데 내 앞에 있는 사람이 두통으로 심하게 고생하고 있다고 하자. 그러면 우선 그 두통약을 어떻게 해서든지 먹게 만들고, 그래서 두통의 고통으로부터 해방시켜 주고 싶은 게 인간인데 어떻게 두통약이 있다고 이야기조차 하지 않을 수 있는가? 내가 가진 두통약이 아주 안전하고 탁월한 약인데……. 이는 내가 가진 약이 두통에 효험이 없거나 효험이 있다는 것을 믿지 못하기 때문에 쉽게 약의 효험을 이야기 하고, 그 약을 주지 못하는 것이다. 이와 같이 정말 창업자가 만든 제품이나 서비스가 도움이 되고 탁월한 효과가 있다면 적극적으로 홍보나 판매나 광고에 나설 것이다. 창업자가 마케팅에 소홀하거나 마케팅을 할 능력이 없다면, 창업은 하지 않는 것이 현명하다.

즉 창업자는 마케팅 능력을 가져야 한다. 이는 가장 좋은 글은 쓰는 작가가 아니라 가장 많이 읽히는 책을 쓰는 작가라고 자신을 소개하는 로버트 기요사키[41]의 말처럼, 세상에는 가장 좋은 제품이 아니라도 가장 많이 팔릴 수 있는 것이다. 창업자는 사업가이니 만큼 가장 많이 팔릴 수 있는 방법을 모색하여 마케팅 활동에 열중할 때, 창업은 실패가 아닌 성공으로 가는 것이다.

---

41) [부자아빠 가난한 아빠]의 저자

6) 주변 인적자원의 적극적 활용

창업을 해서 하나의 기업으로 키워가는 것에 항상 연결되는 것이 사람이다. 왜냐면 세상은 사람으로 인해 존재하니까. 그런데 이 가장 중요한 자원인 사람들을 잘 활용하지 못하면, 창업의 성공은 어렵다. 창업자는 하나의 성을 쌓는 성주이다. 자신의 성을 쌓는 성주가 성의 구조나 성의 역할, 어떻게 성을 운영할 것인지를 모른다면, 그건 말도 안 되는 소리다. 다시 말해 창업자는 자신의 사업에 대해 완벽히 이해하고 모든 것을 잘 알고 있어야 한다. 그러나 사람이 혼자서는 바쁘기도 하지만 자신보다 관련분야의 전문가를 잘 활용할 줄도 알아야 한다. 즉 성주가 모든 분야에서 최고의 기술이나 역량을 가지고 있는 것은 아니다. 마찬가지로 창업자는 자신의 직원이나 혹은 동료의 역량을 적재적소에 배치할 줄 알아야겠지만, 더 중요한 것은 자신을 둘러싸고 있는 수많은 막강한 인적자원을 활용할 줄 알아야 한다. 친구, 친척, 동창, 옛 직장 상사, 동료, 선배, 같은 분야의 일을 하는 사업가들 등 주변의 수많은 인적자원을 적극적으로 활용해야 한다. 정 미안하다든지, 너무 신세를 많이 진 것 같으면 조그만 선물이라도 하며 고마워하면 된다. 사람들은 부탁하는 사람들의 부탁을 들어주려 한다. 문제는 부탁을 하지 않고, 알아서 좀 도와주겠지 하고 끙끙대서는 안 된다는 것이다. 적극적으로 주변의 인적자원을 활용할 배짱이나 능력이 없으면 험난한 창업자의 길로 들어서지 말아야 할 것이다.

7) 수익이 나는 분야의 창업

아무리 많은 제품을 생산해서 팔아도 적자가 발생하면 그건 사업을 하는 게 아니다. 예상 수익을 산정할 때는 소비자의 반응을 고려하여 생산량을 항상 보수적으로 결정해야 한다. 또 원가계산과 손익구조 분석을 철저히 하여 투입되는 자본과 수익의 구조를 꼼꼼히 따져봐야 한다, 그래서 투자되는 자금과 비용, 그리고 이자비용까지 고려하여 이익을 계산해야 한다. 사업은 이익을 남겨야 하는 것이다. 투자를 해서 자꾸 손실을 보고 수익이 남지 않으면 차라리 방향을 바꾸든지, 혹은 사업을 포기해야 한다. 소위 앞으로 남고 뒤로 믿지는 장사를 해서는 안된다. 작은 액수지만, 조금이라도 남아야 사업이 발전하고 점차 커가는 것이다. 그러나 조금씩 밑지기 시작하면 점차 시간이 갈수록 손실의 액수는 점점 커지고 회생하기가 점차 어려워지는 것이다. 제일 좋은 방법은 처음부터 조금씩이라도 수익을 남겨야 한다. 그러면 창업이 재미도 있고, 자신도 붙는 것이다. 그래서 점차 수익의 선순환 구조가 계속 이어져 회사가 활성화 되는 것이다.

8) 전략을 연구한다.

창업자는 항상 고민해야 하는 게 4가지가 있다. 즉 창업자 자신, 환경, 고객, 경쟁자에 대해서는 전략적으로 접근해야 한다.

첫째로 창업자 자신의 역량을 제대로 아는 것이다.

즉 자신이 가진 제품개발력과 판매능력을 비롯한 자사의 전반적인 능력을 아는 것이다. 이는 자신의 재정적인 역량, 혹은 기술적인 역량, 혹은 마케팅 역량, 혹은 대외적인 협상 역량, 더 나아가 직원들을 관리하고 경영하는 경영 능력 등 창업자 자신의 역량을 잘 알고 자신의 역량을 향상시키기 위해 노력해야 한다. 사실 초창기 사업의 80%이상은 창업자의 역량에 달려 있다고 보면 된다. 회사가 조금씩 안정되어 가면서 우수한 시스템을 구축하는 역량이 점차 중요해 진다. 제품의 생산과 판매 등 사업을 하고, 조직을 구축하고, 회사 내의 제반 운용 시스템을 구축해 나가는 창업자의 개인적 능력이 중요한 것이다. 창업자는 회사 경영에 대한 창업자 자신의 전략을 잘 짜야 한다. 하지만, 자신의 역량이 미치지 못할 때는 전문가에게 의뢰해서 해결 할 수도 있다. 그러나 전문가를 선택하고, 전문가의 일을 점검. 검토하는 일은 결국 창업자가 그 일을 어느 정도 잘 알아야 된다. 적어도 실제로 작업을 하는 능력은 없을 지라도 작업 상태와 성과, 그리고 문제점 들을 분석 도출하는 능력은 있어야 한다. 따라서 창업자 자신(회사)의 역량을 향상시키고, 회사의 시스템을 연구하는 게 중요하다.

둘째, 창업자는 항상 창업 환경에 신경 써야 한다.

여기서 환경이란 국제적 경기 동향과 국내 경기 동향, 아울러 동종 업종의 경기 동향 등에도 관심을 갖고 적절한 선택을 해야 한다. 특히 동종 업계의 동향 등은 큰 영향을 받는 경우가 많기 때문에 항상 관심을 가져야 한다. 또한 경제적인 경기 동향 외에도 규제적인 환경에도 신경 써야 한다. 예를 들어 오. 폐수의 방출문제나, 오염가스 배출문제 등 자연환경적인 문제도 관심을 가져야 한다. 또한 학교 주변의 유해 시설 같이 법적인 규제나 내용에도 관심을 가져야 하며, 이런 사항들은 면밀히 검토해서 문제가 발생하지 않도록 해야 한다. 만약 PC방을 개업한다면, 전면 금연이 되게끔 실내 인테리어 시설을 구비해야 한다. 이런 사실을 그냥 별 생각 없이 지나치면 나중에 여러 가지 복잡하고 성가신 일들을 불러 올 수 있다.

셋째, 고객의 변화에 전략적으로 대응해야 한다. 즉 고객이 어떤 취향으로 바뀌고, 가격과 품질의 변화에 얼마나 민감하게 반응하는지 등에 대한 전략적 접근이 필요하다. 특히 신제품이나 다른 대체용 상품이 나왔을 때의 고객 반응을 잘 파악해야 한다. 사업에서는 고객을 잃으면 모든 것을 다 잃는 것이니까.

넷째, 창업자는 경쟁자의 동태를 항상 파악해야 하고, 경쟁자가 어떤 전략을 구사할지 또는 어떤 방법으로 사장을 공략 하려하는지를 고민해야 한다. 경쟁자는 항상 가격이나 품질 혹은 프로모션 전략으로 언제든지 공격할 수 있다. 따라서 항상 경쟁자에 대한 긴장의 끈을 놓지 말아야 한다. 경쟁자가 어떤 전략적 행동을 취하기 전에 가능하면 먼저 선수를 치는 것이 좋다.

<표 11-1 창업자의 중점전략>

창업자의 4대 중점전략				
구분	**창업자(자신)**	**환경**	**고객**	**경쟁자**
영업 환경	마케팅 능력	국제 경기 동향	가격	가격전략?
제품/서비스	제품개발 능력	국내 경기 동향	품질	품질 전략?
운용방식	경영 능력	업종 경기 동향	취향	프로모션 전략?

2절 성공요인 분석과 시사점

"창업 후 성공하는 이유는 뭘까?" 이에 대한 전반적인 내용은 앞장에서 살펴보았다. 이를 좀 더 체계적으로 분석해 보면 우선 자신이 창업한 분야가 어떤 분류에 속하는지 그리고 고객은 누구인지 등에 대한 확실한 구분이 필요하다. 이에 대한 총괄적인 분석을 해보면 다음과 같다.

1. 창업CEO 들이 생각하는 성공요인

현재 창업을 하여 회사를 경영하고 있는 창업 CEO 들은 성공을 위한 가장 중요한 요소로 시장의 트렌드, 창업자, 마케팅, 핵심기술로 보고 있다. 이는 비교적 사안을 정확하게 파악하고 있다고 판단된다. <표 11-2>를 보면 총 34개의 답변 중 시대에 맞는 즉, 트렌드에 맞는 제품이나 상품제공이 5개, 유통망을 위시한 마케팅 부분이 5개, 인적 네트워크를 활용한 정보 교류 5개로 나타나고 있다.

여기서 우리가 제시하고 싶은 내용은 1) 시장의 트렌드에 맞는 제품 출시(아이템) 2) 케시카우를 확보할 수 있는 마케팅 전략, 3) 핵심인재와 정보교류로 표시되는 전문성이다.

<표 11-2 창업자의 성공요인>

2012년 **청년 창업자들이 생각하는 창업의 성공요인 조사**				
구분 (11명)	1순위	2순위	3순위	4순위
A 대표	시대의 흐름을 잘 읽어 시장이 필요로 하는 서비스를 내 놓음	동료 등의 동기부여와 역량강화 리더십	포기하지 않는 도전과 열정	
B 대표	아이템의 차별성	유통망 확보	차기제품 개발	
C 대표	목표의식 (뚜렷한 목표)	마케팅전략 (케시카우, 전략 상품 개발)	사람 (핵심엔지니어 확보)	
D 대표	인맥 네트워크 잘 활용	포기하지 않는 끈기와 인내	아집에 빠지지 않고 흐름에 맞추어 수정과 보완을 통해서 완성	
E 대표	단계적 사업 확장	인적 네트워크 교류 확대	사업에 대한 전문성	
F 대표	철저한 시장분석 : 트렌드, 블루오션, 리치마켓	Plan B	인적 네트워크 구축 및 활용	
G 대표	경제 성장과 맞물린 창업 시기	새로운 시장의 형성	정부지원	
H 대표	기회를 잘 살렸음	장기적 계획	소질과 적성에 맞는 일	
I 대표	사람. 바로 자신의 주위에 역량 있는 사람을 배치하고 그들을 이끌어 가는 뚝심과 너그러움	타이밍	마케팅	
J 대표	가장 좋아하는 일 (미치도록 좋아한다)	열정, 집중, 일하는 것이 즐겁다	전문가 (전문지식 보유)	정보력
k 대표	든든한 자본력(학연, 지연 등의 인맥력)	마케팅방법, 기획의 능력	판로 및 자금유통 방법이 확실	

1) 시장의 트렌드에 맞고 적시성을 지닌 제품의 제공

이는 다른 말로 아이템 선정이라고도 할 수 있다. 즉 시대의 추세에 따른 제품이 적시에 출시가 되면 창업은 성공 궤도로 발전하기 훨씬 용이하다. 정부의 지원 사업이나 혹은 미래 지향적인 사업들에 창업자들의 관심이나 아이템이 몰리는 이유다. 특히 이런 사업이 경제가 활성화되고 경기가 막 호경기로 진입할 때 창업을 하면 그야말로 신규 사업이라도 훨씬 쉽게 발전할 수 있다.

창업에는 아이템도 물론 중요하지만, 창업을 하는 그 시기도 아주 중요하다. 바닷가에 가보면 횟집의 대부분은 여름에는 거의 손님이 없다. 비브리오 균 등, 여름에는 날 음식이 여러 가지 위험소지가 있다는 것을 사람들이 알고 있기 때문에 손님이 없는 것이다. 여름에는 소주와 회를 먹는 손님들이 다른 계절에 비해 상대적으로 줄어드는 까닭이다. 따라서 당연히 여름에 횟집을 창업하는 사람은 거의 없다. 따끈한 호떡이 겨울에 잘 팔리듯이 이러한 계절적 요인, 다시 말하면 적절한 타이밍을 잡는 것이 창업에서도 아주 중요하다.

2) 유통망을 위시한 마케팅 능력

항상 하는 주장이지만, 사업에는 마케팅이 중요하다. 회사가 성장하면 할수록 마케팅의 중요성은 점 점 더 커진다. 사실 창업자들을 볼 때, 마케팅 전문가가 창업을 하면 일단은 안심이다. 적어도 만든 제품을 판매하는 것은 크게 걱정하지 않기 때문이다. 사실 제일 답답한 것이

제품에만 완벽을 추구하는 기술자형 창업자가 문제다. 기술을 활용한 벤처 창업의 약 61%정도가 엔지니어나 연구원 중심 창업인데, 이들이 망하는 가장 큰 이유가 판로를 개척하지 못하기 때문이다. 사실 어떤 사업이든 판로만 개척되면 창업은 성공한다.

사실 창업 후 손쉽게 성공하는 방법은 직장에 다닐 때의 거래처들과 거래를 계속하는 방법이다. 전에는 대기업에서 중견 간부로 있다 퇴직을 하면, 그 대기업과 거래할 수 있는 한 개의 분야를 창업해서 자신이 옛날에 근무했던 그 대기업과 거래하는 경우가 많았다. 예를 들면, 삼성에 간부로 근무하다 퇴직해서 삼성대리점을 내는 것이다. 그러면 업무에 대해서 창업자가 잘 알고, 또 그 동안 형성된 인맥들의 도움을 알게 모르게 받을 수 있는 것이다. 이건 꼭 제조품을 만드는 회사만이 아니라, 공사를 맡아서 하는 분야도 비슷하다. 선로 등 통신공사 부분 회사들이 대부분 그렇다. 예를 들면, 수년 전만 하더라도 한국의 대표적인 통신회사인 KT를 퇴직한 기술직 간부들 중 많은 사람들이 통신공사업체를 창업해서 그 분야에 종사하고 있다. 사실 30여년을 선로 및 기계, 토목공사 관련 부분에 근무한 기술적 지식과 그간의 인맥, 그리고 경험과 경력들을 고려하면, 이들보다 더 선로나 기계 등 정보통신 공사분야의 일을 잘하는 사람이 극히 드문 상황이다. 물론 공사를 수주하고 또 발주하고 하는 것은 입찰의 문제이니만큼 또 다른 문제이지만, 선로 구성이나 기계설치 등 통신공사 관련 업무는 이들이 전문적으로 잘하는 분야이다. 이런 경우 이들이 창업한 통신공사업체가 잘 안될 이유가 없는 것이다.

3) 인적 네트워크를 활용한 정보 교류

사업은 사람과 사람사이의 거래를 목적으로 하는 게 사업이다. 즉 사업의 주체는 어디까지나 사람인 것이다. 여기서 말하는 인적 네트워크의 활성화가 창업 성공을 부른다는 이유는 창업자의 평소 인적 네트워크가 창업의 성공을 가져온다는 것이다. 특히 물품을 납부하는 제조품 회사를 창업했을 때 가장 중요한 문제인 제품의 납품 관계, 또한 제품의 품질 부분 등이 인적 네트워크가 크게 작용할 수 있는 분야이다. 앞의 (2)항 마케팅의 예에서도 보았지만, 예로부터 [전관예우]라는 말이 있고, 이는 지금도 사업의 세계에서 보이지 않게 만연하는 것이다. 전관예우라는 말은 주로 판, 검사등의 법조계와 장. 차관 등 고위 공직자의 유착관계에서 나왔지만, 2013년을 뜨겁게 달구고 있고, 2013년 8월 현재에도 수사가 진행 중인 한수원의 원자력 부품비리사건 등을 보면, 기업체에서도 뿌리 깊이 존재하는 것이다.

사실 많은 대학생들이 톡톡 튀는 발상으로 정말 탁월하다 싶은 아이템으로 창업을 하기도 한다. 그러나 그들은 거의 몇 달을 견디어 내지를 못한다. 여러 가지 이유가 있겠지만, 첫째 아는 사람이 없어 정보가 부족한 것이다. 즉 정보의 핵심 분야에 종사하는 사람들과의 인간적인 접근이 거의 되어 있지 않는 것이다. 게다가 이들은 공짜심리에 물들어 있다. 나이가 어리니까, 혹은 아직 학생이니까, 또는 돈이 없으니까 등등의 자기 합리화로 거래를 잘 모르는 것이다. 다시 말하면 사업의 세계는 오로지 돈으로 묻고, 돈으로 대답하는 곳이다. 한 두 번은 대학생이니까, 혹은 어리니까, 혹은 처음이니까 하고는 넘어간다. 그러나 사업은 사업인 것이다. 이들이 어떤 부탁이나 용역을 의뢰하고는 정당한 대가를 제공하지 않을 때는 다음부터는 정보도 기회도 주어지지 않는 것이다. 그것을 모르는 대학생 창업자들은 진짜 정보는 못 구하고, 변방에서만 맴돌다 사라지는 것이다. 다시 말해 이들은 인적 네트워크가 형성되어 있지 않아 정작 중요한 수주의 정보나, 마케팅의 정보에서 멀어지고, 더 나아가 필요한 기술적 정보에서도 멀어지는 것이다.

만약 어떤 업체에서 주문을 받았는데, 자신의 회사에서는 제품을 생산할 수가 없다. 그런데 다른 경쟁 기업에서는 이것을 충분히 만들 수 있고, 따라서 경쟁기업에 부탁을 해야 하는 상황이 발생할 수도 있다. 이런 경우에도 신규 창업자의 인맥이 형성되어 있지 않아 적절한 대응을 잘 못하는 경우가 발생하기도 한다. 따라서 창업해서 성공을 하려면 창업하려는 분야에서 잔뼈가 굵든지, 혹은 관련 분야에 종사하는 등의 방법으로 상당한 인맥을 형성하고, 네트워크가 구축되어 있어야 하는 것이다.

2. 창업의 성공요인

1) 우리가 하는 사업 분야의 정립

이는 우리가 종사하는 사업이 어떤 사업인지를 먼저 규정해야 한다. 즉 고객을 위해 '무엇을 하는지'를 정의해야 한다. 즉 사업의 목적이 나오면 방법은 다양하게 접근 할 수도 있다. 만약 학교 앞에서 문방구를 창업했다고 하자. 이 때 주 고객은 학생들이다. 예를 들어 초등학교 앞

문방구라면, 고객을 위해 무엇을 제공해야 고객의 필요성을 충족할 수 있고 만족할 수 있을까? 학교에서 필요로 하는 교육용 준비물, 학습에 필요한 도구들, 초등학생이 필요로 하는 소모품들, 초등학생이 좋아하는 놀이들 (문방구 앞 게임기 등) 등을 제공해야 문방구의 기능을 제대로 하는 것이 될 것이다.

2) 주된 고객의 정의

고객이 누구인가를 규정해야 한다. 즉 고객의 나이는? 학력은? 키는? 성별은? 취미는? 직업은? 경제력은? 등등을 따져 고객을 세분화하는 게 좋다. 그러면 고객들의 요구수준을 쉽게 알 수 있고, 고객의 보편적인 자료들을 중심으로 고객이 요구하는 내용들을 적시에 제공할 수 있는 것이다.

3) 고객의 욕구나 니즈 파악

이는 고객이 왜 우리 제품을 구입하는지에 대한 이유를 알아야 한다. 그래서 고객이 추구하는 가치나, 혜택 그리고 그들이 원하는 생활이나 누리고 싶어 하는 내적 만족상태 등을 파악하여 적시에 제공할 수 있는 것이다. 특히 다른 제품이 아닌 우리 제품을 구매함으로써 그들이 얻는 편리성과 자존감의 만족 혹은 자신만의 독특한 가치를 얻을 수도 있다. 이러한 상황들을 판단해서 고객에게 적절한 상품이나 서비스를 제공해야 한다.

4) 우리의 경쟁력 분석

우리가 다른 경쟁자와 달리 제시할 수 있는 한 가지 이상의 혜택은 무엇인가? 어떤 점이 고객이 우리를 선택하게 하는지에 대한 분석이 되어 있어야 발전적으로 그리고 고객 지향적으로 사업을 이끌어 갈 수가 있다. 그게 가격이든, 품질이든, 편리한 서비스이든 이에 대한 정확한 분석이 필요하다. 사실 고객에게 어떤 놀라움을 선사하지 못하는 제품은 그 수명이 얼마가지 못할 것이고, 그 사업도 곧 퇴보할 것이다. 즉 고객에게는 놀라움의 법칙[42]이 있어, 사업은 고객을 놀라게 하는 것이다. ("아! 대단하다"라는 감탄사를 연발하게 할 제품이나 서비스가 없다면 성공을 기대하기 어려울 것이다)

고객은 일정수준 이상의 서비스를 기대하며 우리 사업장을 찾아온다. 그런 고객에게 놀랄 정도의 높은 수준의 제품이나 서비스를 제공하는 것은 경쟁에서 이기기 위한 당연한 방법이고, 찾아온 고객에게 다음에는 더 좋은 서비스를 제공할 것이라는 의미를 내포하고 있어야 한다. 즉 우리가 고객에게 남다른 진짜 가치를 제공해야 사업이 지속될 수 있는 것이다.

5) 경쟁자의 정확한 분석

우리는 경쟁자를 분석해야 한다. 특히 그 경쟁자가 우리보다 탁월한 실적을 올리는 경쟁자라면 그 핵심내용을 깊이 연구하여 우리의 장단

---

42) 창업과 중소기업경영의 실전 가이드, 전성기.정상섭 엮음, 이엔지.북, P.112

점과 경쟁자의 장단점을 알아내야 한다. 그래서 경쟁자를 추월할 수 있는, 경쟁자와 다른 우리만의 경쟁력을 만들어 내야 하는 것이다. 경쟁자의 제품이나 서비스가 우리의 제품보다 가격이 저렴할 수도 있고, 품질이 탁월할 수도 있다. 더 나아가 서비스를 이용하기가 훨씬 편리하거나 빠르거나 할 수도 있다. 이런 경쟁자의 경쟁력을 잘 파악하여 적절하게 대처해야만 성공으로 나아갈 수 있다.

6) 우리의 취약요소를 파악

우리의 사업이 목표를 달성하지 못하게 가로막는 취약요소는 무엇인가? 이를 집중적으로 연구해 보아야 한다. 그게 제품의 품질 문제인지, 적시에 제공하지 못하는 시간상의 문제인지, 혹은 제품이나 서비스를 알리지 못한 홍보상의 문제인지, 또는 가격이 너무 비싼 건지 등을 잘 파악해야 한다. 그리고 그 부분을 집중적으로 연구해서 노력과 에너지와 시간과 돈을 투입해야 한다. 여기에 사업의 성패가 결정 난다.

3. 창업 시의 주의점

경기불황과 명예퇴직 청년실업 등으로 인해 창업에 대한 열기가 높아져 가고 있지만, 창업에 있어 성공하기란 정말 쉽지가 않다. 그러나 지금의 이 시대에는 누구나 창업을 고민해 볼 수밖에 없는 상황이다. 정부에서도 창업을 국가의 새로운 경제동력원으로 인식하고 창업에 대한 대대적인 지원과 교육을 하고 있다. 그러나 작금의 현실은 창업해서 성공하기 보다는 실패가 훨씬 많은 상황이라 고민이 깊어가는 것이다. 따라서 창업 시에는 다음과 같은 점을 주의하여 창업해야 한다.

1) 노력이 아닌 연구가 필요하다.

창업 CEO는 매일매일 치열한 노력이 아니라 연구를 해야 미래가 열리는 것이다. 끊임없이 연구하는 창업자만이 승리하는 것이다. 모든 창업자는 누구 못잖은 치열한 노력을 하고 있다. 노력하지 않는 경영자나 창업자가 어디 있으랴! 그러나 창업자는 업무에 대한 노력만이 아니라, "어떻게 하면 살아남을 수 있을까?"를 항상 연구, 또 연구해야 한다. 즉 머리를 써서 살아남을 방안을 연구해야 하는 것이다.

2) 시장조사를 반드시 먼저 하라.

창업을 실패하는 이유 중에서 가장 큰 부분을 차지하고 있는 부분이 아이템을 정확히 분석하고 시장조사를 완벽하게 하지 않아 발생한다는 사실을 기억해야 한다. 그냥 아이템이 좋다고 시장에 대한 조사도 없이 막무가내로 뛰어드는 창업자가 있다. 특히 프랜차이즈 가맹점이나 혹은 기존 사업장을 팔려고 하는 사업주와 부동산 중개소의 협동작전에 아이템 하나만 보고 쉽게 사업에 덤벼드는 경우가 있다. 반드시 창업에 진입하기 전에 시장조사와 주변 환경 분석을 철저히 해봐야 한다.

3) 영업이 가장 중요하다.

다음으로 창업에 실패하는 사례로 많이 등장하는 것은 바로 영업을 두려워한다는 것이다. 이 세상의 모든 사업은 영업 혹은 판매, 마케팅 등 어떤 말로 표현하든 영업이 없는 사업은 없다. 그래서 어떠한 업종이든 타깃에 맞춘 확실한 마케팅이 기본이 되어야 한다. 사실 창업을 한 창업자들을 보면 금방 창업의 성공여부를 판단 할 수 있다. 즉 창업자가 온 종일 영업에 올인하고, 제품이나 서비스는 밤에 혼자서라도 늦게 만들어 가는 창업자가 실패할 일은 거의 없다. 그러나 사람을 만나기 싫어하는, 즉 고객을 만나 제품을 판매하길 싫어하는 창업자는 사업이 잘 될 리가 없는 것이다.

4) 사기에 조심하고 돈 관리는 창업자가 직접 하라.

창업에 실패하는 또 다른 이유로는 남에게 사기를 당하거나 혹은, 너무 쉽게 지출을 하는 것이다. 아직 크게 믿을 수 있는 관계도 아닌 사람에게 사기를 당하는 경우도 있고, 믿을 수 있는 자기회사 경리직원에게도 돈에 대한 모든 것을 맡겨다가 낭패를 보는 수가 있다. 회사 경리업무는 창업 초창기에는 무조건 창업자 자신이 담당하는 것이 좋다. 설사 아내나 동생이라도 맡기지 말고 본인이 직접 하는 게 좋다. 그 사람들이 나쁜 마음을 먹는 게 아니라, 돈의 지출이 확실하고 얼마의 돈이 어떻게 융통되는지를 하루하루 정확하게 알고 있어야 물건을 사고, 대금을 회수하고, 투자를 하고, 월급을 주는 등의 일이 머릿속에

100% 그려지는 것이다. 그렇지 않고 누군가에게 맡기면, 자연히 잘되겠지 하는 마음이 생겨 돈의 수입과 지출에 관심이 약해지게 되고, 이런 것들이 초기 창업자의 성공에는 결정적인 실패요인으로 작용하는 경우가 많다.

5) 합리적인 의사결정을 하라.

창업은 과학적이고 합리적인 의사결정 행위이다. 우리가 재수나 요행으로 사업이 잘되길 바라서는 안 되는 것이다. 즉 처음부터 제품개발이나 투자계획을 완벽하게 세우고, 구매와 채권회수 등 자금관리를 철저히 하면서 또 프로모션 등 마케팅 능력을 키우고, 해당업종에 대해서는 완벽한 전문가로 변신하는 것이 당연한 일인 것이다. 또 어느 분야의 창업이든 먼저 시대의 흐름을 위시한 환경적 변수, 그 지역의 인구의 유동 현황, 유동인구의 나이수준과 성별분석, 자신의 자금사정 등 제반 변수들을 꼼꼼히 분석해서 가장 적당한 창업 아이템과 장소를 선택해야 할 것이다.

12장 창업자의 성공전략

창업자가 기업이나 가게를 오픈하고 나면, 일단 창업을 완료했다고 한숨 돌리게 된다. 이제 대한민국의 사업자로서 사업자등록증이 나오고 명실 공히 세상을 향해 나의 사업을 시작하는 것이다. 이제부터는 사업을 잘해서 사업으로 자신과 가족의 생계를 책임지고, 종사원들과 그들 가족들의 생계와 그 가족들의 삶이 안정되도록, 삶의 질을 책임져야 하고, 더 나아가 사업을 번창시켜 사회와 국가에 보국하는 일만 남은 것이다.

그렇다. 이제 사업을 성공시키는 일만 남았다. 그러나 사업은 혼자서 하는 게 아니고 주위 사람들과의 관계에서 형성된다. 무엇보다 항상 고객이 가장 중요하고, 그 다음은 경쟁자 그리고 주위 사업 환경이 중요한 것이다. 특히 경쟁자가 존재하지 않는 사업은 없다. 우리가 새로이 진입한 이상, 우리의 경쟁자는 우리라는 존재를 알아 볼 것이고, 정해진 시장을 놓고 치열하게 경쟁을 할 수밖에 없다. 이 때 경쟁자가 강자라면, 그들은 강자의 전략으로 나올 것이다. 특히 대기업이나 중견기업이라면 처음 시작하는 창업자에게는 절대 강자일 수밖에 없다.

그럼 강자는 어떤 전략으로 나올까? 대부분의 경영학과에서 가르치는 경영전략은 대기업을 연구해서 만들어 놓은 전략이다. 따라서 처음 시작하는 창업 기업은 절대로 따라 해서는 안 되는 것이다. 그러나 대부분의 창업자들은 이런 사실을 모르고, 그냥 대기업에서 실행하는 전략, 혹은 경영전략 관련 저서에 나오는 전략들을 따라하는데 이는 토

끼가 호랑이 행세를 하겠다는 것과 똑 같다. 약자는 약자의 전략을 강자는 강자의 전략을 적절하게 구사해야 냉정한 창업시장에서 살아남을 수 있다.

1절 강자의 전략

1. 강자는 누구인가?

어느 비즈니스 분야에서 누구를 강자로 볼 것인가는 명확하게 정의하는 기준이 있는 것이 아니다. 사실 창업자들에게는 구태여 강자 약자를 구별한 필요성을 크게 느끼지도 않는다.

그들은 어차피 약자들 이니까, 그러나 여기서는 일본 중소기업 컨설턴트인 란체스터경영(주) 타케다 요우이치에 의한 강자의 조건을 따르기로 한다.[43)]

즉 비즈니스의 강자란

ⅰ. 시장점유율이 1위 일 것

ⅱ. 시장 점유율이 26.12% 이상일 것

ⅲ. 2위와의 격차가 10:6 이상일 것

ⅳ. 또한, 시장 점유율이 41.7% 이상을 차지하는 경우 안정강자, 73.9%를 차지할 경우 절대강자라고 정의하고 있다.

---

43) 작은 회사는 전략이 달라야 산다, 황문진 저, 가림출판사, 2006, p.85

그러나 우리나라의 경우는 독과점에 관한 규정에서 시장지배적 사업자의 정의는 존재한다. 즉 일정한 거래분야에서 시장 점유율이 다음 각 호의 하나에 해당하는 사업자(일정한 거래분야에서 연간 매출액 또는 구매액이 40억 원 미만인 사업자는 제외한다)는 독점규제 및 공정거래에 관한 법률 제2조 7항의 시장 지배적 사업자로 추정한다.

1. 2사업자의 시장점유율이 100분의 50 이상[44)]
2. 3이하의 사업자의 시장 점유율의 합계가 100분의 75이상, 다만 이 경우에 시장점유율이 100분의 10미만인 자를 제외한다.

즉 통상 1개사의 시장점유율이 50%이상이면 독점이라 하고 2개사의 시장 점유율이 75%이면 복점이라고 하며, 3개사의 시장 점유율이 75%이상이면 과점[45)]이라 한다. 여기 독점이나, 복점이나, 과점에 해당되는 기업들은 당연히 강자의 기업에 속하는 것이다. 따라서 강자의 전략으로 그들은 그들의 시장을 지배하는 것이다.

2. 전쟁에서의 란체스터 법칙

프레드릭 윌리엄 란체스트는 영국인으로 세계1차 대전의 영향으로 힘의 역학관계를 연구하여 제1, 제2 법칙을 만들어 냈다. 이 힘의 법칙은 전쟁에서나 비즈니스에서나 경쟁을 하는 입장에서는 아주 중요하고 요긴한 법칙인 것이다.

44) 독점규제 및 공정거래에 관한 법률 제4조
45) 정부와 기업, 송이재, 경성대학교 출판부, 2012, p.78

란체스트 제 1법칙

공격력 = 병력수 × 무기성능(질)

란체스트 제 2법칙

공격력 = 병력수의 제곱 (병력수×병력수) × 무기성능(질)

로 나타난다. 다시 말하지만, 이건 법칙이다. 수많은 경우의 수를 두고 수만 번의 실험을 다시해도 똑 같은 경과를 도출하는 법칙인 것이다. 따라서 이 법칙은 믿을 수 있는 것이다.

그런데 제 1법칙은 칼을 들고 싸우는 접근전의 형태에서 적용된다(접근전).

그에 비해 제 2법칙은 기관총이나 미사일과 같이 적과 상당한 거리를 두고 싸울 때 제 2법칙이 적용된다(광역전).

만약 대기업 같이 병력수가 월등히 많은 회사라면, 제 2법칙이 적용되는 광역전을 치러야 하고, 병력이 약하고 적은 약자의 입장에서는 어떻게 해서든 제 1법칙이 적용되는 접근전을 시도해야 희망이 있다. 즉 창업자나 이제 막 시작하는 약자의 입자에서는 어떻게 하든 접근전을 시도해야 하는 것이다. 만약 강자가 자신에게 도전해오는 약자를 맞서 싸우는 경우를 생각해 보자. 예를 들어 12명의 군사를 지닌 아군에게 8의 군사를 지닌 적군이 공격해온다고 가정을 해 보자. 이 때 예비 전력으로 2명을 남겨 두고 10명으로 맞선다면 6의 전력을 써야 하므로(10의 제곱 = 100, 에서 8의 제곱 = 64, 을 뺀 수의 루트 값 = 36으로 6명의 아군과 적군 8명이 사망한다. 살아남은 사람은 6명이다. 하지만 처음부터 12를 총동원하여 싸운다면 9명이 살아남을 수 있다. 즉

12의 제곱은 144, 8의 제곱은 64로 144 - 64 = 80이다. 이를 제곱근으로 하면 9 × 9 = 81호 9명이 살아남을 수 있다는 것이다.

여기서 강자가 취해야 할 전략의 핵심이 나온다. 강자는 모든 힘을 다해(12명) 한꺼번에 공격을 해야 3명의 손실로 상대방 8명을 제압할 수 있는 것이다. 이때는 아군 3명의 손실로 적군 8명을 제압할 수 있다. 즉 이런 것이 강자의 전략인 것이다. 여기서 도출한 강자가 취해야 하는 대표적인 전략들은 다음과 같다.

3. 강자의 전략

약자의 입장에서는 강자가 실행할 수 있는 전략들을 살펴보고, 이러한 강자들의 전략에 말려들지 않아야 한다. 즉 강자는 강자대로 자신들이 경쟁에서 이길 수 있는 방법들을 모색하여 시장점유율을 높이기 위해 온갖 노력을 다하는 것이다.

1) 1등 이미지 전략 - 종합1위 전략을 구사한다.[46)]

강자는 여러 상품에서 1등 제품을 만들어 그들의 기업 이미지를 높이는 것이다. 1등 상품이 즐비한 유명 대기업에서 만든 제품은 갓 출시한 제품도 일류 제품으로 인식되는 것이다. 따라서 강자들은 1등 제품을 여러 개를 만듦으로써 신규 출시한 다른 제품들도 일류 인식을 고객들에게 심어주는 작전을 취한다. (예 : 삼성이 만들면 다르다…….)

46) 작은 회사는 전략이 달라야 산다, 황문진 저, 가림출판사, 2006, p.88-89

2) 다량·광역 집중 전략 – 질보다는 양을 중시한다.

이는 시장 규모가 큰 상품에 힘을 쏟아 경쟁상대의 매출이 오르지 못하게 한다. 또한 대도시 등 고객이 많고 매출이 큰 지역을 집중적으로 공략하는 질보다 양을 중시하는 전략을 취한다. 매장도 넓게 운영하여 고객이 편리한 서비스를 받게 한다.

3) 상품 종류의 다양화 전략 – 다양한 복합전을 실행한다.

강자들은 어느 분야의 상품종류를 다양하게 만들어 약자가 틈새시장을 노리지 못하게끔 만든다. 즉, 상품을 대, 중, 소 등으로 복합화 하든지 혹은 가격을 아주 비싼 고급품부터 가격이 아주 싼 저급품까지 다 만들어 시장에 제공함으로써 아예 약자들이 진입을 하지 못하게 하는 전략을 취한다.

4) 전국 유통망 유지 전략 – 전국을 커버한다.

강자들은 전국적인 영업망을 구축하여, 맹점지역이 발생하지 않도록 한다. 맹점 지역이 생기면 약자들이 그 지역을 집중적으로 공략해 들어오기 때문에 맹점 지역을 없애서 약자가 강해지는 것을 방지한다.

5) 도·소매점 이용전략 – 간접영업을 실행한다.

강자들은 소비자와 직접 대면하는 판매가 아닌 총판, 도매상, 대리점 등 중간에 판매망을 끼고 판매를 하는 간접영업을 한다. 이러한 총판이나 도매상, 대리점 등을 끼고 하면, 제품에 대한 불만이나 A/S 등도 즉시 대응할 수 있어 약자들이 진입하기가 어려워진다.

6) 저가 전략 – 자신의 생산설비 및 자사 판매망을 갖춘다.

강자들은 자신들이 공장에서 제품을 직접 생산하거나 혹은 직접 판매망을 구축하기 때문에 가격이나 비용 면에서 약자들에게 우위를 지닌다. 따라서 약자들이 진입하지 못하게 된다.

7) 흉내 내기 전략 – 즉시 응전한다.

강자들은 약자나 혹은 2위 업체가 색다른 상품을 만들어 출시하면 즉시 유사상품을 만들어 더 싼 가격에 출시한다. 즉 타사를 흉내 내어 유사제품을 만들어 더 싸게 공급하는 전략을 취한다. 그러면 약자가 배겨낼 방법이 없다.

8) 동질화 전략 - 약자와 똑같이 하는 전략

강자의 가장 기본적인 전략은 싸움의 방식을 약자와 똑같이 한다. 즉 싸움의 방식이 똑같으면 란체스터 법칙에 의해 숫자가 많고 덩치가 큰 쪽이 이긴다. 똑같은 무기성능이라면 병사가 많은 쪽이 이기는 것은 당연한 일이다. 즉 비즈니스에서도 품질이 똑같으면 수량이 많은 쪽이 이기고, 똑같은 영업방법을 구사하면 영업사원 숫자가 많은 쪽이 유리하다. 따라서 약자와 똑같이 하면, 약자는 살아남을 수가 없다.

9) 선제 공격전략 - 계속 앞서서 개발해 나아가는 전략

강자는 계속적으로 새로운 제품이나 새로운 영역을 개척하여 약자가 이를 모방하는 데 정신이 없도록 만들어야 한다. 이는 새로운 영역이나 품질이 향상된 신제품을 계속적으로 만들어 약자들이 진입할 생각 자체를 못할 만큼 품질 개발이나, 서비스의 확충에 선제적인 공격을 가하는 것이다. 그러면 점점 더 제품의 품질은 향상되고, 서비스는 나아져 시장의 점유율이 더 높아질 것이고 후발주자나 약자들은 진입이 점점 더 어려워지는 것을 느낄 것이다. 이는 스마트폰을 2~3개월마다 지속적으로 새로운 기능과 고 사양으로 만드는 이유이기도 하다.

2절 창업자(약자)의 성공 전략

사실 막 창업을 했거나 창업한지 1~2년 밖에 되지 않았다면, 아직 업계에서는 유아인 것이다. 즉 어린아이와 전혀 다를 바가 없는 약자 중의 약자인 것이다. 이러한 약자들이 강자들이 즐비한 사업계의 세계에서, 그들과의 경쟁에서 어떻게 살아남고, 이겨야 할까?

이는 비즈니스와 비슷한 수많은 전쟁의 사례에서 약자가 강자에게 이긴 방법들을 연구해 보면 많은 시사점이 나온다. 가까운 예로 베트

남은 어떻게 미국을 이겼는가? 모택동은 어떻게 장개석을 이길 수 있었는가? 이순신 장군은 어떻게 12척의 배로써 133척의 배를 깨트릴 수 있었는가? 대부분의 경우는 큰 것이 작은 것을 이기고, 강자가 약자를 이긴다. 물론 비즈니스의 세계에서도 마찬가지이다.

그러나 항상 그렇다면, 세상이 어떻게 변화되고 발전 하겠는가? 약자가 강자를 이기고 도전자가 챔피언을 극복하는 게 또 세상의 변화하는 흐름이고 묘미가 아니겠는가? 그러나 약자가 강자를 이기기 위해서는 나름대로의 치밀한 전략이 필요하고, 치열한 노력과 운도 따라야 하는 것이다.

1. 창업자(약자) 의 생존전략

한마디로 창업자는 약자다. 약자 중에서도 아주 약자다. 대학생 창업이든, 수십 년 다니던 직장을 퇴직하고, 생계와 노후를 위해 한 시니어 창업이든, 창업 초창기에는 누구나 모두 약자이다. 물론 예외는 존재하는데, 고위 법조인으로 지내다 이제 막 변호사 개업을 해서, 보이지 않게 전관예우를 받는 사람들은 예외다. 이들은 변호사를 개업한 초창기가 강자 일 수 있다.

아무튼 신규 창업자는 철저한 약자다. 이 신규 창업자들이 그래도 살아남아 성장하기에는 세상의 20 : 80 법칙이 존재하는 것 같다. 사실 수많은 통계를 보면 창업분야는 20 : 80이 아니라, 10 : 90의 비율에 가깝게 창업에 성공한다고 보여 진다. 즉 창업하여 5년을 견뎌내고, 흑자로 돌아서는 창업자는 약 10% 정도로 보여 진다. 이는 외국이나 우리나라나 거의 비슷하다. 그런데 이 10%의 살아남은 창업자가 다른 실패한 90%의 잉여 이익을 가져가는지는 확인 할 수 없는 별개의 문제이다. 그러나 아무튼 살아남은 10~20 %의 창업자는 성공한 사업가로, 더 나아가 남들이 부러워하는 기업의 CEO로 이 세상에서 살아가는 것이다.

그러면 창업하여 어떻게 하면 10~20%의 성공한 창업자에 포함 될 수 있을까? 사실은 간단하다. 모든 경영을 책에 있는 대로, 혹은 교과서대로, 혹은 수많은 케이스를 연구한 학자들의 주장대로 하면 가장 효과적으로 창업 성공자가 될 수 있다. 그러나 문제는 **知行一致**가 되지 않는데 있다. 답을 모르는 사람도 있겠지만, 설령 답을 모두 안다고 하여도 그건 별로 도움이 안 된다. 아는 답을 실행으로 옮겨야 진짜 답이 되고 성과가 나오는 것이다. 아무리 탁월한 정답을 제시했다 하더라도 창업자가 실행에 옮기지 않으면, 그건 아무 소용이 없는 것이다. 따라서 창업자는 실행력이 중요하다.

여기에 제시하는 창업자의 전략은 곧 약자의 전략이다. 이는 손자, 오자, 조조, 한비자, 제갈공명, 클라우제비츠, 마키아벨리, 이순신, 미야모토 무사시, 나폴레옹, 모택동 등 전쟁 전략의 원조들에 대한 공부[47]와 시장전략, 규범전략, 성장전략, 경쟁전략, 자원전략, 아시아식전략, 감량전략, 동적전략, 혁신전략, 제휴전략, 글로벌전략, 가치전략, 관계전략[48] 등 경영전략에 대한 제반 전략 부문을 공부하고 연구한 내용과 다케타 요이치의 저서[49] 등을 참고하여 저자 나름대로 약자의 전략을

47) 전략에 대한 학습은 저자의 개인적 관심부분으로 관련 서적 수십 권으로 독학하였다.

48) 전략사전, 랄프 쇼이스 저/안성철 역, 옥당, 2011

구상하여 제시한 것이다. 이는 곧 철저한 약자인 창업자의 생존전략이다. 창업자는 아래의 12개의 전략을 단순히 아는 것이 아닌 하나하나 자신의 사업에 실행하고 적용하고, 검토 분석해 나감으로써 험난한 사업의 세계에서 끝까지 살아남아 최고의 승자로 살아남을 수 있을 것이다.

1) 집중화 전략 – 중점주의로 1등 분야를 만들어라.

중점주의란 강점에 힘을 집중하여 더 강하게 만드는 전략이다. '2등은 필요 없다! 오로지 1등!' 이 말은 저자가 KT 지사장으로 현업에서 근무할 때 항상 입에 달고 다닌 말이다. 지금도 나는 1등주의자다. 1등이 아니면 2등은 필요 없다고 생각한다. 정말 그렇다.

어떤 분야에서든 1등을 차지하지 못하면 이익은 그다지 크게 나지 않는다. 경영의 핵심은 바로 여기에 있다. 상품시장이나 혹은 지역 시장의 대 소 보다는 어떤 분야에서 No.1을 차지하는 아이템이 있느냐 없느냐가 창업자의 생사가 걸린 문제인 것이다. 중소기업은 경영규모가 작기 때문에 약한 것이 아니다. 어떤 분야에서도 No.1이 되는 아이템이 없기 때문에 약한 것이다. 따라서 No.1을 어떤 분야에서 어떻게 만드느냐가 경영전략에서 가장 중요한 핵심이다. 약자는 힘의 분산을 피해야 한다. 창업자는 초창기에는 오로지 하나의 제품이나 서비스에 올인해서 완벽한 1등 제품을 만들려고 노력해야 한다. 특히 자신의 강점에 집중해서 더욱 좋은 제품을 만들어야 한다. 또한 약자인 창업자

49) 약자가 강자를 이기는 15원칙, 티케다 요이치 저/정성호 역, 삼양미디어, 2004, p.33~40

는 당연히 자신의 일에 열정을 가지고, 열의로 가득한 행동을 해 나가야 할 것이다.

2) 세분화 전략 – 틈새를 찾아 더 세분화하라.

약자는 전체적인 발상을 버리고 세분화된 발상으로 경합이 적은 분야를 노려야 한다. 소위 '틈새상품'이나 '블루오션' 전략이라고도 하는 틈새시장을 찾아내야 한다. 이는 상품의 구성에서도 틈새상품이 있듯이 판매지역이나, 상품의 용도별, 디자인 등에서도 틈새가 있을 수 있는데 이를 찾아내어 집중적으로 공략해야 한다. 즉 지금까지 없었던 상품이나 사업 분야는 승리하기가 쉽다. 이는 블루오션전략이라고 할 수 있다. 어느 분야에서나 틈새시장은 존재하기 마련이고 갓 창업한 약자의 입장에서는 이 틈새시장을 노려야 한다.

3) 차별화 전략 – 모든 것을 차별화 하라.

창업자가 생존 할 수 있는 전략으로 차별화는 아주 중요하다. 즉 혁신적인 기술이나 혹은 혁신적인 서비스로 경쟁업체와는 전혀 다른 차별화된 제품이나 서비스를 제공해야 한다. 사실 대부분의 성공적인 벤처기업이나 강소기업들은 차별화된 제품이나 서비스로 그들의 회사를 창업하여 성공 가도로 달리게 한 것이다. 즉 그들은 차별화된 가치를 제공함으로써 차별화와 비용우위를 동시에 추구하는 블루오션전략을 취하려고 한다.[50)]

일단 차별화 하라. 제품이나 서비스나, 영업지역이나 A/S나, 아니면 가격이라도 철저하게 차별화해야 생존 할 수 있다.

영업활동을 좁은 지역에 한정해 국지전으로 할 수도 있고, 영업시간을 차별화 할 수도 있다. 즉 경쟁회사와 차별화를 기함으로써 시장의 점유율을 높이는 것이다. 대형 슈퍼마켓과의 차별화를 꾀하기 위한 자구책이 24시간 오픈하는 편의점인 것이다. 이는 미처 대형 할인점 등에서 손 쓸 수 없는 부분을 파고 든 것이다. 새벽시장이나 밤의 포장마차 등은 모두 시간의 차별화로 경쟁하고 있는 것이다.

4) 회피 전략 - 강자는 피해라.

약자는 강한 회사와의 경합을 피하고, 이기기 쉬운 장면을 선택해야 한다. 질 것이 분명한 싸움은 하지 않는 것이 상책이다. 이순신 장군은 선조가 나가 싸우라는 명을 이길 수 없는 싸움이라 응하지 않아서 백의종군하는 수모를 당했지만, 선조 임금의 명을 받고 하는 수 없이 출전한 원균 장군은 자신도 죽고 조선 수군 30,000명도 같이 전사하지 않았는가! 달리 말하면, 경쟁에서 질 것이 확실한 싸움은 하지 말아야 하고, 이길 수 있는 방법을 찾을 때 까지 기다려야 하는 것이다. 상대가 나보다 강해서 질 것이 뻔 한 싸움을 해서는 안 된다. 회피하든지, 연기하여 마침내 싸움에 이길 방법을 찾은 후에야 도전해야 한다. 창업자들은 절대로 대기업에서 공략하고 있는 부분은 일단 피해야 한다. 삼성전자와 경쟁하지 말고 먼저 삼성에 납품하는 협력업체가 되라.

---

50) 블루오션전략, 김위찬.르네 마보안 저/강혜구 역, 교보문고, 2005, P.17

5) 지근 전략 - 내 앞마당부터 공략하라.

창업자가 처음 영업을 하는 곳은 자기회사에서 가까운 곳에서부터 시작하는 것이 좋다. 또한 경쟁상대가 적은 지역이나 자신의 우군이 많은 지역부터 확실하게 장악해 나가야 한다. 그리고 너무 큰 것을 노리기 전에, 우선 작은 것에 이겨야 한다. 작은 것은 경쟁 상대도 적고 이기기도 쉽다. 작은 것을 여러 번 이기다 보면 이것을 발판으로 전체 승리의 기선을 잡을 수도 있다. 만약 어느 상가지역에 식당을 창업했다고 하자. 그 식당을 찾는 손님의 90% 이상이 그 지역 상가 내에 생활하는 사람이거나, 다른 가게에 고객으로 온 사람이거나, 혹은 그 주변 장사를 하는 사람들이 대부분이다. 이럴 경우 블록 너머 500m~1km 밖에 까지 사업 영역을 넓히지 말고, 우선 자기 가게 주변의 사람들에게 집중적이고, 지속적인 홍보를 해야 한다. 그런데 대부분의 사람들은 욕심이 앞서서 자기 집 앞에서 홍보하기 보다는 더 멀리 떨어진 곳을 홍보하면 손님이 더 많이 찾아올 것으로 생각하는데, 그건 아닌 것이다.

6) 근접화 전략 - 목표에 최대한 접근하라.

초창기에 접근전으로 이용자에게 최대한 가까이 가라. 즉 직접 창업자가 상대 업체를 방문하여 제품과 서비스를 설명하고 제품을 판매해야 한다. 방문 판매는 화장품의 방문판매원들이 활성화 되어 있지만, 고객과의 거리를 최대한 좁히도록 접근전을 취하는 것이 좋다. 가까이 가면 목표물을 쉽게 맞힐 수 있듯이 창업자는 고객에게 최대한 가까이 다가가서 영업을 하는 것이 좋다. 영업사원인 경우 전화나 메일로 보내는 방법보다는 일단 만나고 보는 것이다. 만나서 고객에게 제품의 이야기를 하고 이야기를 듣고 하는 과정에서 고객의 불만이나 불평을 듣기도 하지만, 그래도 상품의 주문을 훨씬 더 많이 받아내게 된다.

7) 간결화 전략

창업자는 고정비가 가능하면 적게 들어가도록 해야 한다. 즉 자산을 간결화 시켜야 한다. 이는 다른 말로 경장비 철학을 가져야 한다. 자금의 고정화를 피해서 총자본 회전이 잘 되도록 해야 한다. 사무실이나 생산 공장에 투자되는 비용을 최소화 하여 소모되는 고정 비용을 줄이고, 나가는 돈을 줄여야 하는 것이다. 막 창업하는 창업자가 부동산 등에 자금이 묶이면 회사의 성장에 활용할 자금이 묶이는 것이다. 따라서 가능하면 고정비가 들어가지 않도록 해야 한다. 이는 인건비에도 마찬가지다. 직원을 고용하면, 고정비가 나가지만, 아웃소싱을 활용하면 일할 때만 돈이 나가는 것이다. 게다가 일의 능률도 훨씬 차이가 나는 경우가 많다.

8) 신속화 전략

선제공격으로 곧바로 실행하라. 이는 좋은 생각이나 아이디어가 있으면, 융통성을 가지고 적극적으로 즉시 실행하고, 좋지 않으면 즉시 발을 빼면 된다. 이는 모택동이 장개석과의 전투에서 즐겨 써온 게릴라 전법[51]이다. 이는 경쟁자 보다 빠른 납기, 빠른 서비스를 제공할 수 있는 장점을 활용해야 한다. 특히 인터넷 기업에서는 시장의 선점이 아주 중요하다. 그들은 홈페이지를 먼저 구축하여 자사 사이트의 회원수를 확보하는 것이 기업의 성과에 중요한 요인이 되고, 다른 경쟁자가 없을 때 집중적으로 관리하여 회원들의 충성심을 고취시켜 놓아야 한다.

9) 정보화 전략

은밀하게 행동하고, 표면에 드러내지 마라.

즉 자신의 정보를 가능하면 경쟁자들이 모르게 하라. 얼마만한 기술력과 영업력 자본이 있는지를 모르게 하라. 이는 곧 상대의 정보는 많이 알수록 좋지만, 나의 정보는 가능하면 숨겨라. 이 정보화 전략은 경쟁을 하는 모든 경우에 다 해당된다고 볼 수 있다. 전쟁이든, 올림픽이든, 축구경기든, 기업의 경영이든 모든 경쟁적인 요소가 있는 곳에서는 반드시 필요한 전략이다. 즉 나의 정보는 숨기고, 상대방의 정보를 가능한 많이 발굴하라. 이는 상대방과의 치열한 협상전략에도 그대로 적용된다.

10) 영업 우선 전략

창업자는 무엇보다 고객확보에 우선을 두어야 한다. 제품을 만드는

51) 전략사전, 랄프 쇼이스 저/안성철 역, 옥당, 2011, P.96

것은 자신들의 능력이 부족하면 아웃소싱으로도 제품을 만들 수 있다. 그러나 영업이 안 되어 주문이 들어오지 않으면, 아무리 좋은 기술이나 재료가 있어도 소용이 없다. 따라서 영업과 경영관리의 비중을 70 : 30으로 두어야 한다.[52] 창업자는 회사 총력의 70%를 고객확보에 두어야 한다. 영업이 잘 안 되는 이유는 우선 고객방문 건수가 부족하기 때문이다. 이는 일단 영업요원들을 내 보내 고객을 방문하게 해야 한다.

즉 무엇보다 영업이 중요하다. 영업만 된다면 회사가 할 일이 있고, 회사가 할 일이 있으면 당연히 회사는 돌아가는 것이다. 물론 채권 회수 등에도 신경을 써야하지만, 창업자들은 영업에 자신의 시간과 총괄 역량의 70% 이상을 쏟아야 할 것이다. 또한 초창기에는 인원의 배분에도 70 : 30으로 영업에 치중할 일이다.

11) 연속화 전략

이는 하나의 제품을 출시하고 시장을 선점하였다 하더라도 연속제품이 출시되지 않는다면, 다른 경쟁자의 도전이 이어진다.[53] 예를 들어 [어머니형 빨래걸이]라는 제품을 만들어 히트를 쳤으면, 크기나 높이 등 규격을 바꾸든지, 기능을 보완하여 [아빠형 빨래걸이] 등으로 연속적인 제품이 출시되어야 한다. 새로운 후속 제품으로 너무 다른 제품을 한꺼번에 출시하기 보다는 초기 제품을 업그레이드 하면서 제품을 출시하고, 그러는 과정에 철저히 준비하여 전혀 다른 새로운 제품을

---

52) 약자가 강자를 이기는 15원칙, 티케다 요이치 저/정성호 역, 삼양미디어, 2004, p.126-129

53) 벤처창업과 경영전략, 한정화, 홍문사, 2005, P.148

출시하는 것이, 제품개발 단계에서의 기간 등을 고려하여 바람직한 방법이다.

12) 상쇄 전략

이는 약자인 창업자가 강자인 경쟁자의 행태를 분석하여 그들의 의표를 찔러 경쟁자가 원하는 전략을 펼 칠 수 없도록 하는 방법을 연구하여 실행하는 것이다. 특히 거대 지배사업자인 강자의 불합리한 혹은 불법적인 행태 등을 분석하여 제도권내의 법이나, 시민단체나 혹은 언론 등을 동원하여 강자가 횡포를 부리지 못하게 하는 방법 등이 이에 속한다. 즉 경제민주화와 골목 상권 등의 관련 문제가 법으로 제도화되는 것과 같이, 횡포에 법적으로 대응하는 방법 등도 생각해 보아야 한다. 특히 남양유업사태[54]나 거대 사업자의 억지 횡포 등과 같은 사안에 대해서는 법적으로 대응하는 전략도 생각해 볼 수 있다.

2. 창업자의 전략 실행

사실 전략을 아는 것은 쉽다. 그리고 그 전략을 어떻게 적용해야하는지에 대한 방법이나 시기를 아는 것도 그리 어렵지 않다. 약자인 창업자가 앞의 12가지 전략을 자신의 경우와 적용시켜보면 어떤 전략을 선택해야 할지 판단이 선다. 그러나 실행이 어렵다. 천하를 움직이는

54) 공정위에 따르면 남양유업은 지난 2007년 1월 1일부터 2013년 5월까지 전국 1849개 대리점에게 총 26개 품목 밀어내기를 했다.

고수의 전략을 알면 뭐하겠는가? 실행을 하지 않거나 실행할 시기를 놓치면 헛일인 것을!

우리는 수많은 역사적 사례에서 알 수가 있다. 전략이 없어서 지는 게 아니라, 그 전략을 실행하는데 실패했기 때문에 경쟁에서 진다는 사실을. 따라서 창업자는 생존전략을 숙지하고 항상 자신의 능력과, 주위의 경쟁 환경과, 그리고 적정한 시기를 선택해서 생존전략을 실행하면 반드시 살아남아 탄탄한 기업으로 발전해 나갈 것이다.

참고자료

〈법률〉

1) 중소기업창업지원법 제2조
2) 가맹사업거래의 공정화에 관한 법률 제2조
3) 소기업 및 소상공인 지원을 위한 특별조치법 시행령 2조
4) 소기업 및 소상공인 지원을 위한 특별조치법 10조의 4
5) 독점규제 및 공정거래에 관한 법률 제4조
6) 상법 : 주식회사 편

〈저서〉

1) 5%는 불가능해도 30%는 가능하다, 김쌍수, 한스미디어, 2010.
2) 세상은 넓고 할 일은 많다, 김우중, 김영사, 1989.
3) 뉴미디어시대의 비즈니스 모델, 이홍규·김성철, 한울아카데미, 2011.
4) 창업경영 MBA 20 20, 스티브 매리오티, 신은종 외 2인 편역, 도서출판 Y&P.
5) 어떻게 원하는 것을 얻는가? 스튜어트 다이아몬드, 김태훈 역, S.o, 2011.
6) 협상의 10계명, 전성철·최철규 저, 웅진윙스, 2009.
7) 창업경영론, 강정우 외 12인, 도서출판 대명, 2009.
8) 창업실무, 김진영 외 7인, 한국창업컨설팅협회, 2009.

9) 창업경영론, 강정우 외 12인, 도서출판 대명, 2010.
10) 하버드 창업 가이드, 아마 하이드외 지음 / 지용희·오세종 역, 21세기북스, 2001.
11) 2012년9월 청년창업아카데미, 송이재 외 7인, 중소기업진흥공단 부산경남연수원, 2012.
12) 2013 중소기업지원제도, 중소기업진흥공단, 2013.
13) 마케팅 불변의 법칙, 알.리스, 잭 트라우트 / 박길수 역, 십일월출판사, 2007.
14) 창업과 중소기업경영의 실전 가이드, 전성기·정상섭 엮음, 이엔지북, 2008.
15) 작은회사는 전략이 달라야 산다, 황문진 저, 가림출판사, 2006.
16) 내 회사 차리는 법, 마이클 E 거버 저 / 김원호 역, 크리에디트, 2008.
17) 정부와 기업, 송이재, 경성대학교 출판부, 2012.
18) 전략사전, 랄프 쇼이스 저 / 안성철 역, 옥당, 2011.
19) 블루오션전략, 김위찬.르네 마보안 저 / 강혜구 역, 교보문고, 2005.
20) 약자가 강자를 이기는 15원칙, 티케다 요이치 저 / 정성호 역, 삼양미디어, 2004.
21) 벤처창업과 경영전략, 한정화, 홍문사, 2005.
22) 리틀 블랙북, 페르난도 트라이스 테 베스 / 권상미 역, 도서출판 이레, 2010.
23) 돈 벌 수 있는 사람 돈 벌 수 없는 사람, 다케우치 마사히로 저 / 한수진 역, 21세기북스, 2010.

24) 창업경영실무, (사)한국창업지도사협회, 2012.
25) 제4차 청년창업아카데미, 중진공 청년창업사관학교, 2013.
26) 어느 기업가의 아주 특별한 조언, 밥 프리체트 저 / 조은경 역, GaRamBook, 2006.
27) 물건을 팔지 말고 가치를 팔아라, 조기선, 가림출판사, 2006
28) 당신의 기업을 시작하라, 가이 가와사키 저 / 김동규 역, 랜덤하우스, 2008.
29) 사장학, 공병호, 해냄, 2009.
30) 1등기업의 전략, 마이클 트레이시 외 1명 저 / 이순철 역, 김앤김북스, 2007.
31) 중진공 청년창업사관학교 전담교수 역량강화교육[1.2], 중소기업진흥공단, 2011.
32) 기업경영과 전략적 사고, 오마에 겐이치 저 / 홍을표 역, 생활지혜사, 2003.
33) 짐 코린스의 경영전략, 진 콜린스 외 1명 / 임정재 역, 위즈덤하우스, 2011.
34) 당신은 전략가입니까, 신시아 A.몽고메리 저 / 이현주 역, 리더스북, 2013.
35) 세상을 움직인 6인의 전략가, 잉그마르 브룽켄 저 / 엄양선 역, 지식나무, 2006.

〈인터넷 및 홈페이지 자료 활용〉

1) 경성대학교 창업보육센터 홈페이지

(http://www.kibic.or.kr/sub5_1.php)

2) SBC 청년창업사관학교(2013.1.21. 공지) [중소기업청 공고 제 213-9호] 일부 발췌.

3) 중소기업청 창업진흥과, 2013.4.2. 기정희, 창업맞춤형사업 운영지침.

4) 인터넷, 아이뉴스24뉴스, 2013.7.21. 김국배

5) 창업마을, 2003.07.29. 신명철

6) http://article.joins.com/news/article [CBS 임기상 기자] 입력, 2012.10.22 10:09

7) 공정거래위원회

8) 신용보증기금, 2012

9) 중소기업연구원, 2011

10) 중소기업진흥공단 경남지역본부 CEO 특강

11) 기업나라, 중소기업진흥공단, 2012.3월호~2013.8월호(총 18권)